她將山徑走成傳奇

Ben Montgomery
班・蒙哥馬利——著
俞智敏——譯

GRANDMA GATEWOOD'S WALK

The Inspiring Story of the Woman Who Saved the Appalachian Trail

——獻給珍妮佛

我們走進森林並非為了吃苦，而是為了享受。
我們在家裡吃的苦已經夠多了。

——喬治・華盛頓・西爾斯（George Washington Sears）

機不可失。

——亨利・大衛・梭羅（Henry David Thoreau）

我年紀愈大，走得就愈快。

——艾瑪・蓋特伍德（Emma Gatewood）

國際好評

班．蒙哥馬利透過豐富的報導與詩意的散文，帶領讀者跟著一位不屈不撓的老太太，一起展開一場親密的荒野探險。一路上他探索了健行者與公路的歷史，大自然與孤獨的撫慰——以及那股想要遠離塵世的衝動。

——連恩．德葛雷格利（Lane DeGregory），記者及二〇〇九年普利茲獎特稿寫作獎項得主

蓋特伍德奶奶一生扣人心弦的傳奇，從早年身陷婚姻家暴的痛苦，到後來搖身變成登山健行界的超級巨星，盡皆化為優美的故事。

——《坦帕灣時報》（*Tampa Bay Times*）

這是一個關於在大自然當中，以及在陌生人的善意裡找到撫慰的有力故事，而這種精神至今仍長存於步道上。

——《美國》雜誌（*America*）

在本書裡，一位說書人中的說書人深入挖掘了一段久被遺忘、鼓舞人心的旅程，寫出了一個充滿尊嚴、獨立與生動人類精神的卓越故事。

——麥可・布里克（Michael Brick），《拯救學校》（*Saving the School*）作者

正如艾瑪・蓋特伍德協助挽救了長年遭到漠視的阿帕拉契步道，並替未來世代的健行者保存了這條步道，蒙哥馬利則為所有熱愛戶外活動、弱勢者、女英雄和動人故事的讀者，以生花妙筆將艾瑪那令人難以置信的故事躍於紙上。我真希望自己是在山頂上讀這本書，不過我感覺彷彿已經這麼做了。

——湯瑪斯・穆倫（Thomas Mullen），《地球上最後一個小鎮》（*The Last Town on Earth*）作者

本書透過美國最令人意想不到的女英雄之一的雙眼和雙腳，對一個已然消逝的美國——無論好壞——進行了精彩的審思。蓋特伍德奶奶的故事告訴我們，不管你的年紀、性別，或鞋子的品質如何，一切皆有可能。

——史蒂芬・羅德瑞克（Stephen Rodrick），《神奇陌生人》（*The Magical Stranger*）作者

在雪兒・史翠德（Cheryl Strayed）踏入荒野之前，蓋特伍德奶奶老早就已經走過了。班・蒙哥馬利帶領我們跟著她一起走，穿著破爛的球鞋，腳踝腫脹，沒有絲毫自怨自艾，每一步都體驗著我們與自然的矛盾關係、人性的吝嗇與慷慨，以及繼續往前走的必要。這本書讓我回想起自己的背包客歲月，並且對讓歷史與人類精神得以延續的作家們心存感激。

——賈姬・巴納辛斯基（Jacqui Banaszynski），密蘇里大學新聞學院奈特編輯講座教授

班・蒙哥馬利的作品使他躋身梭羅、羅莎・帕克斯（Rosa Parks）、胖子多明諾（Fats Domino）及阿甘（Forrest Gump）等美國名人之列——這些名人都曾盛讚走路的革命性力量。

——羅伊・彼得・克拉克（Roy Peter Clark），《文法的魔力：一本實用英語的魔法與神祕指南》（*The Glamour of Grammar: A Guide to the Magic and Mystery of Practical English*）作者

蒙哥馬利的絕妙故事，使蓋特伍德奶奶成為民間英雄，在美國的萬神殿中與約翰・亨利（John Henry）、強尼・蘋果籽（Johnny Appleseed）平起平坐。

——安德瑞亞・皮澤（Andrea Pitzer），《弗拉基米爾・納博科夫祕史》（*The Secret History of Vladimir Nabokov*）作者

本書不僅會啟發其他健行者競相效尤，也引燃了對於耐力的極限、決心的力量，以及迷思本質的辯論。

——厄爾・史威弗特（Earl Swift），《大公路》（*The Big Roads*）作者

本書詳述艾瑪的縱走歷程、健康，以及她對時代的反思，內容引人入勝，令人不忍釋卷。

——《國家公園旅客》（*National Parks Traveler*）

一本讓人備感欣喜的書。

——《科克斯書評》（*Kirkus Reviews*）

奶奶加油！讀完這個驚人的故事會讓你想要找出你的登山鞋。一個妙手寫就的美妙故事。

——查爾斯・麥克奈爾（Charles McNair），《漿糊》雜誌（*Paste Magazine*）書評版編輯、《皮克特衝鋒》（*Pickett's Charge*）作者

目次

那天的頭條新聞大標以粗體字寫著：瘟疫恐將肆虐，水災損失正清點中。字體較小的副標題則是：災損恐逾十億美元；已知八十六人死亡。這條新聞底下是艾瑪的照片，她微笑坐在草地上，用手去摸一塊寫著「阿帕拉契步道」的標示。照片底下是另一個標題：老祖母為了「好玩」而縱走阿帕拉契步道。

冷雨開始夾帶著雪粒，更糟的是，此時她幾乎什麼都看不見。但在這些正在迅速結冰的岩塊上，踏錯一步卻可能直接從絕壁墜下，當場死亡。也許，即使是那樣，也總比萬一困在某個岩洞底部，暴露在風吹雨打之下，身體逐漸衰弱無力，隨後不是凍死就是餓死，還要好一點。她非常小心地踏出腳步。

艾瑪走進營地裡，在那些男人中，她認出了幾位前一年曾見過的面孔。經歷了去年的慘痛經驗之後，他們看到她都大吃一驚，但還是欣喜萬分。他們不敢相信，她真的大老遠從喬治亞州一路走了過來。不知怎麼的，這個地方感覺就像家一樣。

那天站在山頂上，我沒有遇到從來沒聽過艾瑪事蹟的人。此外，有許多山友是受到她的啟發才上路的，儘管艾瑪的縱走已經過了這麼多年。「在路上遇到困難時，我都會想起她。」其中一名山友說：「我會想：『她都做到了，我一定也可以。』」

1 抬起你的雙腳

一九五五年，五月二日至九日

她在晚春時節、百花齊放的時候，打包好她的東西，離開了俄亥俄州的高盧郡（Gallia County），這是她唯一能真正稱為家的地方。

她搭便車前往西維吉尼亞州的查爾斯頓（Charleston），接著坐上開往機場的巴士，轉搭飛機到亞特蘭大，然後再從那裡搭巴士，來到喬治亞州一個像風景明信片一樣的小鎮——賈斯伯（Jasper），這裡又名「第一座山城」。此時她身處於美國南方的迪克西蘭（Dixieland），距離俄亥俄州的自家有五百英里遠。她坐在計程車後座，聽著車子發出乒乒乓乓的聲響，最後終於爬上那個叫歐格索普（Oglethorpe）的山頭。她的雙耳脹痛，計程車司機則抱怨說，他載她來到這麼遠的地方根本賺不了幾分錢。她安靜地坐著，一動也不動，透過車窗看著大片的喬治亞州景色從眼前閃過。

他們開上一處陡峭的斜坡，再行經一條狹窄的碎石子路，司機在距離山頂還有四分之一英里的地方熄火停車。

她收拾好東西，給了司機五美元，又為造成他的困擾而額外多貼一塊錢。司機這下子可樂了。然後他就把車子開走，只看得見車尾燈和塵土，留下艾瑪．蓋特伍德站著，一個隻身在山裡的老女人。

她的衣服全都塞在一個紙箱裡，她吃力地把箱子一路拖到幾分鐘腳程外的山頂。她在樹林裡換了衣服，穿上她的吊帶褲和網球鞋，把她在路上穿的洋裝和拖鞋換下。她從紙箱裡拿出一個抽繩束口背袋，這是她在家裡用一碼的丹寧布、以滿是皺紋的手指一針一線縫製而成的。她把袋口整個拉開，在袋裡放進原本裝在紙箱裡的其他東西：維也納香腸、葡萄乾、花生、高湯塊和奶粉。她還塞了一罐OK繃、一瓶碘酒、幾根髮夾和一罐維克斯舒緩軟膏。她把拖鞋和一件格子洋裝也一起裝進去，萬一遇到必須稍微打扮的時候就可以換上。她也在袋裡塞進一件保暖外套、一條防雨用的浴簾、一些飲用水、一把瑞士軍刀、一支手電筒、一些薄荷糖，還有她的筆，以及她在家鄉的莫菲雜貨店裡買的皇家維農牌小記事本。

她把紙箱丟到附近的雞舍裡，束緊背袋口，再把背袋掛上一側的肩膀。

終於，在一九五五年五月三日這天，她腳上穿著綁緊了鞋帶的克茲（Keds）帆布鞋，站在全世界最長的連續步道——阿帕拉契步道——南端起點的山頂，眺望著在她眼前延展、一路綿延到天際藍黑色地平線上的崇山峻嶺。她站在那裡，面對著一片由怒吼急流與猙獰巨石構成的窮山惡水。她是一個女人，也是十一名子女的母親、二十三名孫子女的祖母。她始終無法把這條步道拋諸腦後。在俄亥俄州的家裡，在照料自己的小花園和看顧孫子女時，她無時無刻都惦記著它，靜靜等候可以脫身的時機。

等到她終於得以離家時，已經是一九五五年，這年她六十七歲。

她身高五英尺兩英寸，體重一百五十磅，唯一受過的求生訓練，是她在農場長年做粗活長出老繭所學到的經驗。她嘴裡裝了滿口假牙，拇趾外翻囊腫就像彈珠那麼大。她身上沒有地圖，沒有睡袋，也沒有帳篷。沒戴眼鏡的話，她幾乎什麼都看不見，假如遇到暴風雪來襲，她也完全沒有任何準備，而步道上的暴風雪並不罕見。五年前，一場冰冷的感恩節暴雨就曾在阿帕拉契山區造成三百多人死亡，而且這些人絕大多數都待在房子裡。死者的骨骸就埋葬在附近的山坡上。

她只能用她唯一知道的方式來準備這次縱走。一年前，她在一間安養院工作，從二十五美元的週薪裡省吃儉用努力存錢，直到她終於累積足夠的點數，得以領取最低額度的社會福利金：每個月五十二美元。她從一月的時候開始走路，那時她跟兒子尼爾森（Nelson）一起住在俄亥俄州的代頓（Dayton）。她開始繞著街區的馬路走，每一次都再多走遠一點，直到她對雙腿的燃燒感覺到滿意為止。到了四月，她已經可以每天走上十英里。

此時，在她的面前，生長著一整片蔥蘢蓊鬱的榆樹、栗樹、鐵杉、山茱萸、雲杉、冷杉、花楸樹，還有糖楓樹。她也看到了晶透澄澈的小溪、湍急洶湧的河流，以及讓她驚歎不已的連綿山景。

橫亙在她面前的群峰，共有三百多座超過五千英尺高，它們是數億年前一道聳入雲霄、雄偉程度不輸喜馬拉雅山的古老山脈遺跡。尤納卡山（Unakas）、大煙山脈（Smokies）、奇歐亞山（Cheoah）、南塔哈拉山（Nantahalas）。狹長而傾斜的藍嶺山（Blue Ridge）；基塔廷尼山（Kittatinny Mountains）；哈德遜高地（Hudson Highlands）。塔科尼克山（Taconic Ridge）和伯克夏山（Berkshires）、綠山（Green Mountains）、白山（White Mountains）和馬胡蘇克山（Mahoosuc Range）。還有鞍背山（Saddleback）、比格羅山（Bigelow），最後則是——遠在五百萬步之外的——卡塔丁山（Katahdin）。

而在這頭到那頭之間：有無數種死亡的方式。

在這頭到那頭之間，潛伏著野豬、黑熊、野狼、山貓、郊狼、藏身窮鄉僻壤的不法之徒，以及目無法紀的鄉巴佬。有毒橡木、毒藤和毒漆樹。有蟻丘、黑蠅、鹿蜱，有狂犬病的臭鼬、松鼠和浣熊。還有蛇。黑蛇、食魚蝮和銅頭蝮。當然還有響尾蛇；四年前走過這條步道的年輕人曾在報上說，他一路上至少殺了十五條響尾蛇。

這條路上有百萬種美如仙境的事物可以觀看，也有百萬種壯烈的死法。

世界上只有兩個人知道艾瑪．蓋特伍德在這裡：剛剛載她來的計程車司機，還有她的表姊梅朵．卓布里吉（Myrtle Trowbridge），她前一晚就住在亞特蘭大的梅朵家。她只告訴子女說，她要出門散步。那並不是謊言。她只是沒把話說完，只是從未告訴自己的親生骨肉她此行令人吃驚的艱困細節。

不論如何，十一個孩子現在都已長大成人，各自獨立。他們有自己的子女要養、帳單要付和自家的草皮要割，這是他們參與偉大而一成不變的美國夢時，所必須付出的代價。

而這一切她都已經走過。她會寄張明信片回去。

假如她告訴孩子們她打算做什麼，她知道他們一定會問：「為什麼？」接下來的幾個月，隨著她縱走的消息像野火般擴散到各個山谷，隨著報社記者們得知她此行的目的而開始在半路等著攔截她，她一天到晚都得面對這個問題。每一次他們問為什麼，她總是用半開玩笑的方式四兩撥千金輕輕帶過。還有他們會「怎麼」問。格勞喬．馬克斯[1]（Groucho Marx）會問。戴夫．加羅威[2]（Dave Garroway）會問。《運動畫刊》（*Sports Illustrated*）會問。美聯社會問。美國國會也會問。

「為什麼？」她會說，因為路就在那裡。她會說，因為走起來似乎很好玩。

她從未透露過真正的理由。她從未讓記者和電視台的攝影機看見她被打斷的牙齒或肋骨，或者談到那個藏著黑暗祕密的小鎮，以及她在看守所牢房裡度過的那個夜晚。她會告訴他們，她是個寡婦。沒錯。她會告訴他們，她從遠離文明塵囂的大自然當中得到了撫慰。她會告訴他們，她的父親總是對她說，「抬起你的雙腳」，而她之所以不畏雨雪走過死蔭的幽谷，只不過是遵從父親的指示而已。

1　譯註：二十世紀美國知名喜劇演員與電影明星，素以機智聞名。
2　譯註：美國知名電視節目主持人。

☼

她在歐格索普山的頂峰繞了一圈，研究遠方由棕色、藍色與灰色色塊組成的地平線。她走到一座巨大通天的紀念碑底座前，這是一座由切羅基（Cherokee）大理石製成的方尖碑。

她讀著刻在石碑側邊的文字：

特此表彰詹姆斯・愛德華・歐格索普（James Edward Oglethorpe）的成就，他憑藉勇氣、勤奮和堅忍卓絕的精神，於一七三二年創立了喬治亞州

她轉身背對著這座充滿陽具象徵意味的紀念碑，速速踏上步道。這條小徑穿過了蕨類植物和去年的落葉，以及根系深深扎進土裡的成排闊葉樹。她走了很長一段路，才碰上一個她前所未見的巨大養雞場，一排又一排的長方形雞舍裡發出嘈雜聲響，四周則環繞著工人們所住的房舍。這些都是移民，以及在這些山區謀生的礦工和藍領階級男女的兒子們。

她愈走愈渴，於是上前敲了其中一扇門。來應門的男子認為她有點秀逗，但還是給了她一杯冷飲。他告訴她，這附近有一間商店，就在再前面一點的路上。她繼續往前出發，但並沒看見商店。夜晚降臨，這是第一次，她孤伶伶一個人身處於黑暗之中。

步道在這裡轉了個大彎，但她錯過了步道的標示記號，反而繼續順著一條碎石小路

走；走了兩英里後，她來到了一間農舍。兩位老人家——密勒先生和密勒太太（Mr. and Mrs. Mealer）——很好心地讓她在此停留一晚。假如沒有迷路的話，她可能就得被迫在森林裡過夜，面臨各種意想不到的情況。

隔天一大清早，太陽為山丘披上一層藍色霧靄之際，她向密勒夫婦道謝後就立刻出發。她知道她錯過了轉彎點，所以沿著昨天來時的原路往回走了約兩英里，一路上見到美國蠟梅正綻放著美麗的花朵，散發出好似多香果的香味。她終於再度走回到步道上，使勁爬上稜線，抵達一段平坦的路段。她讓一身的老骨頭使出渾身解數，一步接著一步，在天黑前一共走了十五英里。對一個自小習慣在農場上幹活的女人來說，疼痛不是問題，至少現在還不是。

她意外發現一個用紙板搭成的簡陋小屋，她把它拆開，用其中幾塊紙板搭在一起，擋住從另一頭吹來的狂風，其餘的紙板則鋪在地上當床。在森林裡的頭一個晚上，她才剛躺下，迎賓代表立刻就前來致意。一隻只有一顆高爾夫球那麼大的小田鼠，開始在她四周東抓抓西掏掏。她試著把牠嚇跑，但牠卻毫無懼色。等到她終於有了睡意，田鼠乾脆爬上她的胸口。她睜開眼睛，牠就在那兒，在她的胸口上站直了身子，兩個陌生的生物就這樣在森林裡四目相接。

☼

在艾瑪·蓋特伍德踏上步道的一百年前，早在這裡根本連條路都沒有的時候，拓荒者向西越過這個新國度最古老的山脈，穿過了切羅基人的土地。他們是來自愛爾蘭、蘇格蘭與英格蘭的家族，意志堅定地駕著篷車朝著西沉的落日前進，其中有些人落在隊伍的後方，有些人就此定居了下來。

他們把這些在十多億年前由變質岩和火成岩所形成的山脈，打造成自己的家園。這裡被稱作阿帕拉契（Appalachia），這個名稱源自於使用馬斯科吉語（Muskhogean）的原住民當中一個名為阿帕拉契（Appalachee）的部落，意思是指「另一邊的人」。

這片土地雖美但地勢崎嶇，留下來的人得仰賴斧頭、犁與槍枝維生。他們在肥沃的土壤上種植甜菜和番茄、大南瓜和夏南瓜、豌豆和胡蘿蔔，但他們最主要的作物是玉米。到了一九四〇年代，由於欠缺教育和輪作制度，土地的養分已經耗盡，作物開始歉收。

不過人們還是留了下來，他們被山給困住了。

早期的殖民者都被埋葬在不毛的山坡上。他們的子孫過著衣衫襤褸、因循守舊的生活，雖然他們距離全美國六〇％的人口只有一天的車程，這裡的地形卻把外來的想法阻絕在外。他們穿自己手作的衣服，吃玉米麵包、野生羊肚菌和油炸餡餅。他們在秋天屠宰的豬隻到了冬天，會變成餐盤上的香腸、培根和鹽漬火腿。他們每天冒著生命危險到礦場和磨坊工作，好讓比他們更有錢的人家能點亮家裡的燈火、能讓小孩都有衣服可穿，而他們自己的子女卻只能在燭光下寫作業，穿著補丁再補丁的破舊衣服。

群山之間的礦場小鎮、磨坊小鎮及小型工業中心蓬勃發展，泥土路和鐵路很快就把這些小社區連結了起來。他們是一支自尊心很強的民族，大多數人都是倖存者的堅韌後代。他們的生活懸盪在天堂與塵世之間，他們分得出每一種鳥鳴、知道每一棵樹木的名字，以及野生草藥生長在森林的何處。他們不用張眼就會唱頌教堂裡所有的讚美詩歌，知道宿命論與自由意志的差別，還有玉米威士忌的製造方法。

他們抗拒政府的干預，當稅制變得愈來愈不公平時，他們用耙子、武裝抗爭和守口如瓶來反擊。當海斯總統（Rutherford B. Hayes）於一八七〇年代晚期試圖課徵威士忌稅時，阿帕拉契地區的私釀者與聯邦政府稅務官員之間爆發了嚴重的暴力衝突，一直持續到一九二〇年代的禁酒令時期。美國內戰後較為寬鬆的法治與社會秩序，讓地方氏族動輒因為誤會或一顆誤射的子彈就大開殺戒。宿怨會被永記在心，就像冰冷的樹液一樣。

當這片低谷中如河道般彎曲的道路開始鋪設瀝青時，有車的世界終於得以一窺貧窮與厄運的面貌。來自其他地方的美國人，目睹了煤礦工人和私酒販子的生活，以及一個正面臨劇變的區域。農耕技術落後、礦場工作又被機器取代，導致阿帕拉契地區在一九五〇年代興起了一波出走潮。為了生存，留下來的人若非極能吃苦耐勞，就是生性詭計多端。

這就是艾瑪．蓋特伍德要走的路，這條步道穿越了一個由愛與危險、殷勤好客與惡意串連在一起、卻備受外界誤解的地區。這條路是他人心目中認定要通過這塊美麗又桀驁不馴的土地的最佳方式，而她接受了這項邀請，追隨前人——也就是由步道規劃者、環保人士與開路先鋒所組成的民間部隊——的腳步，而從某個角度來說，她也成為他們的同路人，她本身也就是朝聖者。她來自山麓丘陵地帶，雖然無法預期這一路上究竟會發生什麼事，不過這裡的環境對她來說，也並非全然陌生。

☼

她在五月五日早上九點過後不久出發，雙腿又痠又痛，試圖穿越喬治亞州州界。她在高地上行走，直到實在走不動為止。她的雙腳腫了起來。她在一處淡水湧泉附近找到了一間斜頂小屋，把髒衣服洗乾淨，然後在背袋裡塞滿樹葉，再把背袋放在一張野餐桌上，當成臨時床鋪。

第二天一早，太陽還沒爬上山巔之前，她就已經動身。步道穿過切羅基人家園正中央，路的兩旁開滿了杜鵑花，陽光映照在花朵上，隨即在灰棕色的森林裡幻化為超自

然的粉紅色與紫色火焰。偶爾，她會暫時停下往前跨的腳步，靜靜看著一頭白尾鹿優雅地跳過步道，消失在樹林裡。偶爾，她還會瞥見在樹葉堆裡盤成一圈的銅頭蝮。她屏住呼吸，遠遠地避開。

那天晚上，她喝了白脫牛奶，吃了玉米麵包，那是鎮上一位好心人送給她的。然後她在雙頭峽教堂（Doublehead Gap Church）——在上主的家裡——過夜。有些地方就是這樣。他們會打開冰櫃和教堂的大門，讓你感覺就像在家裡一樣自在。有些地方是這樣，但絕非所有地方都是如此。

第二天她又繼續出發，經過一座軍事基地。士兵在這裡興建了防空洞，並在整個山區拉起了鐵絲網，大自然與人類的殘酷荒謬地並列在一起。她奮力走過伍迪峽（Woody Gap），離州界線已經不遠。在那裡，她遇見了一條面露疲態的老狗，她一點也不介意有旅伴相隨。

她朝著一座山頭往上爬，在晚上七點以後才登頂。此時太陽正要下山，她得趕快找到落腳點。她順著一條小溪走下山谷，那裡有幾棟小房子。它們看起來很醜陋，不過可能會有人願意給她一張床，或者至少幾捆乾草讓她得以棲身。不論如何，總比一大早就得把頭髮裡的老鼠甩出去要好太多了。

在其中一間小屋的院子裡，她注意到有個女人正在劈柴。女人的頭髮看起來有好幾個星期沒梳了，身上的圍裙也髒到發硬，臉髒兮兮的。她一邊嚼著菸草，時不時把菸草渣吐到地上。

當艾瑪走近時，女人停下手裡的動作。

艾瑪問道：「你們今晚還有空房嗎？」

那女人說：「我們一向來者不拒。」

艾瑪跟著她走進門廊，一個老人坐在陰影裡。他不像那女人那麼髒，看起來很聰明——而且多疑。要如何設法說服陌生人給她一張床，正是這條路上最棘手且危險的部分。艾瑪對這種事毫無準備，因為她從不知道有跟人討價還價的必要。在那裡，站在陌生人的門廊上，與其說她害怕，倒不如說她覺得很丟臉。她告訴那男人她的名字。

「你有證件嗎？」男人問。

她從袋子裡翻出社會福利卡，遞了過去。他仔細研究著那張卡，而跟著艾瑪一路走到谷地裡的那隻老狗用鼻子嗅聞著，接著在門廊上找到一塊舒服的地方。艾瑪又掏出幾張家人的照片，裡面有她的子女和孫子女，她也把這些拿給男人看，證明她就是她剛才自稱的那個人，但男人還是疑心重重。

「是華盛頓那邊付錢讓你走這趟路的嗎？」男人問道。

「不是。」艾瑪回答。

她對他說，她這麼做是為了她自己，而且她決心要走完二〇五〇英里的步道，直到終點。現在她只需要有個地方可以過夜。

他又問：「你家人贊成你這麼做嗎？」

她說：「他們不知道這件事。」

他仔細打量她，一個穿著上寬下窄的吊帶褲和鈕扣襯衫的老女人，留著一頭亂糟糟的灰白長髮。她的嘴唇很薄，耳垂肥厚多肉。她的眉骨突出，在眼角留下陰影。她已經好幾天沒照過鏡子，但她猜想自己看起來一定挺嚇人的。

他說：「那你最好還是回家吧。你不能待在這裡。」

多說無益。她知道自己身在何地。她再次把背袋掛上肩膀，轉身背過男人和他累壞了的妻子，繼續上路。

2 回家吧，奶奶

一九五五年，五月十日至十八日

切羅基人早已不在這裡，他們絕大多數都在槍口下被迫遷往奧克拉荷馬州，但他們的故事仍在喬治亞州北方古老的藍嶺山脈各個隘口之間流轉。

根據原住民的創世傳說，起初，大地是由四條線懸垂在天堂下方，地表覆滿了水，直到一隻甲蟲潛入水底，把泥土帶了上來，創造出往四面八方延伸的土地。來自天國的特使一個接著一個造訪，看看這塊土地是否適合居住，直到一隻巨大的禿鷹前來探視。禿鷹飛累了，所以牠飛得很低，雙翼掃過地面，翅膀往下拍動時在大地上劃出了谷地，翅膀上抬時的上升氣流又造出了山脈，也就是這些山脈。

等到土地終於乾涸了之後，動物和植物來到此地，它們接到指示，必須連續七夜不睡以看守這塊新棲地。頭一夜，幾乎所有動植物都醒著，第二夜就有幾種生物睡著，到了第三夜和後面幾夜，又有更多的動植物睡著。到了第七夜，只剩下松樹、雲杉、月桂、冬青和雪松清醒撐到最後，它們因此得到了藥效成分和枝葉長青的獎勵；其餘的植物則受到懲罰，從此每個冬天都得落「髮」。動物裡則只有黑豹、貓頭鷹和其他少數幾種動物沒有睡著；牠們獲得了能在黑暗中看清一切的視力，成為黑夜的主人。

夜幕正在降臨，艾瑪盡可能地快步行走。她感到孤單。步道帶著她翻山越嶺，最後她終於看見一條狹窄的林道。她趕緊順著林道往前走，小心地走在林道正中央，直到晚上十點半才遇到一具龐大的機械裝置和一間小棚屋。她彎身爬進小屋，把毯子鋪在地上，再把門鎖好。她聽見狗吠，接著是一輛卡車經過，但她一直躺著沒動。早上醒來時，她走到小屋外。在拂曉的柔和晨光中，她才看清楚原來自己來到了一處夏令營營地，不過營地裡似乎空無一人，沒有吹哨子的服務員，也沒有做早操的孩子們。

她自己的子女根本不知道她在這裡。她甚至不確定十一個子女是否全都知道阿帕拉契步道，或者這條步道一直召喚著她，她又如何被從未有女人獨自走完這條路的事實所打動。

他們都知道她熱愛走路，她曾走遍高盧郡的大小山丘，森林的靜止與沉默讓她深感敬畏。他們記得小時候曾跟她一起在樹林裡走踏，她會教他們聆聽鳥叫，叫他們小心藍莓叢附近會有蛇出沒，或者指出野生植物的藥效，就好像她在幫孩子們為他們自己的旅程預作準備。

多年的辛苦勞動，使她鍛鍊出堅定不移的毅力。她繼續往前走，穿過蕨類與銀河草、地刷子和美洲鬼臼，走過大片的橡樹、山胡桃木和白楊樹林。花兒正開始綻放：美洲血根草、延齡草、堇菜、藍花美耳草、拖鞋蘭和釣鐘柳。當她來到森林的邊緣，看見有樣東西正招手叫她繼續往前走，那是她在接下來的兩千英里路途上，都不會再見到的東西，彷彿是切羅基人送給她的禮物：一棵粉紅色的大花山茱萸。

那一年，她沒有告訴任何人她的長途縱走計畫，免得他們因擔心而試圖阻止她。她甚至也沒有告訴他們前一年發生了什麼事，關於她的慘痛失敗。那會成為她的祕密，是她和上帝，以及從緬因州荒野中把她救出來的國家公園巡管員之間的協定。

☼

她在家鄉的一間診所裡第一次看到這條步道，那是被人丟在一旁的一九四九年八月號《國家地理雜誌》，雜誌裡用十九頁的篇幅和許多大幅彩色照片，打開了通往另一個世界的窗口。照片裡有一隻小熊正緊抓著樹幹上的步道標示、光著上身的男人努力攀爬緬因州林線上方長滿地衣的大岩塊、青少年健行者站在佛蒙特州舍爾伯恩隘口（Sherburne Pass）的岩石頂上、健行者在格蘭德峰（Grandeur Peak）眺望遠方、一名「健行少女」正努力鑽過紐約州熊山（Bear Mountain）附近的岩縫。她讀到一名健行者在大煙山山頂，看到底下的一道深邃峽谷，還看到一個身材削瘦的男子正在玉米田裡用鋤頭鬆土。這裡的山壁險峻陡峭，看起來根本無路通往山谷，健行者於是大喊：「你是怎麼下到那裡的？」「我不知道，」下方的男子回答：「我是在這裡出生的。」

她還讀到，這條「振奮心靈、令人腳癢的步道」的寬度，相當於一輛麥克牌重型貨卡（Mack trucks）的車寬，很容易找到食物，步道旁還有很多避難山屋可以過夜，山屋之間的距離只有一天的腳程。

「俗稱A．T．的阿帕拉契步道是一條公共步道，被譽為戶外活動愛好者的世界七大奇景之一，」文章裡滔滔不絕地寫道：「在這裡，你一邊看著地平線盡頭的加拿大，一邊從卡塔丁山一步一腳印地走到歐格索普山，眺望亞特蘭大的夜景。」

這個老女人立刻就著了迷。

文章裡還提到：「阿帕拉契步道是為了所有健康狀況良好的人所規劃的，走這條步道並不需要特殊的技能或訓練。」

當這篇文章於一九四九年出版時，只有一個人，一個名叫厄爾．謝佛（Earl V. Shaffer）的二十九歲士兵，曾正式通報他一口氣走完了步道全程。謝佛完成此次著名壯舉後的七年間，只有五個人達成同樣的目標。而且他們全都是男性。

艾瑪打算要改變那項紀錄。

她後來在日記裡寫道：「雖然我已經六十六歲了，我還是要去試試。」

她沒有告訴任何人她的計畫，並且收集了她自認為不可或缺的物品，而非健行者在一次兩千英里的旅途中理應攜帶的物品。在她之前的縱走者抵達步道口時，身上都背著郵購的背包、睡袋和帳篷，還有野炊餐具組。艾瑪可不是這樣。她的小背袋重量只有十七磅。

當她準備好展開這場長達五個月的旅程時，已經是一九五四年的七月，所以她決定從北邊出發，搶在冰雪的前面往南走。她搭上早上六點十五分從高盧郡開往匹茲堡的灰狗巴士，再轉搭紐約快車前往曼哈頓，然後再坐上開往緬因州奧古斯塔（Augusta）的巴士，在翌日早上抵達。她又從奧古斯塔改搭另一班開往班戈（Bangor）的巴士，然後在佩諾布斯科特旅館（Hotel Penobscot）過夜，她給了櫃檯後的男人四塊半美元。

第二天早上是七月十日，她搭了計程車前往彼特曼營地（Pitman Camp），在早上十點半抵達，接著開始攀登步道的北端點卡塔丁山。三個半小時後，她趕在天黑前下山。一對年輕夫妻邀她一起分享了水煮熱狗、糖蜜鹹豬肉焗豆。然後她攤開毛毯，在卡塔丁溪營地（Katahdin Stream Campground）的一間斜頂小屋裡入睡，溪水整晚都在歌唱。

第二天早上，太陽還沒照進山谷，她把行李箱交給一位公園巡管員，並給了他一美元，請他把行李箱寄回俄亥俄州。接著她動身前往約克營地（York Camp），那是位在佩諾布斯科特河（Penobscot River）西支流旁邊的一間漁獵小屋。走了幾英里之後，她才意識到她帶了太多東西，於是她把背袋清空，把多餘的物品塞進另一個盒子裡，再請約克營地的人幫她把東西寄回俄亥俄州。

她從那裡一路走到十三英里外的彩虹湖，營地裡有一戶好心人招待這位渾身髒兮兮的老女人吃了烤牛肉和餡餅。她決定第二天要好好休息，所以在那裡停留了兩晚。

再接下來的那天，她早早就出發。她來到一個破舊褪色的標示前，卻走錯了步道。她不知道阿帕拉契步道的標示是一個白色方塊，結果她愈走愈偏離路線。快到中午時，她從森林裡鑽了出來，卻走進一大片蕨叢裡，這才發覺自己已經迷路。她在荒野裡找了一個半小時，始終都找不到路。她爬到一處空地裡的小山丘上，先生起一堆火，再躺在地上。她吹著口哨，又唱了幾首歌，嚼著她帶在身上的葡萄乾和花生。

「假如這就是我的末日，我也不擔心，」她在日記寫道：「這裡就跟其他地方一樣好。」

吃過午餐，她起身去尋找水源，結果卻愈來愈深入野地，還順著獵徑走進了茂密的夏日樹叢裡。到了晚上，她找到一塊大石頭，試著躺下來休息。後來一陣大雨當頭落下，她乾脆站起來等雨停。

第二天早上她試了更多條路，浪費了許多寶貴的力氣，卻沒有找到任何一條能把她帶回步道的路，而她身邊的食物也愈來愈少。她拔起蕨株，在一艘靠著常綠樹木的倒置小船底下做了一張床。她生了火，在咖啡罐裡裝滿水，再把火焰澆熄，希望有其他山友或巴克斯特州立公園（Baxter State Park）的巡管員會發現這股狼煙，但沒有半個人來。

她決定在一個小池塘裡洗個澡，並把眼鏡放在一塊石頭上。結果她卻忘了自己把眼鏡放在哪裡，一腳踏錯了地方，把一邊的鏡片踩破了。她試著用ＯＫ繃把鏡片黏回去，但此時她幾乎什麼都看不見了。

她讓火堆繼續燃燒了幾個小時，到了十一點，木柴已經快要燒完，她也愈來愈疲倦。她吃掉最後剩餘的食物，躺下來休息，把臉蓋住，免得被小黑蚊叮咬。這時她終於聽見了。

一架飛機飛進她的視野中，飛行的高度很低，就在樹林上空，飛機螺旋槳發出的轟隆聲響迴盪在群山之間。她跳了起來，拿出一條白布拚命揮舞，試圖引起飛行員的注意。接著它就飛走了。

她再度躺下，閉上雙眼。此時她沒有食物，也幾乎失去了希望。她在距離出發點還不到三十英里的曠野裡迷失了方向。她回家的時候該說什麼？如果她還回得了家的話，她要對他們說什麼？

雖然她還不知道，不過彩虹湖的公園巡管員，先前已用無線電通知了八英里外的下一個營地，請他們在艾瑪抵達時回報最新狀況。當她遲未現身時，巡管員就展開了搜索行動。

艾瑪四下張望，想找尋能補充養分的酢漿草，但她什麼也沒找到。她也沒能發現早生的野櫻莓、藍莓或蔓越莓，這些植物都還沒開花。她決定再試著去找步道。她把東西收好，沿著來時路往回走。不知道是好運還是奇蹟，她竟然找到了通往營區的步道，她開始往回走。她走了好幾個小時，總算在晚上七點左右回到了彩虹湖，那裡有一群男人正在玩拋馬蹄鐵。

四名巴克斯特州立公園的巡管員先前一直急得到處找她。當她出外找路時，他們路過她過夜的營地，發現生火的痕跡。他們在樹林裡來回搜索，大聲喊她的名字，不過她都不曾聽見。

「歡迎來到彩虹湖，」其中一個男人說：「你迷路了。」

「不是迷路，」艾瑪說：「只是走錯了地方。」

全都是男性的巡管員們很不高興。他們對她說，她應該要回家去。

其中一人說：「我可不希望我母親做這種事。」

她身上只有一副破的眼鏡，沒有吃的，也沒多少錢。也許他們說得對。也許她應該放棄。

兩名巡管員協助她登上他們的單翼機，把她載到附近的另一個湖泊，巴克斯特公園的主管正在那裡等她。他把她帶到米利諾基特（Millinocket）火車站，送她搭上一輛駛回班戈的列車。她在班戈的街頭步履蹣跚地行走，引起路人的側目，最後她又走回佩諾布斯科特旅館，就是她在漫長的七天前住過的同一個地方。

櫃檯後的男人說，旅館已經客滿。

「你試過其他地方嗎？」他問。

「沒有，」她說：「我上週才住過這裡。」

男人在櫃檯上的紙堆裡東翻西找。

他說：「他們今晚應該用不到那間房。你可以住那間。」

一名門僮帶領艾瑪上樓。

「你不記得我了嗎？」她問。

「記得。」他說。

她說：「我這幾天都在爬山。」

她關上房門、扔下背袋，走到鏡子前。她幾乎認不出鏡子裡跟她對望的那個女人。眼鏡破了。一隻眼睛附近被黑蚊叮咬過，腫了一大包。她的毛衣上全是破洞。她的頭髮像瘋婆子一樣蓬亂。她的雙腳浮腫。她覺得自己看起來，活像剛從水溝裡爬出來的酒鬼。一個到處流浪的女人。一個六十六歲的廢物。

她絕不會告訴任何人這件事。

☼

這一次事情會不同。她已經學到了慘痛的教訓。

她在步道上連續走了八天才搭到便車，這是一對姓賈瑞特（Jarrett）的男女，他們正在撿拾從一輛卡車上散落下來的肥料。他們讓她在家裡過夜，第二天一早並開車載她回到原地，臨走前還送給她一堆玉米麵包。那天她一共走了二十英里，總算在一陣春季暴風雨到來前抵達海陶爾峽（Hightower Gap）。她在一張水泥野餐桌底下用幾塊木板鋪成床，不過整夜輾轉反側，一直在無奈地閃躲雨絲。

第二天一早她就出發，終於在五月十四日那天跨過了州界，把喬治亞州拋在身後。她開始爬上北卡羅萊納州的第一座山，陽光直射在她的脖子上。她累壞了。她把樹葉堆在一起當成床小睡了一會兒；當她醒來時，覺得自己有點像是〈李伯大夢〉（Rip van Winkle）裡的李伯。

那天下午，又有另一場暴風雨逼近，她聽見森林裡有牛鈴發出的叮噹聲，遠方還有一名男子正在叫喚他的豬。她以為附近可能有地方可以過夜，但當她往下走到隘口時，卻連個鬼影子也沒瞧見。沒有任何人家，也沒有半頭豬。

她正行經一個到處充滿祕密、不信任外來者的地區，在這片廣闊而美麗的土地上，山區住民與墨守成規的政府官員之間永無止境地搬演著貓捉老鼠的遊戲。在這些與世隔絕的山谷裡，規矩守法的人只能勉強餬口。假如想讓生活更上一層樓，他需要的就遠遠不止幾頭豬和一塊滿是岩塊的玉米田。

這裡的群山既是詛咒，同時也代表著運氣，蓊鬱的森林、高聳的山峰和狹窄的谷地，為各式各樣見不得人的非法勾當提供了天然的屏障。其中最大宗就是釀私酒。釀酒得從水開始，這裡的水既純淨又冰涼，冒著氣泡的石灰岩湧泉不斷汩汩地流出來。在低空縈繞不散的藍色薄霧，遮掩了用胡桃木蒸煮玉米糊時產生的煙霧。因此祕密的非法私酒就從這裡不斷向外流淌，標準酒度（proof）高達一百度的白色閃電被裝在老爺車的後車廂裡，再送

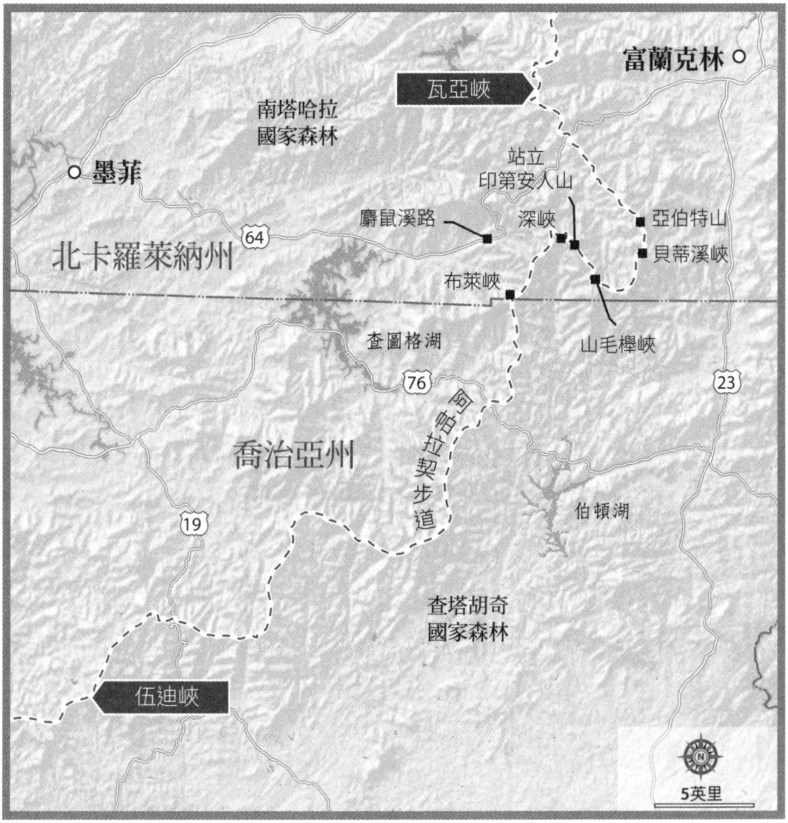

往中西部的大城市——底特律、芝加哥和印第安納波里斯（Indianapolis）。本地的執法人員對這種事多半睜一隻眼閉一隻眼。查緝私酒未免太不明智了。不過州政府卻從中看到了機會——尤其是課徵稅金和經常課稅的良機。假如州政府沒辦法課稅，還可以把人關進大牢裡——也因此引爆了官民衝突，子彈偶爾會在這些山谷裡咻咻地飛過。

艾瑪向來滴酒不沾。她甚至連咖啡都不喝，而她也很以此自豪。如果有人請她喝酒，她總會特意當場拒絕，而這個拒絕的姿態後面還隱藏著一整段的訓話。但她知道阿帕拉契地區這場由來已久的鬥爭，因此經過此處時格外小心。

一名男子從一棵樹後面走出來，把她嚇了一跳。

她問：「這附近有任何人家嗎？」

「這附近沒有。」他說。

男子自我介紹說他是帕克先生（Mr. Parker），這時另一名男子也走了過來，他是柏奇先生（Mr. Burch）。他們解釋說，他們來山裡查看他們養的豬，這些豬都在林子裡自由走動，每頭豬的脖子上都掛著一顆牛鈴，他們就在幾英里外的斜頂小屋裡紮營。他們說，假如她願意走到那裡，他們很歡迎她留下來過夜。

他們看起來似乎很和善。她同意跟他們一起走，柏奇先生接過她的背袋，一路幫她背到小屋裡。當他們抵達小屋時，另一名男子——恩羅先生（Mr. Enloe）也加入他們。他們拿了些稻草給艾瑪當床，並帶她到他們生起的營火旁烘乾濕衣服。

到了早上，其中兩名男子在吃過早餐後就先行離開，還說他們會在晚餐前回來，艾瑪獨自跟柏奇先生留下來。艾瑪決定要休息一天，好讓她痠痛不已的雙腿有時間復原。他們請她用早餐剩下的燉馬鈴薯做一些點心，於是她把馬鈴薯跟麵粉、雞蛋混合成麵糊，再倒進平底鍋裡在營火上煎熟。她來走這條步道，是為了要跟大自然結為一體、為了平靜而走，而現在她卻正在替一群男人料理雜務。

那天下午，森林巡管員和狩獵管理員恰巧遇見了艾瑪和柏奇先生。他們誤把艾瑪當成柏奇的太太。她覺得很尷尬，但並沒有糾正他們。她不想解釋自己在步道上做什麼。她也不想提到她為什麼要走路，或者她又是從哪裡走來的。

☼

他在黑夜裡發現了她。

在一個寒冷的晚上，她正從俄亥俄州皇冠市（Crown）的教堂走路回家。他騎著他的馬兒狄克來到她身旁。她的表姊嘉莉・卓布里吉（Carrie Trowbridge）在城裡剛好跟他認識，於是替他們互相介紹。

P・C・蓋特伍德（P. C. Gatewood）是俄亥俄州高盧郡的黃金單身漢。他個子修長，一身曬成小麥色的肌膚，一頭棕色的短髮。他也是個強硬派的共和黨人，來自一個財閥家庭——相當於地方的王室，至少這是他們對外表現出來的樣子。他的家族在加利波利斯（Gallipolis）擁有一間家具工廠。那年他二十六歲，比艾瑪大了八歲，看起來似乎非常世故，甚至帶著點貴族氣質。他從俄亥俄州北方大學取得教學學位，成為當地屈指可數擁有大學文憑的人，並在附近一所單室學校[3]裡教學童讀書和寫字。

他問她想不想騎馬回家，她同意了。他幫她爬上狄克的馬背。她以前從來沒有坐在一個男人的身後騎馬，當馬兒開始在路上小跑步時，她差一點坐不穩，但她是絕對不可能把手搭在P．C．的腰上。

那年冬天，他騎馬載她回家好幾次，穿過在山谷裡留下歪扭陰影的光禿樹林，而她始終都不敢把手圍在他的腰上。那樣做有失體統。有天晚上，她從馬背上摔下來——從馬兒的背後滑了下去。P．C．把馬兒停下來好一會兒，伸出手來把她拉回馬背上。

冬去春來，P．C．開始發動更多攻勢。艾瑪還沒仔細想過跟他在一起的未來會是什麼樣子，但到了三月，他的態度突然變得更加認真。他突如其來地向艾瑪求婚。她怎麼也想不通他到底在急什麼。他似乎想要馬上就結婚。但她還沒準備好。她一直猶豫遲疑，拖了兩個月都沒有答覆。

他們的背景完全不同，雖然兩人在鄰近的鄉里長大，家庭的環境卻是天差地遠。她於一八八七年十月在默瑟維爾（Mercerville）的一間小房子裡出生，距離溪流分支處大約一英里

3 編註：單室學校（one-room school house）是過去在歐美、紐澳鄉村常見的學校型態，所有不同年齡的學生在同一間教室學習，由一位老師教導不同的基本科目。

遠。那間房子有一個穀倉、一口井，還可以俯視一處醜陋的峭壁，但孩子們都在山上玩耍。當時家裡總共有十二個小孩，當他們不用幫忙做家事時，父母就會把他們通通送到只有一間教室的柯弗小學（Cofer School），但這種情況非常罕見。

她的父親休・卡德威爾（Hugh Caldwell）是美國南北戰爭的老兵，一輩子都效忠聯邦軍，雙親是從蘇格蘭來到美國務農的移民。卡德威爾因為曾在戰火正熾時，從石牆上探出頭來察看敵軍動態而出名，後來在戰場上負傷，之後那條受傷的腿又被截肢。戰爭結束後，在人們眼中，他是個愛賭又嗜酒的無賴。她的母親愛芙琳・艾斯特・卓布里吉（Evelyn Esther Trowbridge）先祖則來自英國，是一六二〇年代來到美國的卓布里吉家族後代。列維・卓布里吉（Levi Trowbridge）曾在美國獨立戰爭中加入克拉克上尉（Capt. Thomas Clark）的德比連（Derby Company），又跟伊森・艾倫（Ethan Allen）將軍麾下的「綠山男孩」（Green Mountain Boys）一起並肩作戰，他是她不算太遠房的親戚。

艾瑪在十八歲前就已飽經滄桑。她的姊姊艾塔用水壺煮熱水來洗碗時，火堆飛濺出來的火星燒到她的衣服，她的母親用一根羽毛替她上藥，但還是在她身上留下了疤痕。艾瑪也曾吃著李葉莢蒾樹的果實，跟表姊妹繞著穀倉追逐嬉戲。當她們全家搬到位於古堰溪（Guyan Creek）附近的勞倫斯郡普拉特弗姆（Platform）時，她父親原本打算蓋一棟新房子，但他雖然砌了石牆，卻始終沒能把房子的其他部分蓋起來，他們只能住在一間小木屋裡。她父親後來又在前門廊加蓋了一間臥室。一張床上要睡四個孩子，到了冬天，屋頂隔板上的積雪會被吹進房間裡，他們得趕在雪融之前把被子上的雪甩掉。他們會在父母沒注意的時候，直接在前門廊外尿尿。

她母親在那間房子裡又生了三個孩子，一家總共有十五個小孩，十女五男。在炎熱的午後，他們會先跑進溪裡把衣服浸濕，然後再到田裡鋤玉米、種豆子、替菸草除蟲或摘除側芽、收割甘蔗和小麥。他們會一直工作到衣服都乾了，然後再去泡水重來一次。有一回，艾瑪得負責替南瓜播種，她對這單調的差事感到厭煩，索性在每塊田畦都埋下一大把種子。結果每一株南瓜苗都冒出頭來，她偷懶的祕密也就人盡皆知了。

星期天早上，他們會換上最體面的衣服，走一英里的路到普拉特弗姆去上主日學。禮拜結束後，孩子們會爬到小樹的嫩枝上，再一路順著枝條滑下地。他們會採摘野花，爬上他們找得到的所有懸崖，在其中一處懸崖頂上，他們緊緊抓住一條藤蔓，再垂降到山壁下方去探看某個小山洞。還有一次，艾瑪的姊姊們告訴她，假如她把鹽灑在麻雀的尾巴上，她就能抓到牛舍裡的麻雀。那個星期天，她花了好幾小時試圖在小鳥的尾巴上灑鹽。

孩子們會把一大壺水放在蜂巢旁邊，再大力敲打蜂巢。受到驚嚇的蜜蜂匆忙飛出巢外，一頭栽進水壺裡，這時孩子們才把手伸進蜂巢裡去挖生蜂蜜吃。

因為必須幫忙農務，他們一年只去學校上課四個月，有時候甚至只去兩個月。古堰谷小學外有隻站崗的雄鵝，只要一看到孩子們走過來，牠就會伸長脖子拍打雙翅，一邊發出嘶嘶的威嚇聲。偶爾牠真的會咬到人，痛得孩子們哇哇大哭。

一九〇〇年，艾瑪十三歲，她父親賣掉了農場，又在浣熊溪（Raccoon Creek）靠近懷茲曼

（Wiseman）的這一側買了另一座農場，位於阿斯伯里衛理公會（Asbury Methodist Church）教堂北方約一英里、瓦格納（Wagner）郵局南方一英里處。他們把孩子送到布萊辛（Blessing）去上學，不過一開始孩子們全都跟不上學校的功課。他們卯足了全力，最後終於趕上進度，但這所學校最多只能唸到八年級。

艾瑪十七歲那年，父親在工作時摔倒，把好的那條腿也跌斷了。她母親把他送到加利波利斯，他在醫院裡住了兩個月。艾瑪留在家裡沒去上學，一肩擔起家務。早餐前她得先替乳牛擠奶，星期六則要洗衣服。男生們宰了豬，艾瑪就得把豬肉做成香腸、豬油和豬頭肉凍。她母親返家時，很驚訝地發現家裡被打點得井井有條。此外，艾瑪還要負責所有的衣物修補、煮飯和打掃工作。

一九〇六年，艾瑪十八歲。她離家八個星期，到俄亥俄河對岸的西維吉尼亞州杭廷頓市（Huntington）當女傭。她非常厭惡這份工作，所以工作一結束就趕緊回家。那年夏天，艾瑪的表姊嘉莉邀請艾瑪，到她祖母皮克特太太（Mrs. Pickett）位於糖溪（Sugarcreek）附近的家裡小住。皮克特太太每週付艾瑪七十五美分，讓她負責擠牛奶、洗燙衣服、打掃、剝玉米粒餵雞、把煮飯用的煤炭搬進屋裡和清洗碗盤。

她就是在此時遇見P．C．的。

她隻身離家在外，他向她求婚，而她卻遲遲不肯點頭。最後他受夠了這種欲迎還拒的把戲。他揚言說，假如她不肯嫁他為妻，他就要離開這裡到西部去，再也不回來。她很不情願地答應了他的求婚。

於是她從學校休學，收拾了一些衣物，來到姨母愛麗絲・皮克特（Alice Pickett）的家中，此時P・C・和她的舅舅阿薩・卓布里吉（Asa Trowbridge）已經在那裡等著她。一九〇七年五月五日，他們兩人交換結婚誓言，艾瑪・卡德威爾就這樣變成P・C・蓋特伍德的太太。

他們舉行了一場盛大的婚宴，然後駕著一輛有篷的輕便馬車沿著俄亥俄河上行到加利波利斯，再到她母親位於諾斯洛普（Northup）北方的家中。他們就在一間用床單圍出

艾瑪（左三）約十七歲時，在格林村的布萊辛學校前與師長同學合影。
〔照片由露西・蓋特伍德・席茲（Lucy Gatewood Seeds）提供〕

來的新房裡度過新婚之夜，再繼續往北，前往他在糖溪上方山坡上所擁有的一間小木屋。

蜜月很快就結束了。P．C．開始把艾瑪當成自己的所有物，要求她替他做事。擦地板、蓋籬笆、焚燒菸草田壟杜絕雜草、攪拌水泥。這跟她預期的生活不一樣，但她還是盡力而為。

新婚才三個月，他就動手打得艾瑪頭破血流。

☼

站立印第安人山（Standing Indian Mountain）突出地表之上將近一英里，是步道在大煙山以南的最高點。艾瑪整整休息了一天，在小屋的乾草床上好好睡了一覺。吃完剩下的馬鈴薯餅飽餐一頓之後，向男人們和豬隻道別，穿著克茲帆布鞋的雙腳一步接著一步繼續往前行，直到上午十時左右終於登頂。

新婚不久的P．C．與艾瑪．蓋特伍德。
（照片由露西．蓋特伍德．席茲提供）

這座山是由切羅基人命名的，在他們的傳說中，一頭長有翅膀的巨大生物以此為家。一道閃電從天而降，劈開大山，殺死了巨獸，同時卻也擊中了一名戰士，把他變成一塊石頭。這座山就是因為過去曾有一種特殊的岩層突出於光禿峭壁之外，看起來很像一個男人而得名。

她總共花了一個半小時登頂，身後是來時路上的喬治亞州藍嶺山脈絕景。接著她又走過了深峽（Deep Gap）、麝鼠溪（Muskrat Creek）、檫樹峽（Sassafras Gap）和布萊峽（Bly Gap），然後才來到這裡。她應該要先給雙腳上藥，不過這時停下來還太早，就算手上沒拿地圖她也知道，到目前為止，步道上最艱難的一段路就在她眼前。

在長途跋涉通過山毛櫸峽（Beech Gap）和貝蒂溪峽（Betty Creek Gap）後，她開始爬亞伯特山（Mount Albert），一路奮力攀上陡峭巨石，這的確是她出發十三天以來所遇到最難走的陡上路段。

那天傍晚，連走了二十英里之後，她偏離步道再走了兩英里，想找個地方過夜。她在白橡林營地（White Oak Forest Camp）發現了一個空無一人的斜頂小屋。那天晚上非常寒冷，她試圖生火，但她的火柴都潮了，根本打不出火。她把身子蹺縮在小屋的角落，在毯子底下不停地發抖，直到睡著為止。

第二天早上迎接她的是一場冷雨，她沒有直接出發，而是先到狩獵管理員的屋子前向他們自我介紹。這位看守員姓沃卓普（Waldroop），他和妻子兩人在開車進城時，讓艾瑪搭了兩英里便車，載她回到步道。這天艾瑪一開始走的速度很慢，而且一整天都在下雨，她在下午四點來到瓦亞營地（Wayah Camp），生起了一小堆火把衣服烤乾。距離最近的斜頂小屋裡有一塊冰冷的泥土地板，於是她把一條長木板放在火上烤，再躺在木板上取暖。等木板變冷了，她就再烤一次。

第二天一早六點十分，她在南塔哈拉山早起鳥兒的問候歌聲中離開小屋。南塔哈拉山在切羅基語中指的是「正午陽光之地」，西班牙征服者赫南多·德·索托（Hernando de Soto）和博物學家威廉·巴川姆（William Bartram），曾分別於十六世紀和十八世紀造訪過這片廣袤而幽暗的森林。當巴川姆行經此地時，他「帶著狂喜與訝異，目睹了一個充滿能量、令人心生敬畏的壯麗景象，一個層巒疊嶂的世界」。他繼續寫道：

> 現在，巨大的烏雲張開了它黝黑的雙翼，從北方一路向南延伸，在狂風驅使下勢不可擋地向前推進，挾著轟隆可怖的雷聲和火焰般熾亮的閃電，用他那鉛黑色的翅膀把這塊陰暗的凹地團團圍住；高大的森林現在也俯身屈服於他的暴怒之下，樹身和波浪般的枝枒在風雨中劇烈搖晃、彼此交纏；群山為之震顫，彷彿正隨著天地旋轉，古老山丘的根基也為之動搖：滂沱暴雨橫掃而來，雨幕自穹蒼降下籠罩整片山谷，喧囂的雷聲震耳欲聾；這狂暴的景象令我士氣全消，馬兒也在雷聲轟鳴下腳軟倒地，我只得速速往平原而去。

此時又有一位新的開路先鋒來到這裡，她腫脹的雙腳穿著已經磨壞的網球鞋，費盡千辛萬苦才爬上瓦亞峰（Wayah Bald），登上二十年前由平民保育團（Civilian Conservation Corps）興建的石砌消防觀測塔的台階。她有些頭昏眼花，環顧著巍峨的高山絕景、層巒疊嶂的世界，她感到孤獨，而且幸福。

3 杜鵑樹與響尾蛇

一九五五年，五月十九日至三十一日

穿越瓦亞峰的路程非常艱辛。步道乏人整理且標示不清。艾瑪從一條鐵道橋跨過南塔哈拉河（Nantahala River）的時候，肚子早已飢腸轆轆，但她的補給品已經吃光了。她冒險離開步道，在林子裡找到一小棵檫樹。她從小樹的枝條頂端摘了一些嫩葉做成沙拉。她又在附近找到一叢野草莓。它們嚐起來很酸，但味道很不錯。

通往韋瑟峰（Wesser Bald）的路已被溪水沖毀，滿地泥濘更增添行走的難度。她在步道旁的一間小店重新補充食物，買了一夸脫牛奶、一些起司餅乾、無花果餡餅、兩顆雞蛋和一把摺疊小刀。她原有的那把小刀在路上弄丟了。

第二天一早，她開始爬斯維姆峰（Swim Bald），大約花了三個半小時，但就在快要登頂前，她在一塊濕滑的大石頭上滑了一跤，把手杖摔斷了。她使勁從石頭上站起來，確認自己是否沒事。一切平安，於是她繼續前進。她又找到一根新的手杖，在早上十點半前抵達奇歐亞峰（Cheoah Bald）。接著她往下走，經過了蝗蟲洞峽（Locust Cove Gap）、辛普峽（Simp Gap）、斯特科阿峽（Stecoah Gap）和甜水峽（Sweetwater Gap）。她開始感到疲憊，準備找個可以睡覺的地方。那附近沒有避難小屋，而她面前橫亙著一座高山。太陽正要西沉，因此她就在步道旁找了一塊空地，生了火，就這樣度過一晚。

她身處在一個陌生的環境裡，隻身一人在異地，既充滿好奇，同時也對未知滿懷著憂懼。自從好幾天前跟那些男人們告別後，這一路上她還沒遇見其他人。她大部分的晨起梳洗都是在幽靜的南方春光下進行，被生機勃勃的大自然環繞著，鳥兒們嘰喳歌唱，昆蟲嗡嗡鳴叫，全然不受人類活動的干擾。但這一切即將改變。

☼

高盧郡俄亥俄河沿岸的肥沃農地上，散布著一些緊挨著山坡興建的白色木屋，偶爾還可見到蓋著鐵皮屋頂的穀倉召喚你去「嚼嚼郵包菸草」（CHEW MAIL POUCH TOBACCO）[4]。這裡的人用洪水與暴風雪來標記時間，在自家聖經的前頁記錄家譜。他們的祖先是被人狠狠擺了一道的法國保皇黨人。五百名貴族、工匠和專業人士在未曾親見的情況下，向一間空殼公司買下了俄亥俄州的土地，並於一七九〇年一月往西航行，橫渡了大西洋。當他們抵達此地時才知道，他們所擁有的就只有手上的那一張紙。大多數人在兩年內就離開，選擇留下的二十個家庭

4 譯註：這些穀倉的牆壁上漆著西維吉尼亞郵包嚼菸公司的廣告。

在此過著篳路藍縷的生活，直到來自麻薩諸塞州和維吉尼亞州的其他殖民者加入他們的行列，開始在距河邊僅一箭之遙處建立起一個安穩的社群。他們稱之為加利波利斯，意即「高盧人之城」。

一個世紀後，這座城市有了一家報社、路面電車、一所醫院與一間圖書館。火車每天轟隆隆地從這裡經過，蒸汽船在俄亥俄河上緩緩行駛，傳教士們在停車場裡搭起大帳棚，高聲宣揚禁酒的主張。

在城市的南邊，糖溪旁的一棟小屋裡，艾瑪．蓋特伍德被新婚丈夫痛毆前不久，才剛發覺自己懷了第一個孩子。他用力甩了她一巴掌，手掌在她臉上留下的劇痛讓她

又驚又懼。就在當天和當晚，一直到第二天，她想著要離開他，但她又能到哪裡去？她沒有能夠賺錢的工作、沒有存款，而且學歷只到中學八年級。她也不能回娘家去增加母親的負擔，因為母親還忙著養育其他的小孩。

所以她保持緘默，繼續留在P．C．身邊。

一九〇八年十月，她生下了第一個孩子，海倫．瑪麗（Helen Marie）。P．C．要的是男孩，而且也明白地告訴她，所以她在一九〇九年再次生產，這一次還是女孩。他們給她取名為露絲．艾斯黛兒（Ruth Estell）。第三個孩子在一九一一年六月出生，總算是個男孩，他們原本叫他恩尼斯特（Earnest），後來則改叫他門羅（Monroe）。

一九一三年春天，P．C．用一千美元向他的叔父比爾．蓋特伍德（Bill Gatewood）買下了大溪（Big Creek）旁一塊八十英畝大的農場。艾瑪開始去搬石塊、替菸草摘除側芽、摘蘋果、搬乾草以及趕乳牛下山等各種工作，同時還得一面照顧食指漸繁的家庭。她是個務實的女人，也是支持羅斯福的共和黨人，她很清楚該如何自力更生。她有一套一九〇八年出版的書，裡面都是各種居家妙方和絕招，教人怎麼清掉門上的油漆、治療頭皮屑或殺死螞蟻。但她把教人如何讓葡萄發酵來釀製紅酒的書頁給撕掉了。

只要她不必工作、替P．C．煮飯或打掃家裡和照顧小孩的時候，她就會躲開其他人，拿起一本書來專心地讀。她會讀百科全書，不過她最喜歡的還是希臘古典詩歌，例如《奧德賽》和《伊里亞德》等冒險故事，只要她擠得出時間，她會把這些書從頭讀到尾。

他們的第四個孩子威廉・安德森（William Anderson）在一九一四年一月出生。第二年，兩個最大的女孩海倫和露絲開始去薩迪斯（Sardis）上學，那是一間位於皇冠市附近山丘上的單室學校，就在五五三號公路旁邊。

接著老五羅溫娜（Rowena）在一九一六年出生，三個月後艾瑪又懷孕了。在她臨盆的幾週前，P・C・再度對她動粗。他既不菸也不酒，卻動不動就會勃然大怒，對著她的頭臉拚命飽以老拳，接下來的那兩週，她幾乎無法把頭靠在枕頭上休息。他們給寶寶取名為艾斯特・安（Esther Ann）。

一九一八年十二月，他們花了三萬美元買下布朗農場，孩子們日後會把這裡視為心目中的老家。農場裡有一整片肥沃的窪地，從他們在山坡上的房子一直到大約四分之一英里外的俄亥俄河畔，整塊地平坦得像桌面一樣。艾瑪從前門廊上就可以看見河對岸西維吉尼亞州的青翠山丘。房子的二樓有四間臥室，一樓也有一間，還有三個有頂的門廊和一間地下室。客廳裡有一架年久失修的鋼琴，還有一張拉開來就可以變成一張床的馬毛沙發。書架旁的小桌子上放了一台維克多拉（Victrola）牌留聲機。起居室裡有一個暖爐，廚房裡有一個火爐，還有一個可用手動幫浦把水從貯水器裡打出來的水槽。其中一個門廊裡還裝了一座鞦韆，孩子們的房間裡也有可在寒冬時使用的尿壺。房子前面還有一大塊空地，足以打造一個三英畝大的菜園，艾瑪每天都早早起來，點著煤油燈照顧這些植物。她在這裡種了大黃、小黃瓜、豌豆，還有一大片繁茂的牽牛花。

他們把舊農場賣掉後只剩五千美元，這表示他們若想過舒服的日子，就得辛苦幹活。艾瑪卯足全力省吃儉用。孩子們也都認真工作。他們從兩歲起就要掃地和撿雞蛋。三歲時他們會去替圓肚火爐撿拾柴火。四歲時則要學著清洗和擦乾碗盤。五歲時他們已經學會洗自己的衣服。

每天早上，P．C．會在五點起床穿衣，走到樓梯底端，一邊大力敲打欄杆支柱、一邊大喊孩子的名字。孩子們會立刻從四人合睡的床上跳起來。女孩負責打掃房子、清洗碗盤，有時也會幫忙準備餐點。吃過早餐後，他們全都會去田裡鋤土、除草、拔菜或替菸草除蟲。年紀小的孩子們負責把石灰裝進桶子裡，再到甜瓜與西瓜田裡，一邊走一邊把石灰粉灑在瓜藤上。

為了整地，P．C．會用幾匹馬拖著耙來鬆土，孩子們有時候會爬到那個扁平的木頭裝置上，把赤腳放進鬆軟的泥土裡拖曳。

艾瑪每天下田，跟農場工人們一起工作，孩子們也都跟著幫忙。當工作結束時，孩子們會匆匆忙忙跑過自家和群山中間的低地，來到俄亥俄河邊。有幾個孩子可以一口氣游到對岸，不過多數人還是留在淺水區，一邊大笑一邊互相潑水，洗去一天的塵土。他們會唱〈老黑爵〉（Old Black Joe），或者爬進舊輪胎裡，再邊打邊鬧地跑下山坡。

到了收穫時節，他們會採摘甜瓜、西瓜、番茄、小黃瓜和玉米。P．C．會在星期六把大部分的收成送到杭廷頓的市場。他們會把剩下的作物吃掉，或者製成罐頭，再不然就拿到公路邊的小蔬果攤子上去賣。甜瓜或十幾根甜玉米只要十美分。小黃瓜每條一美分。艾瑪會把數百加侖的蔬菜和水果做成罐頭，留到夏天或冬天食用，冰冷地窖的架子上擺滿了幾十個半加侖裝的廣口瓶。

只要是從地上長出來又沒有毒的東西，不論是黑莓、柿子或野覆盆子，他們什麼都吃。他們學到了，如果鳥兒和動物們都不會餓肚子，那人為什麼要餓肚子？有很多種樹木和灌木都提供了可以充飢的食物——山胡桃堅果、山毛櫸堅果、胡桃果、美國皂莢的莢果、楓糖漿、野生酸蘋果、桑椹、李子、櫻桃和越橘。可食用的植物還有蒲公英、皺葉酸模、野萵苣、群心菜、苜蓿、堇菜、狹葉水卷耳、美洲商陸的嫩葉和乳草。他們絕不會浪費任何東西。

男人們偶爾會屠宰一頭養肥了的豬，他們會在一個裝滿井水的五十五加侖大桶下生火。那天下午他們會把豬綁在一棵樹上，取出牠的內臟。等水燒得夠熱了，他們會把殺好的豬放進桶子裡燙，再把豬拉起來，用磨利的刀子刮豬皮，除掉皮上的粗毛。他們把豬肉分成很多份，艾瑪會拿走可以製成火腿的部位，放進燻肉房裡用煙去燻。她也會拿走全部的豬頭肉，再把肉放進陶罐裡用鹵水醃漬，有時候還加入一些醋，最後做成豬頭肉凍。她會把白菜絲塞進青椒裡，再把青椒浸在鹵水裡。孩子們經常因為吃得太多而生病。

在醃製培根的時候，她會先剝掉豬皮，切成細條後再放進厚鍋子裡煮，以煉製豬油，再留下焦脆的豬皮。孩子們每天都引頸期盼著大人宰豬，因為這樣他們帶到學校的午餐除了餅乾和自製果醬之外，還會有炸豬排。

艾瑪也會在戶外的火堆上用一個大鍋子煮蘋果醬。她讓女孩們負責用長柄木杓不斷攪拌削好皮的新鮮蘋果，有時她們距離鍋子太近，滾燙的蘋果醬就會飛濺出來燙著她們的皮膚。

此外，她也會做雞肉餃子和雞肉麵，偶爾遇到特殊場合，她還會做炸雞。每年夏天都有一個男人開車載著不同部位的牛肉到各個農場兜售。艾瑪會先往車裡瞄一眼，再問男人價錢。她買不起太多東西，不過偶爾還是會買下一整塊肩胛肉，拿回家燉一大鍋牛肉。但家裡其實很難得才吃一次牛肉，難得到其中一個男孩有次居然跑到牛舍，對著乳牛的耳朵咬了一口，只為了想知道那味道嚐起來到底像不像牛肉。

她在一張長桌上擺設早餐，P．C．總是坐在桌頭的位子。有時候，假如農場工人也跟他們一起用餐，她就得要餵飽十七張嘴。她會從廚房拿出裝滿餅乾的大烤盤、盛滿燕麥和玉米糊的大碗以及培根。她還會煎鬆餅，但是拒絕為她的糖漿調味。

孩子們內急時會去用戶外廁所，他們稱之為「櫥櫃」或「有小路的浴室」。廁所是三人座式，他們會把西爾斯百貨公司郵購型錄的紙撕下來擦屁股，好省下買衛生紙的錢。他們走路去上學，有時候會打赤腳，因為他們每人一年只能買兩雙鞋，每雙鞋要二十五美分，所以他們得想辦法讓鞋子撐久一點。

耶誕節的時候，P．C．會砍下一棵樹，再把它拖回家。年紀較大的孩子們會用線把爆米花串起來，再用去年的包裝紙，或者他們從路上撿來的口香糖、菸盒的錫箔包裝紙做成裝飾品。他們的耶誕襪裡會裝進一顆柳橙、一根香蕉、一根拐杖糖、胡桃，一根新鉛筆或一條新手帕。大部分較大的禮物他們則會一起分享，例如某一年他們收到了一輛雪橇，另一年則收到了一雙溜冰鞋。艾瑪有時候會用陶製的娃娃頭和鋸木屑填充物，替女孩們做成洋娃娃。

P・C・喜歡思考，是個多才多藝的人，鄰居們對他評價甚高，不過他付給農場工人的薪水太高了。他在經營農場和成家之前，曾在橡樹谷（Oak Dale）及沃巴頓（Waugh Bottom）的單室學校教過十五年書。一九二〇年，隨著龍鳳胎羅伯・威爾森（Robert Wilson）和伊莉莎白・卡德威爾（Elizabeth Caldwell）的出生，蓋特伍德家的人口又繼續增加。P・C・自己畫藍圖，替他的父母在附近的山坡上蓋了一棟漂亮的現代化新房子。他還在天鵝溪（Swan Creek）負責設計並興建了一所新學校。

鄰居都知道他智力過人。他曾花一百美元向住在一英里外的一個男人買下一大間菸草倉庫，替幾千塊木板一一編號，然後拆掉整個倉庫，把木材拖到馬路上，再拉上山坡，運到他們家後面的一塊平地，接著一個釘子一個釘子、一塊木板一塊木板地把倉庫重新蓋起來。倉庫重建後，他爬到鐵皮屋頂上做了個手倒立，農場工人全都在底下望著他瘦長的影子歡呼。

星期天，他要求孩子們去上教堂。他們會去天鵝溪附近的一所衛理公會教堂，所有人都擠進同一排靠背長椅上。當牧師在台上努力試圖拯救他們的靈魂免於受到永恆的懲罰時，他們汗流浹背地坐在底下揮打著蒼蠅，一連好幾個小時。牧師講道結束後，P・C・還會堅持親自對會眾發表簡短的佈道。

然而，在他那一層薄薄的體面人設底下，始終潛藏著一股惡意的湧流，事情一旦不如他的意，他就會露出青筋畢露的猙獰面孔。孩子們有次就眼睜睜地看著他用一條磨刀用的皮帶，把一頭不肯屈服的馬兒打個半死。他也常對自己的親生骨肉嚴格管教，不論藤條、撥火棒或者手邊的任何工具都可能被他拿來打人。

他的瘋狂舉動假如碰上對的時機，甚至連法律都治不了他。一九二四年，就在艾瑪生下第九個孩子的一年後，P．C．殺了一個人。

某天下午，P．C．蓋特伍德跟希拉姆．強森（Hiram Johnson）發生了爭執。州政府後來對P．C．控以過失殺人罪，冗長的審判持續了好幾年。當年十二歲的小門羅在法庭上作證說，是希拉姆．強森先伸手去拿自己的步槍，門羅則替爸爸去拿他的槍，正當強森把槍舉高準備開槍時，P．C．把槍轉過來打到了強森的額頭，位置剛好就在這個老頭上回跟人吵架時所留下尚未癒合的傷口上。強森一直都沒有清醒過來，四天後，他死在醫院裡。

鄰里間口耳相傳說，強森的寡婦不會對P．C．提告，因為他替強森付了醫療和喪葬費用。不過一名來自西維吉尼亞州杭廷頓市的律師說服她提出和解告訴，最後她獲得勝訴。P．C．被判過失殺人有罪，還被下令繳交五萬美元的賠償金。由於P．C．家有九個孩子嗷嗷待哺，還得要照顧農場，所以他被判了緩刑，不過鉅額賠償金造成了沉重的負擔，最後他不得不賣掉一半的土地。即使如此他仍然入不敷出，債務問題一年比一年嚴重。接下來朵拉．露易絲（Dora Louise）於一九二六年出生、露西．愛倫諾（Lucy Eleanor）於一九二八年出生，P．C．的農場已經快經營不下去。一九二九年八月，他在俄亥俄鎮區的鄉村學區找到一份工作，負責載學童往返糖溪和皇冠市間上下學，月薪是七十五美元。他把一輛老舊的輕型貨車改裝成臨時校車。第二年學區委員會又繼續雇用他，不過一九三二年卻改聘了史丹利．史威恩（Stanley

Swain），因為史威恩願意減薪七美元。

少了這份額外的收入，蓋特伍德家備感吃力。當時他們正想盡辦法捱過經濟大蕭條最糟糕的階段，同時還得應付一場源自美國東部、後來卻橫掃全國、席捲整個大平原區的旱災。同一年，全美有將近四成的勞動人口沒有工作。到了第二年，俄亥俄州有超過四成的工廠工人和六七%的營造業工人失業，許多人無處可去，只能從阿克倫（Akron）、托利多（Toledo）和哥倫布（Columbus）等大城市搬到鄉下，設法靠土地維生來餵養小孩。

流浪者不時會來到山坡上的那棟房子前乞討食物。他們臉上都帶著同樣的絕望神情。雖然艾瑪不願接受政府的施捨，她對這些人卻總是很慷慨，會請他們在門廊上飽餐一頓。假如有人需要幫助，她必定竭盡所能伸出援手，也經常照料生病的朋友，直到他們康復。P・C・偶爾會讓流浪者待在穀倉裡睡一晚，條件是他們得保證不會抽菸。孩子們有時候會一路跟著這些人走到公路上，他們到老都還記得其中一個家庭。這家的男主人駕馭著一支雪橇犬隊，狗兒們拉著一輛裝滿他們所有家當的小推車。他懷孕的太太懷裡抱著一個幼兒坐在車上，她的雙腳垂掛在車子後面。

一九三二年，進步派的紐約州長羅斯福在總統選戰中，聲勢直逼疲態百出的胡佛總統。長年支持共和黨的P・C・轉為支持民主黨。艾瑪卻堅決反對。投票日那天，P・C・因為潰瘍嚴重臥病在床。選務人員被派往他家好讓他投票，但艾瑪無論如何都不肯讓他們進門。這件事又在兩人失和的婚姻裡添加了另一道裂痕。

P・C・蓋特伍德在妻子和孩子的協助下度過了難關，但他們的農場還是沒辦法再撐過另一個十年，而且他也變得愈來愈難相處。

☼

五月逐漸接近尾聲，艾瑪繼續在孤寂的森林裡踽踽而行。她邊走邊吸吮著高湯塊，盡可能尋找水源。她會大啖野草莓——每當在路邊發現一大叢野草莓時，她就會放下背袋，把背得動的草莓都盡量塞進袋子裡。在辛苦爬上沙克斯塔克山（Shuckstack Mountain）後，她發現了一個凹陷的垃圾桶蓋，裡面積了一小窪雨水。那點水只夠她潤潤喉嚨。她把蓋子清理乾淨，這樣在即將到來的大雨中就能收集到更多雨水。峭壁頂上的空間只足以容納一座小型的消防觀測塔，她就在觀測塔的陽台上鋪好床，再豎起幾塊木板來阻隔強風。

第二天下午，她遇到一男一女，這是她在步道上遇見的第一對夫婦。艾瑪的食物都吃光了，在向他們解釋她來到此地的目的後，這對只是來單日健行的夫婦很同情她，於是把他們的糧食分了一些給她。她在滂沱大雨中來到史班斯營地（Spence Camp），雨大到她根本無法生火。雖然才下午四點，她就已經把濕衣服晾起來，全身濕透地爬進斜頂小屋裡試著睡覺。

她才剛躺下沒多久，又有一名男子從林子裡走出來。男子自我介紹說他名叫萊諾・艾德那（Lionel Edna），他負責在步道沿線的樹木漆上標示，步道的標示是一道寬兩英尺、長六英尺的白色長方形。他們一邊聊天，他一邊料理自己的晚餐，接著他爬進他放在小屋另一側的睡袋裡。他們又再聊了一會兒，然後相繼入睡。

第二天清晨她就離開小屋，這時已經起風，風大到她幾乎站不住。她心想，這種天氣在南方的五月未免也太奇怪了吧。早上十一點開始下雨，下午兩點她來到一間避難小屋，決定這天就走到這裡為止。她找到一些乾木柴，生起一堆火，把衣服洗一洗再烘乾。

第二天下午，艾瑪好不容易走到了紐芬峽（Newfound Gap），這裡已經接近大煙山國家公園的中心，結果卻見到了她前所未見的奇怪景象。公園裡遊人如織，裡面包括了十幾位修女，她們互相拍打對方的背，表現得像是青少女一樣。她看著其中一人爬到一堵牆上，一邊大喊一邊跳下來，其他人則在一旁大笑。她們開心地玩得暈頭轉向，在一座向洛克斐勒家族致敬的紀念石碑旁盡情嬉鬧。

艾瑪注意到附近有個巴士站牌。她的鞋子已經差不多快走破了，在大雨中沒穿雨衣繼續行走也實在太過悲慘，她認為自己應該再添購一些補給品。田納西州的加特林堡（Gatlinburg）離這裡不遠，所以她決定要搭上那班巴士。就在這個時候，其中一位修女走了過來，問艾瑪說能不能拍張她的照片。

她在加特林堡買了一雙鞋、一件雨衣，又吃了一點東西之後，試著搭便車回到步道，但沒有人願意停車。她只好住進一家汽車旅館。

第二天早上她搭上巴士，在八點以前返回步道，刻意加快步伐，希望讓新球鞋盡快合腳。

那天傍晚，大煙山籠罩在濃霧中，氣溫一路下滑，於是艾瑪在火堆裡烤熱了一些平滑的石頭，再睡在石頭上讓背部保持溫暖。

第二天，她終於來到大煙山國家公園的盡頭，靠近北卡羅萊納州與田納西州的分界處，她立刻就愛上了那裡長得滿山遍野的杜鵑林和月桂樹林，舉目所及之處無所不在。她一度在步道上迷路，還好遇到幾個男孩為她指出正確的方向。當她在雨中重新找到步道時，發現路面已經被人掘了開來。剛犁過的田地弄得她的鞋子滿是泥濘，要走過這片田地更是舉步維艱。到了另一邊，當她繼續順著一條廢棄的車道行走時，她發現自己身處在一段高大的杜鵑林隧道裡。樹林裡十分陰暗，讓人有些毛骨悚然，但當雨絲灑落在隧道裡時，看起來卻異常美麗。

經過一段艱苦的上坡路後，她終於在五月二十八日抵達北卡羅萊納州的溫泉市（Hot Springs）。這座位於法國寬河（French Broad River）邊的小城，充滿了懷舊風情。一九一四年的一次世界大戰期間，一間名為山嶽公園（Mountain Park Hotel）的度假旅館老板跟政府戰爭部簽訂合約，在旅館裡收容戰俘。兩千兩百名德國戰俘搭著火車來到這裡，人數是本地人口的四倍。他們大多數都是全世界最大的輪船「祖國號」（Vaterland）上的乘客、高級船員和工作人員，當英國向德國宣戰時，這艘輪船正停靠在一個美國港口內避風頭。

他們不是一般的戰俘。男士們個個穿著西裝、打著領帶，女士們則都是手藝絕佳的裁縫師。他們開始在旅館的草地上，用漂流木和木材廢料搭建起一個村子。他們甚至還用壓扁的「亞伯特親王牌」菸草罐蓋出了一座教堂。城裡的住民跟這些敵國公民發展出友誼，每個星期天下午，他們會坐在一起欣賞戰俘管弦樂團的演出。戰爭結束後，這些被關在全美最大集中營裡的戰俘，又被送到喬治亞州的歐格索普堡（Fort Oglethorpe），也就是艾瑪旅程的起點。但許多人發現，他們在美國被監禁的這十九個月過得非常快樂，後來又帶著家人回來，乾脆就在溫泉市定居了下來。

艾瑪可以感覺得到城裡那種彼此友愛的氣氛。城裡人對人異常地客氣，幾乎她遇見的每一個人，都堅持要請她吃東西或喝飲料。有個女人給了她一杯白脫牛奶和一塊蛋糕，這是她在步道上吃到的第一塊蛋糕，她吃得津津有味。她還在這裡第一次聽見蝗蟲發出像鋸子般的聲音。五月二十九日，她走進一家小店，打算替接下來要在荒涼山林間進行的徒步旅程買點食物。店裡僅有的就是一罐黑豆和一盒生梅子。她還是把它們買了下來，然後一整個下午都嚼著那些又乾又硬的梅子，直到把它們吃光為止。

當她開始攀爬火雞禿山（Turkey Bald Mountain）時，陽光正熾烈。她爬坡的速度很慢，艾瑪邊爬邊陷入沉思，突然間聽見一個怪聲。那聲音一開始聽起來有點像是某種鳥叫，是一種低沉的嘶嘶聲，她繼續無畏地大步往前走，直到感覺某個東西打到她身上穿的吊帶褲褲腿。她低頭一看，步道邊竟然有一條全身蜷曲、準備再度發動攻擊的響尾蛇。她把登山手杖的頂端往蛇的方向重重敲下去，一面趕快跳到旁邊。她拔足狂奔，腎上腺素狂飆，肋骨隨著她每一次短淺的呼吸而劇烈起伏。響尾蛇蜷著身體待在原地不動，艾瑪很快就跑開到離牠很遠的地方，心懷感謝，也牢記著踏錯一步的風險。

4 野狗

一九五五年，六月一日至八日

她離家已經將近一個月了。

艾瑪的孩子們沒有收到她的任何音訊，根本不知道她人在何方，或者到底在做些什麼，不過卻沒有半個人感到擔心。他們的媽媽身體精瘦結實，雖然她人不在家，他們都知道她一定平安無事，無論她打算追求什麼目標。艾瑪過去也不是沒有突然長時間離家的前例，因此就算他們曾經稍微想到她消失的這件事，也沒有在記憶裡留下深刻的印象。

她在北卡羅萊納州與田納西州之間的步道上曲折前進，又渴、又瘦、又累，走過石板道路，爬上險峻高聳的山巔，露天過夜的次數比睡在室內更多。她把自己完全託付給荒野，埋下連串的記憶種子，同時探索腳下的世界和她自己的心靈深處。她在小記事本裡記下這一路上所遭遇的挑戰與安慰、夜裡跑來的野狗、讓營地氣氛更愉快的溫暖篝火、露營者拿出香腸三明治跟野餐桌旁的眾人一起分享的那種奇妙情誼。

她在小本子上寫著：「我的腳好痛。」

「我完全找不到水。」她又寫道。

「我讓火堆繼續燃燒，既是給我作伴，也是一種保護。」

「我找了一小時還是找不到步道，我的食物幾乎要吃光了。」

偶爾，當她暫時離開步道時，那個在俄亥俄州時從不讓任何過路的無家者餓肚子的女人，此時也很樂意接受步道附近的居民邀請，到他們的家裡休息或進食，而這個由漫長山徑所串連起來的線性社區的鄉親們，也正透過接觸一個又一個來到此地的健行者，愈來愈熟悉這條新的阿帕拉契步道。

☼

這條步道是一位夢想家的傑作，他的名字是班頓·麥凱（Benton MacKaye）。麥凱曾說，他的靈感源於他從哈佛大學畢業後所進行的一次六週徒步之旅，當他站在佛蒙特州的斯特拉頓山（Stratton Mountain）山頂上時，他開始想像在四周所有山脈的山脊上，打造出一條橫越荒野的步道。

一九二一年，這個構想還在蘊釀階段，幾個朋友說服他應該寫文章描述這個夢想，再投稿到《美國建築師學會期刊》（*Journal of the American Institute of Architects*）。麥凱在文中寫道，打造這條步道的目的是要「延伸原始環境，替都市環境劃定界限」，提供一條雄偉的自然稜線路徑，讓東部沿海擁擠都市的居民能夠輕易抵達。在文章刊出後，麥凱又出面主導了一場由登山健行會、律師及其他可能幫助計畫實現者共同參與的聯合行動。有數百人捐款、開路並繪製各段路徑的地圖、在各個郡級法院裡搜尋土地和稅務紀錄，努力串接並為公眾保留這條全世界最長的連續步道。

十年後，已有將近一半的步道劃上了標示——但大部分都集中在東北部，這裡的多條步道早已開闢多時，當地的健行社群也有相當歷史。很早就極富遠見的年輕律師麥倫・艾弗利（Myron Avery）接下指揮工作，協助組織健行會、籌畫尚未闢建的路段。艾弗利於一九三一年成為剛起步的阿帕拉契步道大會主席，到了一九三七年，大會於田納西州加特林堡集會時，步道已幾近完成。不過艾弗利那時就明白，阿帕拉契步道「永遠都不會全部完工」。這條路日後會移動、轉彎，不斷地被改道和移位，彷彿自有生命。那時的完成時機非常完美，因為假如這個計畫遭到延誤，這條步道很可能根本不會存在。

二十世紀初，全美國的鋪面公路只有一百英里長，但到了一九三〇年代，城市開始像一道持續擴散的墨漬那般向外擴張，原本設計給馬匹和馬車使用的道路，很快就被淘汰。隨著國家的樣貌急速改變、人口不斷增加、美國汽車工業更以史無前例的速度大幅躍進，或許阿帕拉契步道的早期志工們也覺得有必要採取權宜之計。

就在步道保護大會於加特林堡開會的同一年，聯邦政府公共工程管理局簽署了一張總額超過兩千九百萬美元的支票，國有的「復興金融公司」（Reconstruction Finance Corporation）則買進了價值近四千一百萬美元的收益債券，一萬名工人日以繼夜地搬運土方，澆築高達四百三十萬平方碼的鋼筋混凝土，以打造出兩條穿越賓州全境、穩固、均勻且平坦的平行車道——其中包括超過一百一十四座新建橋樑，還有加速車道和鋪面路肩——這條縱貫道路把賓州由東到西分為二半。《大眾機械》（*Popular Mechanics*）雜誌後來把賓州收費公路（Pennsylvania Turnpike）稱為「美國第一條能讓現代汽車盡情大顯身手的公路」。

大公路就此誕生。

說起來或許很諷刺，新公路概念之父和率先提出阿帕拉契步道構想的，竟然是同一個人——班頓·麥凱。麥凱在發表了那篇關於由北延伸至南的「原始環境」文章數年後，又在《新共和國》（*New Republic*）上提出了新的願景：「一條完全沒有馬匹、馬車、行人、城鎮、鐵路平交道的公路；一條專門為了汽車駕駛人打造，除了為汽車駕駛人的必要便利而興建的加油站和餐廳之外，不受任何其他事物入侵的公路。」

兩年後，正當一小隊開路先鋒努力在大片的美國荒野中，連結與維護一條步道時，羅斯福總統就已經在設想各種計畫，讓即將正式投入二次世界大戰戰場的數百萬士兵，在戰爭結束後能夠重返美國經濟。他認為，一條串連全國主要城市、連結鄉村農業重鎮的國家公路系統，正是可能的解決辦法之一。都市計畫官員立刻著手規劃一項提案，要在全美興建或擴增總長度近四萬英里的道路。一九三九年，福特汽車公司的「明日之路」，以及通用汽車公司的「公路與地平線」展覽，在紐約世界博覽會中展出，美國大眾開始引頸企盼高速道路的到來。

「打從文明初始，運輸就一直是人類進步的關鍵，他的財產、他的幸福盡繫於此。」一名導覽員在通用汽車公司的展場裡這麼說。據說這次展覽是以一九六〇年改頭換面的嶄新美國城市為主題，蛛網般的公路上排滿了各種時髦的汽車和卡車。「行駛在一九六〇年快速且安全的公路上……可以盡情探索這個偉大美麗國家令人驚艷的美景。」

艾森豪總統於一九五三年上任，其中一項當務之急就是興建品質更好的公路。「我們的城市依然屈就於五十年前的模式、習俗和作法，」他寫道：「我們每年都會增加成千上萬輛新車，但我們的道路系統始終趕不上這項需求。」

艾森豪認為，美國的道路系統雖然完備，卻是按照「地形、既有的印第安步道、牛徑和武斷的剖面線」為基礎來設計的，「從未被全面翻新，或者為了滿足十年之後的需要來計畫」。美國四十八州的州長在阿第倫達克山（Adirondacks）召開會議時，副總統尼克森代表艾森豪總統出席，尼克森對美國公路交通每年造成近四萬人死亡、一百三十萬人受傷、交通堵塞和改道「浪費了數十億小時的寶貴時間」、交通相關民事訴訟加劇法院的積案如山等情況大表不滿。接下來他更語出驚人。他呼籲提出一項分十年攤提、預算高達五百億美元的聯邦公路計畫。

同一年的十月二十三日，在艾瑪．蓋特伍德的故鄉俄亥俄州，造價三億三千六百萬美元的新跨州收費公路工程開始澆灌第一批混凝土。州政府為了公路的通行權取得了五千六百筆必要的土地，著手興建一條中央分隔帶寬五十六英尺的公路。這條公路有鋪面路肩、十五處光線明亮的交流道、十六個休息區、收費站，以及一間救護車服務中心。「你真的可以看清楚自己的方向，因為最低視距是九百英尺，」《哥倫布電訊報》（*Columbus Dispatch*）興奮地報導說：

「公路上沒有險升坡，因為公路的最大上升坡度是二％，而最大下降坡度是三．二％。當你開車經過彎道時，也毋需從最高速限減速——汽車的速限為時速六十五英里，卡車則為五十五英里——這條公路的坡道就是這麼平緩。」

兩年後，絲帶般的公路由東部的賓州一路延伸到西部的印第安納州，穿過河流和小溪，越過沼澤地與起伏的山陵。與賓州收費公路連結起來後，這條從費城通往印第安納波利斯的公路總長六百一十一英里。新公路的完工讓沿線民眾為之興奮，俄亥俄州的居民甚至開始聚集在天橋上，觀看在平滑路面上高速行駛的汽車。

美國的未來已經到來，而那就是開著一輛有著三百二十二立方英寸排氣量的V－8引擎與自排變速箱的汽車。到了一九五五年，美國人總共擁有六千兩百萬輛汽車。那年六月，也就是艾瑪．蓋特伍德踏上步道的一個月後，汽車工業在如德克斯．科伯特（Tex Colbert）與亨利．福特二世（Henry Ford II）等大老板的率領下，正準備迎接一個豐收之年。

雪佛蘭汽車六個月內的新車登記高達七十五萬六千三百一十七輛，創下了新紀錄。全美的雜誌裡滿滿都是一九五六年式新車，例如斯圖貝克（Studebaker）、克萊斯勒、凱迪拉克和別克動力流（Dynaflow）的彩色照片，它們有著流線形的設計，以及發出嘶嘶聲的高速引擎，「起步時彷彿雲雀離巢般，動靜之間毫不猶豫」。底特律汽車生產線上製造出來的每一輛新車都比前一輛更大。車身開始加上尾翼，引擎也增加了更多馬力。雙車家庭的數量預估會在五年內增加三百萬戶，總計達到七百五十萬戶，這個趨勢被認為是受到郊區生活大流行所導致。原本大約有一千六百萬名「一車家庭嬌妻」被困在郊區的房子裡，但這情況很快就會改變。老烏鴉波本威士忌（Old Crow bourbon）和斯特森花花公子風寬簷呢帽（the Stetson Playboy）的廣告，已經被快克汽車機油（Quaker State Motor Oil）和百路馳（B.F. Goodrich）輪胎的廣告所包圍。

汽車在一九五〇年代的興起還伴隨著電視的普及。在一九五〇年代初期，美國只有九%的家庭裡有一台電視機。到了一九五四年，已有超過半數的家庭擁有電視，到了一九五〇年代晚期，有電視的家庭則高達八六%。美國人開始不再透過雙腳走踏世界來體驗生活，因為只要坐在家裡，就能盡知天下事。

繼之而來的還有一項驚人的大發現。一九五五年三月，就在艾瑪出發的兩個月前，在洛杉磯召開的一場家庭醫學科醫師大會上，討論的主題正是新世代兒童四體不勤的程度讓人吃驚。兩位來自體育界的代表直言：美國的年輕人已經忘記了怎麼走路。

這是加州大學足球隊教練林恩．華爾道夫（Lynn "Pappy" Waldorf）和美國奧運運動防護員艾迪．沃耶茨基（Eddie Wojecki），在美國家庭醫師學會第七屆年會的主題演講中所說的。他們作證說，此時的兒童寧可跳進車裡搭車，也不肯徒步走過一條街區。最令人震驚的是，這種潮流已經開始對兒童的體態造成了明顯的改變。

他們兩人都提到，運動員的訓練從原本的必須放鬆肌肉，突然變成了必須鍛鍊肌肉。他們把這種變化歸咎於大家太習慣坐車，大幅減少了行走的機會。他們也指出，在此同時，登山健行的風氣也正在衰退。

美國似乎來到了一個轉捩點。假如有得選的話，美國人寧可抓起車鑰匙去開車。街道和城市都開始為了汽車而非行人來設計。這應該一點都不會令人感到意外。

早在艾瑪此次旅程開始的九十三年前，《大西洋月刊》（*Atlantic Monthly*）就於一八六二年六月出版了梭羅生前所寫的一篇名為〈散步〉（Walking）的隨筆，梭羅在文中就已如此預示：

現在，這附近最好的土地並非私人財產；這片風景不屬於任何人，散步者享有相對的自由。但或許有一天，這些土地會被劃成所謂的遊樂場，只有少數人能在其中享受狹隘、獨占的樂趣，屆時土地上會豎起許多圍欄，還會有人發明出陷阱和其他裝置，限制人類只能使用公共道路，而在上帝所創造的土地上行走，將會被解讀為惡意入侵了某位紳士的私人土地。獨享某件事物的樂趣，通常意味著使自己無法真正地享受此事。那麼，在那不幸的一天降臨之前，就讓我們想辦法來改善自己的機會吧。

據人類學家估計，早期人類每天要走二十英里的路。自遠古時代開始，步行就被視為有益於心理與身體健康。古羅馬時代的作家老普林尼（Pliny the Elder, 23-79）就形容，步行為「意志的妙藥」之一。古希臘醫師希波克拉底（Hippocrates）則稱步行為「人類的最佳靈丹」，並開立散步處方來治療情緒問題、幻覺和消化不良。亞里斯多德則是邊散步邊講課。數個世紀以來，最優秀的思想家、作家和詩人都不斷宣揚走路的好處。達文西曾設計出高架街道，以保護行人免於受到馬車的干擾。巴哈有一次徒步走了兩百英里，只為了去聆聽一位大師彈奏管風琴。

據稱華滋華斯一生總共走了十八萬英里的路。狄更斯在散文〈夜間漫步〉（Night Walks）中，巧妙地描寫了幾近瘋狂與失眠的那種狂喜，他還曾說：「總而言之就是如此：走路讓你快樂；走路讓你健康。」史蒂文森也曾寫到「曠野道路上的深厚情誼」，以及「只有流浪漢才能體會的那種短暫但無價的相遇」。尼采則說：「唯有源於步行的思想才有價值。」

到了近代，深知步行益處的作家們屢屢痛責無動於衷的大眾習於怠惰。

「當然了，人們還是會走路，」一名記者於一九一二年在《週末夜》（*Saturday Night*）雜誌上寫道：「那是指，他們能夠站起來拖著腳從家門口走到電車或計程車前……但真正的步行……就像渡渡鳥一樣絕種了。」

艾德蒙．皮爾森（Edmund Lester Pearson）在一九二五年寫道：「他們說自己沒有時間走路，卻願意花上十五分鐘等巴士載他們去距離僅八分之一英里外的地方。」「他們假裝自己在趕時間，忙得不得了，非常有活力；實情則是，他們很懶惰。少數性情古怪的人——多半是男孩們——則會騎腳踏車。」

瑪麗．麥珍尼斯（Mary Magennis）在一九三一年指出：「然而對於那些徹頭徹尾的散步愛好者來說，汽車已被證明為是一場災難……因為除非我們有著鐵打般的強壯筋骨，在有便車可以搭的時候，我們懶惰和較低劣的天性總是會向節省時間的誘惑屈服。」

梭羅文中「不幸的一天」已經來到，手裡抓著車鑰匙的美國人，正戲劇性地改用輪胎取代雙腳來移動。這項改變所導致的死亡人數高得驚人。一九三四年，公路修築計畫蓬勃發展，當時預估有兩千名行人會因車禍死亡，八千人受傷。十五年後，這個數字突然暴增。汽車每天造成近三十人死亡，七百人受傷。《週末晚郵報》（*Saturday Evening Post*）的一名記者將此現象稱為人類與汽車之間的「世仇」。他寫道：「事實上，如果跟在黃昏時分的市中心過馬路相比，行人走在有獅群盤據的非洲大草原上，或者有老虎會吃人的土地上，都要更安全得多。」

就在此時，就在機械工程與公路興築的匯流點上，阿帕拉契步道——民眾的道路——完成了全程標示，對公眾開放。你可以在步道上行走一天、一週或一個月，盡情置身於荒野中。一個名叫哈洛．艾倫（Harold Allen）的人，總結了這條步道的引人入勝之處：

荒徑遠離俗世羈絆，
路狹只容知心夥伴，
蜿蜒益於悠哉漫步，
孤獨有助深刻沉思，
步道不僅連結南與北，
更直達人身、人心與靈魂。

一九四八年，謝佛成為一口氣走完步道的第一人，是第一位完成全程縱走的人，他在旅途結束之後寫道：「這段旅程現已宛如鮮明夢境，歷經陽光、陰影和雨水——我已知道我將再度回來——站在高聳入雲的山巔上，世界在腳下的遠方——站在飽經風霜的堆石標旁，用欽慕的眼神迎接嶄新的一天——再次走在白雲的故鄉，遠離都市塵囂——用清澈、透心涼的山泉水向這條又長又高的步道致意。」

☼

六月四日那天，艾瑪從田納西州羅恩山（Roan Mountain）附近的卡佛峽（Carver's Gap）走下山來，但運氣不好，始終找不到可以過夜的地方。房屋愈是寬敞的人家，似乎就愈不歡迎她。有個女人特別盛氣凌人，一副艾瑪來到她家門口就已經是對她的侮辱似的。在遍尋不著好心人接待的情況下，艾瑪乾脆住進公路上的一間汽車旅館。她洗了頭髮和幾件衣服，好好地沖了個澡，在柔軟的床上舒舒服服睡了個好覺。

第二天的行程幾乎全都是走在鋪面道路上，她很快就累了。當她覺得實在沒法再繼續走的時候，艾瑪在一間小屋子前停下來，她想問問對方，能否在門廊上小歇片刻。來應門的男人以為艾瑪是政府特地派來監視他們的間諜。他站在扣上門栓鎖的大門裡，隔著紗門問了她一大堆瘋狂的問題。艾瑪試著解釋自己的身分和來到這裡的目的，但那男人還是疑心重重，一直問是不是聯邦調查局派她來的。她發覺自己再怎麼解釋都沒有用，只好離開門廊繼續往前走，最後才終於找到一戶七個兒子全都在家的人家，願意讓她在房子裡過夜。

第二天清晨，她在五點四十五分就動身，沿著步道爬上由月桂岔（Laurel Fork）附近的急流切割出來的一處峽谷。在峽谷的盡頭，就在加拿大鐵杉和美國梧桐後方，她發現了一處壯觀的大瀑布，這是她見過最美麗的瀑布，奔騰的水流不斷從布滿青苔的岩石上落下。

艾瑪繼續往田納西州的漢普頓（Hampton）推進，但等到她抵達沃托加水壩（Watauga Dam），也就是田納西河谷管理局轄下水壩當中第二高的水壩時，她的水已經喝光了。有個男人就站在那個面積達六千四百英畝的廣袤湖泊前，艾瑪

向他討點水喝，他卻說那附近沒有水可喝。不過艾瑪似乎不怎麼介意。她在一處湧泉旁停下來喝水，一邊在筆記本裡寫道：「而且他還是個帥哥。」那一晚她就睡在山上，野狗群又跑了回來，所以她生起一堆火來保護自己。她整晚幾乎都沒睡，一直擔心會下雨。

六月八日，一場暴風雨襲捲了山區，帶來大雨、冰霰和刺骨寒氣。艾瑪把手邊大部分的衣物全都穿上，包括三件外套，盡可能地快步行走，但還是沒辦法讓身體暖和起來。步道上長滿了蕁麻和灌木，走起來非常痛苦，但她最後終於通過了州界，進入維吉尼亞州，走進了大馬士革（Damascus）這個小鎮。這裡日後會以美國登山補給小鎮（Trail Town USA）而聞名，部分原因就是小鎮對行走阿帕拉契步道的山友非常友善。不過就在那一天，在她最需要找到地方過夜時，鎮上的一間汽車旅館卻讓她吃了閉門羹。她又繼續再走了三條街，才找到一間可出租的小木屋。這樣就行了。她既能保有隱私，又不會打擾到任何人。她先洗了幾件衣服，為了慶祝自己又跨過了另一道州界，而且這已經是她到目前為止所跨越的第三道州界，那晚她坐下來請自己吃了一頓美味的牛排大餐。

5 你是怎麼進來的？

一九五五年，六月九日至二十二日

她沒辦法永遠保密。

她穿過了傑佛遜國家森林（Jefferson National Forest），接著又走過一大段被錳礦礦場截斷的步道，然後在維吉尼亞州的格羅塞克洛斯（Groseclose）附近，發現有一段步道兩邊長滿桃樹和蘋果樹，就在這裡痛快地大塊朵頤一番，甜美的果汁讓她齒頰留香。先前又有一間傲慢的汽車旅館把她拒於門外。她在戈得邦德（Goldbond）附近看到一隻黑黃相間的大蝴蝶，又在沉溪山（Sinking Creek Mountain）的山頂發現一根很長的白色鵝毛。那天晚上她跟普伊夫婦（Mr. and Mrs. Ed Pugh）、伯頓夫婦（Mr. and Mrs. Hash Burton）、盧・奧利佛先生（Mr. Lou Oliver）、來自松嶺市（Pine Ridge）的泰勒夫婦（Mr. and Mrs. Taylor），還有哈利・西蒙斯醫師夫婦（Dr. and Mrs. Harry Semones）一起度過，眾人聽她講述在步道上的故事聽得津津有味，以至於過了上床時間還沒辦法睡覺。

到了六月二十日下午，這天是星期天，艾瑪在加油站遇見一個男人，不小心說溜嘴，說出此行的目的和去向。第二天，她抵達黑馬峽（Black Horse Gap），在距離道路幾碼的森林邊緣坐下，打算吃點點心時，一輛汽車在她面前停下，隨後駕駛又把車移到路肩。

兩個衣冠楚楚的男人下車朝她走來。第一位自我介紹說他名叫普列斯敦．李奇（Preston Leech），是來自維吉尼亞州羅阿諾克（Roanoke）的攝影師，第二位則是法蘭克．卡拉罕（Frank E. Callahan）。他們都是步道社團成員，從其他人口中聽說艾瑪這次的行程，所以花了一整個下午試著尋找她的蹤跡，並且因為總算找到她而樂不可支。

他們說想報導艾瑪的故事，因為她正在做的事實在太令人佩服。

消息曝光對步道也大有幫助，附近的居民也一定會很高興。

艾瑪有點猶豫。她到此時都還沒給家人捎去任何消息。此外，萬一有人在報上讀到她的故事，可能會想刻意傷害她，或者想占一個老太太的便宜。因此她拒絕了，表示不願意配合，但他們並未放棄。他們說服艾瑪當晚睡在卡拉罕位在步道附近的小木屋裡。他們接過她的背袋，把它放進車裡充當抵押品，讓她繼續把熊打滾峽（Bear Wallow Gap）之前的最後十英里步道走完，他們會在那裡等她，再把她載回小屋。狩獵管理員J．W．洛克（J. W. Luck）也來跟他們共進晚餐。卡拉罕把罐頭裡的食物用湯匙挖出來放在盤子上，這樣就算是一餐了。

旅程第四十八天的晚上十點鐘，她終於讓步了。

李奇拿出他的照相機。艾瑪坐正，用左手握住右手，露出她的假牙微笑。

那天晚上，她在日記裡寫下：「我終於被報社找到了。」

第二天早上，《羅阿諾克時報》（*Roanoke Times*）登出了這條頭版新聞：

> 六十七歲俄亥俄婦人計畫完走二〇五〇英里長的阿帕拉契步道
>
> 一想到要在長達二〇五〇英里的越嶺步道上健行，恐怕連很多能吃苦耐勞的人都會裹足不前。不過，一位來自俄亥俄州加利波利斯的六十七歲曾祖母，對此卻甘之如飴。
>
> 艾瑪．蓋特伍德太太正在喬治亞州至緬因州間的阿帕拉契步道上縱走，她昨天

來到了博特托爾特郡（Botetourt County）。

她昨天走完從克羅弗代爾（Cloverdale）到熊打滾峽之間的二十英里路——腳上穿著一雙網球鞋。

在接獲藍嶺公園路（Blue Ridge Parkway）巡管員通報她的下落後，本地的阿帕拉契步道社團成員卡拉罕和李奇，昨日午後在黑馬峽遇見了這位精力十足的女士。

蓋特伍德太太是一名寡婦，育有十一名子女，她是在加州度冬時，決定要來縱走這條有二〇五〇英里長、連結東海岸各大山脈的步道。她先搭機到喬治亞州的亞特蘭大市，在五月三日踏上歐格索普山的步道起點。這次旅程的終點則是在步道北端點、緬因州的卡塔丁山。

據卡拉罕和李奇表示，謙虛的蓋特伍德太太不太願意談論她的行程，而且她輕裝上陣，全部的東西都裝在一個背袋裡。她拒絕了所有在步道沿線上搭便車的邀請，不過她願意搭便車前往步道附近的城鎮，條件是車主必須把她載回先前離開步道的地方。

這位俄亥俄州的家庭主婦有二十六個孫子女，還有兩個曾孫子女。

今天她打算從奧特峰（Peaks of Otter）一路往北走到詹姆斯河（James River）。

她堅定地說：「上坡走起來要比下坡輕鬆。」

新聞就這樣一傳十、十傳百地擴散出去。雖然艾瑪那時還不知道，但這個故事——她的故事——很快就會變得舉國皆知。從洛杉磯到紐約，各大報紙專欄都會提到她的名字。電視台會搶著邀她上節目。隨著消息如狼煙般蔓延開來，她行經的大部分城鎮，甚至連那些她根本沒走過的地方，都會派出記者在半路攔截她，問她是怎麼辦到的？她感覺如何？她為什麼要開始走等問題。他們會稱她「蓋特伍德奶奶」，她的名字會傳遍街頭巷尾，甚至響徹美國國會殿堂。

至少在那天早上，這只是一家地方報紙的一小篇報導而已。不過，她覺得此時也該讓家人知道她到底在做什麼了。她在最近的商店裡買了幾張明信片，丟進郵筒裡。當她離家的時候，她告訴孩子們她要去散步。現在他們就會明白她的意思了。

☼

這條步道原本的設計就是沒有終點，目的是讓人能在野地裡盡情徜徉，愛走多久就走多久。在步道創建初期，沒有人想過要把這條路從頭到尾一口氣走完。分段健行，沒有問題。單日健行，當然可以。但在荒野裡連續待上五個月，用自己的身體作為衡量大地的尺度，挑戰心理與肉體耐力的極限，這根本不是步道設計的本意。這條步道原本就是分段考量的，就好比一頭牛會被分切成不同部位的牛肉，就算你品嚐了每一塊牛肉，你的目的也不是要一口氣吃完整頭牛。在一九四八年之前，根本沒人認為有這麼做的可能。

一次走完全程要花多久時間？需要哪些裝備？哪些地圖？該從哪裡、何時出發？這些全都是未知數，但人性就是有辦法能找出答案。第一位答題者，是一個想要擺脫心魔糾纏的男人。

謝佛在二次世界大戰結束後返家時「既困惑又沮喪」，他寫道。他在戰爭中失去了一位好友，這位故友跟他有著共同的願望，就是去走阿帕拉契步道。跟艾瑪・蓋特伍德一樣，謝佛是在讀到《戶外生活》（*Outdoor Life*）雜誌上的一篇文章才引起興趣，開始重新考慮步道縱走計畫。這位強健的登山者在路上遇到重重險阻：被茂密叢生的植物和倒木擋住去路，有些路段崎嶇難行又沒有標示。在步道完工十一年後，有多處路段似乎已遭到廢棄、被人遺忘。

他從紐約州的荷姆斯（Holmes），寄了張明信片到阿帕拉契步道大會的一場會議上。

繁花盛開，鳴禽高歌
不論天晴或天雨
我在山巔與春天同行
從喬治亞北行至緬因

阿帕拉契步道的志工因為這張明信片，頭一次聽聞謝佛的消息，當他走到卡塔丁山的終點時，有些人曾懷疑他的說法，直到他拿出幻燈片和日記，並且詳述步道的細節為止。《阿帕拉契步道新聞》（*Appalachian Trailway News*）在報紙的最一頁刊登了一小篇短文，標題為「連續縱走步道」，但謝佛的縱走旅程吸引了大量關注。他接受了該報訪問，這又引起《國家地理雜誌》的注意，甚至派出一位記者親自去走一趟步道。這條步道距離全美五、六個最大的城市，以及將近半數人口所在地非常近，不過在謝佛之前，許多人壓根不知道步道的存在。外界的關注對步道大有幫助。

在謝佛率先完成全程縱走的三年後，才有人步上他的後塵。一個留著鬍鬚的二十四歲鷹級童軍、名叫基恩・艾斯比（Gene Espy）的男子，於一九五一年走完步道，但他並不知道自己是世界上第二個完成全程縱走的人，直到有人拿了一份新聞剪報給他看才證實此事。他原以為先前已經有很多人走完全程。契斯特・金格列夫斯基（Chester Dziengielewski）和馬丁・帕本迪克（Martin Papendick），則首次完成了自緬因州走到喬治亞州的北往南縱走。一九五二年，喬治・米勒（George Miller）以七十二歲高齡，成為第五位完成全程縱走者。第一位以分段方式走完步道全線的女性，則是瑪麗・基爾帕翠克（Mary Kilpatrick），她在一九三九年走完最後一段路。

接下來的紀錄則是一個謎。一九五二年，不少去走阿帕拉契步道的山友都回報說，他們在路上遇到了一對姓蘭姆的男女（Dick Lamb and Mildred）。許多人認定他們是夫妻，所以稱呼女方為蜜德莉・蘭姆，但她的真實姓名其實是蜜德莉・莉塞特・諾曼（Mildred Lisette Norman）。她是美國和平主義者、素食者與和平倡議人士，當時和友人狄克一起進行這項長途步行之旅。她拒絕使用鈔票，隨身僅攜帶極少量的補給品，後來更為人所知的稱號是「和平朝聖者」

（Peace Pilgrim），並在韓戰及越戰期間不斷到各個教會與大學演講。她和狄克先由南往北走到薩斯奎哈納河（Susquehanna River），接著搭乘巴士前往緬因州，再從卡塔丁山往南走。

不過，其他山友並未受到廣泛矚目，因為關於他們縱走行程的獨立報導若非根本不存在，就是極為零星分散。他們當中有許多人後來都寫了書，也經常和打算去全程縱走的山友保持聯繫，但當時對於步道縱走紀錄並沒有系統性的認證制度。唯一密切注意步道縱走成就的組織阿帕拉契步道協會（ATC），則傾向對山友的自述照單全收，這種作法全然仰賴山友自行正確通報他們的行程。

此外，美國民眾對這條步道其實沒那麼感興趣。或者，這是因為他們焦慮不安。二次世界大戰已經結束，韓戰也在一九五三年告終，但正當士兵踏上國土返鄉之際，美國又深陷冷戰，忙著跟蘇聯較勁率先製造出氫彈。氫彈發展的新聞對美國民眾產生了重大衝擊，許多家庭連在餐桌上都會討論核爆的輻射落塵、百萬噸級[5]，以及輻射可能對遺傳造成的影響。

一九五四年三月一日，美國在太平洋的比基尼環礁首度進行最新型的氫彈試爆。美國海軍為此把廣達三萬平方英里的海域劃為危險區域，不准任何船隻進入。

然而還是有一艘船駛進了這片危險海域。一艘名為「福龍丸」的日本漁船在核彈爆炸時，剛好在附近進行收網作業。其中一位船員後來描述了那場驚心動魄的恐怖經歷。

5 譯注：指核彈爆炸力計算單位。

這名船員向媒體表示：「我們先是看到奇異的火花以及像太陽一樣明亮的閃光。……天空變得一片火紅和金黃。火光持續了好幾分鐘……然後黃光似乎逐漸消失，只剩下一種暗沉的紅色，彷彿像是一塊鐵在空中慢慢冷卻。爆炸聲在五分鐘後才傳來，像是連串轟隆作響的雷聲全部交融在一起。接下來我們看到一塊金字塔形的雲朵升起，天空開始滿布詭異的烏雲。」

幾小時後，細塵開始掉落在「福龍丸」的船員身上，他們當時距核試爆地點有八十英里遠，船員們還在繼續打撈漁獲，直到把船艙裝滿為止。兩週後他們回到日本，開始出現灼傷、噁心和牙齦出血等症狀。那時船上遭到輻射汙染的漁獲——將近一萬六千五百磅重的鮪魚——已經被賣到日本全國各地，在日本社會引發大規模的恐慌與反美情緒。九月，船上的無線通信長死亡，他也是日本第一位死於氫彈的受害者。

這種全新的氫彈擁有史無前例的殺傷力，此時終於成為眾所周知的事實，消息令全球為之戰慄。假如一枚氫彈能對八十英里外的漁船船員造成如此巨大的傷害，那麼它又會對曼哈頓、倫敦、東京，帶來什麼樣的破壞？

英格蘭的報紙標題大聲疾呼：「停止發展那種炸彈。」邱吉爾則預見一種「互相恫嚇的和平」。蘇聯共產黨第一書記赫魯雪夫則說：「我們勝過了資產階級，搶在他們之前製造出了氫彈。他們以為可以威嚇我們。但我們不會被任何事嚇倒，因為假如他們知道氫彈代表著什麼，我們也知道。」

擁有毀滅性最新科技的美國，隨時都站在可能波及全球的衝突邊緣。

到了一九五五年，政府擴大宣傳，鼓勵美國民眾為核戰預作準備。原子能委員會在內華達州的沙漠裡，耗資百萬美元興建了一座名為「美國倖存市」的村落，在房子裡擺設了家具、家電和假人，以呈現典型的美國家庭。接著，這個村子在全國電視上被炸毀。家具面目全非，假人被燒得焦黑，但是躲在地底深處混凝土避難所裡的狗和老鼠卻都幸運生還，這促使聯邦民防管理局的一名官員表示，美國人唯一的倖存機會，就是「挖好掩體，或者逃跑」。

美國人害怕的不只是共產黨的炸彈，還包括共產黨人本身。二次世界大戰結束後，世界分裂為美國與俄羅斯的對立局勢。到了一九五五年，美國人對共產主義的恐懼尤為劇烈。報紙充斥著關於間諜集團竊取國家機密，以及特務滲透政府機關的報導。總統下令政府各部門主管，應開除國家忠誠度有合理疑慮的員工，國會也成立了小組委員會，調查共產黨人對軍方及民間企業的影響程度。圖書館把共產黨相關文獻列為禁書。大學要求教授宣誓效忠國家。大約有兩千萬美國人——相當於當時全美一億六千六百萬公民十分之一以上的人口——被聯邦政府列為安全調查的對象。

威斯康辛州參議員麥卡錫（Joseph McCarthy）更是緊咬著共產主義不放，他曾於一九五〇年指控美國國務院是共產黨人和顛覆份子的巢穴。一九五四年，這位情緒化的硬頸政治人物已成為華府最具爭議性的人物，甚至產生了一個全新的詞彙：麥卡錫主義。有些人視他為無畏的愛國者，其他人則視其為危險的騙徒。所有觀察者都認為，麥卡錫即將取得驚人的政治權力——直到他被美國參議院公開譴責為止。

正當全美國為了共產主義喧騰不休之際，最高法院的一項判例又開啟了另一個分裂與內亂的時代。一九五四年五月，最高法院裁定「隔離教育設施本質上為不平等」，從而終結了公立學校的種族隔離制度。這項判決同時引起了讚揚與強烈的焦慮。

「我們正朝一個更完美的民主國家一點一點地邁進。」《紐約時報》在一篇社論中寫道。「法院公然漠視法律及所有判例，」喬治亞州州長赫曼・塔馬吉（Herman Talmadge）表示：「喬治亞州不會照辦。」

這項判決對於阿帕拉契步道沿線各州所造成的衝擊最大，尤其是南方各州。在最高法院做出前述判決之際，美國有十七個州要求學校必須實施種族隔離制度，其中有六個州（喬治亞、馬里蘭、北卡羅萊納、田納西、維吉尼亞與西維吉尼亞）就在步道路線上。另外四州（阿拉巴馬、德拉瓦、肯塔基與南卡羅萊納）則是緊鄰著步道。一九五四年九月，就在距離步道不遠的西維吉尼亞州白硫磺泉（White Sulphur Springs），大約二十五名黑人學生試圖到校上課時，有三百名白人學生罷課抗議。那天晚上，數百名白人成年男子舉行集會，投票表決要把第二天到校上課的所有黑人學生趕出學校。隔天雖然沒有黑人學生到校，不過這股反抗潮卻開始一路往外擴散到德拉瓦州的米爾福德（Milford）、馬里蘭州的巴爾的摩，以及華府。

那個時期另一項令人震驚的消息，則是青少年犯罪率急速上升。紐約媒體刊出有關「青少年尋樂殺人犯」的駭人頭條新聞，四名來自布魯克林區體面家庭的年輕男孩先殺害了一名男子，再把另一人揍個半死，然後把他丟進東河（Ease River）裡。他們還用馬鞭攻擊兩名女孩，再放火燒傷了另一名男子。

在全國各地，青少年凶手都成為熱門話題。底特律一名十二歲的籃球球員在比賽後殺死另一名球員。托利多的十七歲少年強暴殺害了一名女孩。德梅因市（Des Moines）一名十四歲的臨時保姆殺死一個八歲孩童，只因為他不肯乖乖待在床上。在一九五三年至一九五四年之間，十八歲以下少男少女的全國犯罪率暴增了八％。

這股犯罪浪潮引發了極大關注，成年人把矛頭指向社會的不良影響：破碎的家庭、電視上的犯罪節目、漫畫書、戰爭威脅造成的緊張氛圍，即使那位名叫艾維斯．普里斯萊（Elvis Presley）的男孩還要再過兩年才會成名。另外還有一個可能的原因：缺乏足夠的休閒活動。

☼

清晨五點半，她離開了維吉尼亞州羅阿諾克附近的日落田原（Sunset Field），但要繼續行走在步道上非常困難。大部分的步道都被雜草淹沒，很難看清楚步道標示。當她發現步道竟然直接通往一大片圍籬網時，大吃了一驚。圍籬後方是一個巨大的金屬儀器，她不知道那是什麼。步道標示就到此為止，她無法判斷自己到底是在哪裡走錯了路。她沿著圍籬繼續再走了一段路，碰到一段較短的帶刺鐵絲網。她翻過鐵絲網，留意不讓褲子被勾住。她走到一條礦渣路上，順著這條路來到公路，然後終於找到了步道。後來她又再翻過了兩道帶刺鐵絲網，心裡愈想愈奇怪，但無論如何，她還是繼續往前走。

接著她就看見了他們。十幾個排成一小隊的年輕人朝著她齊步前進，他們就像見鬼了那樣盯著她看。

她大喊：「阿帕拉契步道在哪裡？」

其中一名男子——她認為他是軍官——步出隊伍朝她走來。

「你應該要走公園路才對。」

「嗯，那這些標示又是什麼？」她問道。

「那是舊的步道。」

雖然她並不知情，不過前一年空軍指揮部在蘋果園山（Apple Orchard Mountain）上興建了一座被稱為貝德福空軍基地（Bedford AFS）的雷達站，這只是部署在美國周邊的數十座機動雷達站的其中之一。這是冷戰開始十年以來的一項重大安全措施。駐守在山頂的這個小隊負責用雷達偵測不明飛機，並引導攔截機升空攔截入侵者。

這些年輕人每天監視著天空，卻很少注意自己的腳下。現在他們團團圍住了來自俄亥俄州加利波利斯的艾瑪．蓋特伍德太太，個個目瞪口呆。

「謝謝你。」她說。

她轉身往大門走去。年輕男子們一語未發。當她快走到門口時，一名警衛揉著眼睛從警衛室裡走出來，彷彿他原本一直都在睡覺。

他拖長了嘶啞的聲音說：「你是怎麼進來的？」

「我翻過了幾道鐵絲網，」她說：「我可能會被捕和射殺，對嗎？」

警衛咕噥了一聲，打開大門讓她出去。當她走到安全距離之外後，她忍不住放聲大笑。那天晚上，她在一間無人農舍的前門廊上休息。牛隻就在不遠處的田野裡吃草，四周沒有半個人影。她拿出了筆記本。

她寫道：「我實在等不及要趕快走遠一點，才能對這麼荒唐的情境捧腹大笑。那些男孩臉上的表情實在是……」

6 這是我們的戰爭

一九五五年，六月二十三日至七月五日

她的雙腳簡直是奇觀。

從腳趾開始看起。她的趾頭傷痕累累，彷彿她一直踢著石頭走路。兩腳的中間三根腳趾總是朝下彎曲，從第二關節到趾尖幾乎是向下垂直的，因為她長期穿著尺寸太小的鞋子。她的小趾往中間偏斜歪倒，雙腳外側都有很大的腫塊。

不過，她的雙腳最驚人之處是大拇趾，它們從腳背以四十五度角朝腳掌中央歪斜。圓球狀的拇趾滑液囊腫[6]，從蹠骨與趾骨相交處往外突出，像軸承裡的滾珠一樣大。

她的雙腳又寬又扁平，靜脈如地圖線條般布滿表面，奇形怪狀地延伸到過大的腳踝，往上來到細窄、飽受摧殘、如沙漏般彎曲的小腿，再延伸到模樣難看、又凸又圓的膝蓋，膝蓋周圍還有一圈很不自然、如腫瘤般的突起物。

6 編註：即一般常說的拇趾外翻。

她的雙腿歷經風霜，所以她把雙腳藏在球鞋裡，用吊帶褲遮住膝蓋，但此時她的鞋子和褲子已愈來愈濕。她在六月底的大雨中沿著高低不平的步道行走，翻過海拔四〇六三英尺的牧師峰（the Priest），這是維吉尼亞州數一數二的高山。她走過泰河（Tye River）泡沫飛濺的瀑布，越過里茲峽（Reeds Gap）。她在這裡弄丟了雨帽，回頭走了幾步想找，但沒找著。當她在步道邊遇到一個正在替乳牛擠奶的男子時，她已全身濕透。男子姓坎貝爾（Campbell），她問他是否有地方可以過夜，他邀請艾瑪去他家，只要從步道旁再翻過一個小丘往下走就到了。房子的女主人西絲・坎貝爾（Sis Campbell）已八十多歲，房子看起來比她還要老很多，裡面的裝潢似乎不曾改變過。西絲拿著蠟燭帶艾瑪上樓，因為這棟老房子裡沒有電。

第二天早上美極了，她往北朝維吉尼亞州的中心前進。有些過路的山友提到一間餐廳——豪生餐廳（Howard Johnson's），就在北邊的韋恩斯伯勒（Waynesboro）附近。那天她走在路上一直想著熱騰騰的食物。她在遇到的第一間房子前停下來問路。里克斯夫婦（Mr. and Mrs. Ricks）非常好心地請她進去休息。他們家非常漂亮，還有一個鋪了石板的院子，坐擁艾瑪所能想像的最美的山谷景色。他們深深為艾瑪的故事著迷，於是邀請她留下來一起吃晚飯，尤其是里克斯太太，她像連珠砲一樣不停地發問。等到艾瑪上床後，她就打電話給韋恩斯伯勒的《維吉尼亞新聞報》（*News Virginian*）。

第二天早上，他們載著艾瑪開了幾英里路到城裡。她在一間餐廳裡吃早餐，再到藥房買幾樣東西，然後過街等另一家商店開門，她想買一條新褲子、一件雨衣和幾雙新鞋。她才剛開始在店裡買東西，一名男子一看到她就急急忙忙跑過來，笑得合不攏嘴。

他說：「我是報社派來的。」

他們又找到她了。這位記者打電話給里克斯太太，她告訴他，艾瑪正在店裡買鞋子。這次艾瑪就沒那麼介意了。反正消息已經傳了開來。她回答了男子所有的問題。

艾瑪向他提到自己的背袋，以及如何縫製。他把背袋拿起來，估計背袋裝滿時的重量大約是十二磅。他又問艾瑪，在寒夜裡，沒有睡袋要如何保暖。她告訴這名記者，她會把扁平的石塊放在火堆上烤熱，再躺在石頭上取暖。她對他說，有很多次她因為擔心有熊出沒而夜不成眠。她還沒親眼見過熊，不過她看到很多跡象顯示附近有熊。她還說起那條響尾蛇，還有步道上的避難山屋數量不足，她認為自己能在九月底之前完成縱走，「但要看我走得順不順利」。

她告訴他關於步道上的奇遇，以及有些人非常樂於向陌生人伸出援手。「我遇到許多好心人願意讓我在家裡過夜、請我吃飯，」她說：「但我也遇過一些很不喜歡看到我出現在他們家附近的人。」

他問艾瑪目前為止對步道的印象如何，這下子她可忍不住了。《國家地理雜誌》的那篇文章寫得好像這條步道很容易走的樣子。她說：「我發現步道比我所聽說的要難走得多。」

訪問結束時，她買好雨衣、鞋子、襪子和少許食物，再度往步道走去，接著再前往鋸木廠避難小屋（Sawmill Shelter）。那天下午，《維吉尼亞新聞報》頭版刊出這篇報導，位置就在報紙的對折線下，標題是：「六十七歲女性，自喬治亞州步行前往緬因州，抵達韋恩斯伯勒」。

很多人活到六十七歲，都會選擇舒舒服服地待在家裡享清福。但來自俄亥俄州加利波利斯的艾瑪・蓋特伍德可不是這樣。蓋特伍德太太育有十一名子女，他們的年齡在二十七歲至四十七歲之間。她從五月三日開始踏上全長二〇五〇英里、從喬治亞州通往緬因州的阿帕拉契步道。

自五月三日至今，這位六十七歲的女性已經走了九百英里。

那名記者問艾瑪是否要寄一份剪報給俄亥俄州的家人，俄亥俄州遠在她此刻立足點以西的三百英里之外。

「我家裡的人，」她說：「不知道我在哪裡。」

☼

她可以藏身在樹林裡。一直都是如此。

「我常常到樹林裡散步，」多年後她這麼告訴一位報社記者：「森林裡的安詳與寂靜一直都是那麼美好，我很喜歡那種寧靜的感覺。」

有人認為她瘋了，但她卻找到一種符合她天性的放鬆方式。樹林讓她感到更為自在。她在那裡才覺得安心，尤其是她的家庭正由一名暴君統治。到了晚年，她才向子女透露，他們的父親不只把她揍到眼睛瘀青、嘴唇流血，他的性慾更是個無底洞。他每天都會強迫她交歡好幾次。雖然孩子們當時並不知情，但他們都很習慣母親會在夜深人靜時爬到他們的床上避難，因為她無法忍受躺在他身邊。

孩子們親眼目睹了父親如何對待母親，而且直到他們自己變老之後都還記得。穿透黑夜的隱約聲響。她臉上的瘀傷。她的耐心被日漸消磨的跡象。家中的老五羅溫娜，始終記得母親從二樓窗邊往外看的側影，接著有一隻手抓住她的頭髮，把她摔到地上。她也記得自己放聲尖叫，直到姊姊打了她幾巴掌，她才停下來。露易絲記得，父親告訴母親說她瘋了，再對著她的臉飽以老拳。老么露西記得聽到一聲尖叫，她跑上樓去卻看到父親正坐在母親身上，他的雙手掐住她的喉嚨，她的臉都發黑了。尼爾森則記得撞見父親正在痛毆母親，他得把父親整個人抱起來，讓母親有時間可以跑開，逃到樹林裡。

他們也都記得那些閒言閒語：父親把他的錢——他們家的錢——都拿到西維吉尼亞州杭廷頓的第二街上，去滿足他的個人慾望。他還說服鄰居，妻子的抱怨都是瘋人瘋語。就算他打她打到掃把都斷了，他還是有辦法讓其他人相信，他真的很愛她。

「我有多次全身烏青，但傷勢大多集中在我的臉上，」她後來寫道：「我懷孕時，沒有一次沒挨耳光或被打的，有好幾次他把我推出門外叫我滾蛋。他這種狂暴的脾氣，跟他住在一起簡直是噩夢。他會表現得非常無辜，假裝他從沒碰過我，還說我的腦袋不正常，他們得想辦法對我做點什麼。他甚至問我想去哪一家瘋人院，我告訴他，不論是去雅典郡或俄亥俄州癲癇醫院（O.H.E.）或任何其他地方，都比留在家裡好。」

有時她會反擊，這也是她的天性之一。而且她能挺得住。有一則故事日後流傳了多年。艾瑪和P．C．在家裡大打出手，農場工人則在外面工作。她衝出屋外，跑到一輛裝滿玉米的貨車後面，再爬到貨物最高處。P．C．有所意圖地追了出來，抄起一把靠在牆邊的鋤頭。一名工人攔住他。

「你會殺了她的。」他說。

「別攔著他，」艾瑪大喊：「這是我們的戰爭。」

兩人關係惡化之際，他們也陷入愈來愈深的財務困境。一九三五年，P．C．寫信給他的有錢表姊梅寶．麥金泰爾（Maybelle McIntyre），想向她借錢保住農場，但她不肯。梅寶寫道：「手頭寬裕的農業委員會難道不能幫忙嗎？」P．C．也向她透露了家裡的麻煩事，梅寶住在紐約，丈夫是當時有名的作家奧斯卡．麥金泰爾（O. O. McIntyre），有五百家報紙刊登他撰寫的「日日紐約」專欄。梅寶在一九三七年雇用P．C．替她裝修位於加利波利斯的住家，當工程開支超出她給的預算時，他把責任歸咎到家裡的衝突。

「你當然明白，我很同情你家裡的狀況，」梅寶在一九三七年十一月回信說：「我雖然覺得遺憾，那絕不應該影響這筆商業交易。假如你實在被家務事煩到沒辦法寫出報價單，就得找人把報價單寫好給我。這純粹就只是生意而已。」三週後，他付清了帳款，跟梅寶重修舊好。

「我深信假如你沒有家務事要煩心的話，一定可以在施工期間寫好報價單，那樣我們兩邊都不需要擔心，」梅寶寫道：「不過我很高興事情都過去了，我希望你家裡的事也能很快解決。」

家務事並沒有解決。

在這段期間，樹林就是艾瑪最大的慰藉。有時她會離家，一去就是一整天，或者至少久到讓P．C．的心情變好。森林賦予她靈感。她寫詩，關於春日、喧嘩的溪流與和煦的微風，關於血根草與銀蓮花，還有藏在森林深處的獐耳細辛。她寫到俄亥俄河的河彎和一個浪漫的拖船靠岸處。她也寫到耶誕節，以及孤獨自處。有些詩作相當晦暗，似乎是在描述她對這段關係的感覺。

她抓住她的男人，把他牢牢綑住
他吐出了舌頭，彷彿脖子被掐住
她帶著怯意，頭髮披散凌亂
一腳踏住他的頸項
這種時刻女士們總會孤注一擲
當男人寥寥可數卻又難以取悅

這是她的命運，而她可以設法掌控命運，直到她覺得自己再也控制不了。他下手日益狠毒，她不知道下一次再被打的話自己能否保命。一九三七年冬天，她告訴還住在家裡的孩子，她很愛他們，以後會來接他們。她交代年長的孩子們要照顧年幼的弟妹，告訴他們要彼此照應。然後她就溜出了家門。

☼

美麗的仙納度國家公園（Shenandoah National Park）位於維吉尼亞州，那裡的步道狀況良好，長長的緩升坡比之前數千英里的山路好走得多，天氣也比先前好。

六月二十八日，這天她一口氣走了二十一英里，六月二十九日走了二十英里，主要靠野生黑覆盆莓果腹。六月三十日她走了一整個早上，然後到大草原小屋（Big Meadows Lodge）吃午飯。她在這附近的一處營地遇見了一隊童子軍。當男孩們得知她去過哪些地方、正在做什麼之後，都搶著跟她合照，要她簽名，她也樂於配合。她感覺自己有點像個名人。

她在鷹嘴山（Hawksbill Mountain）找到避難小屋睡了一會兒，但小黑蚊整晚纏著她不放。

第二天清晨五點半她就出發，很快地穿越這座有一百英里長的狹長公園。步道和一些古老的疊石牆常是平行的，艾瑪在心裡想像某個人，正駕著一輛四駕馬車往前奔馳。

這些山脈數千年來都是北美原住民的家鄉，直到歐洲殖民者開始從東方入侵。自一七〇〇年代初期，一支探險隊越過藍嶺山脈之後，入侵行動很快就展開。許多殖民者來自賓州，他們在低地開闢農場，隨著沃土良田日漸稀少，他們又開始進入山區，砍伐森林、打獵、設置陷阱和飼養家畜。他們在那裡自食其力好幾百年，直到一九二〇年代，學者開始探討當地的社會「問題」：文盲、貧窮、不法勾當與環境衛生。

當局展開了大規模計畫，要把人群遷出山區，在稜線上鋪路，把土地改造為來自東部大城市的遊客會想開車經過的景點。一九二六年，國會授權設立仙納度國家公園，州政府也開始收購土地，有時甚至不顧民意反對，強制迫遷。一九三六年，羅斯福總統的平民保育團開始興建石砌橋樑、避難小屋和山莊，他們精巧的手藝令人讚歎。公園就在那一年正式開放，昔日的牧草地，很快就變成一片成熟荒野的雛形。

艾瑪看到了「天空之地」（Skyland），這是由一位熱愛交際、又很有表演天賦的商人，於一八九〇年代開設的山區度假中心，他邀請城市住民暫時離開他們都市化、機械化的生活，來到此地。這家私人度假旅館後來雖由國家公園接管，但度假屋仍然提供住宿，艾瑪覺得這些房子似乎是用樹皮蓋的。她繼續朝馬里蘭州快步前進。七月四日那天，在距離阿什比峽（Ashby Gap）不遠處，她在路邊撿到了三塊錢。天色已晚，所以她就用這三張幸運鈔票，在一間汽車旅館裡訂了一個房間，再吃了五塊炸雞——這可是一頓大餐。

最後，她終於進入了馬里蘭州，來到一個名叫桑迪胡克（Sandy Hook）的小村子。那其實就是鐵軌旁邊的幾間房子而已，距離乞沙比克與俄亥俄運河（Chesapeake and Ohio Canal）不遠。她向安娜．弗列明（Anna Fleming）自我介紹，弗列明邀請艾瑪到她家裡過夜。那天傍晚的日暮時分，她爬上馬里蘭高地，坐在一塊峭壁上俯瞰下方的美麗小鎮——西維吉尼亞州的哈伯斯費里（Harpers Ferry）。一百七十年前，傑佛遜（Thomas Jefferson）曾稱這風景為「大自然最了不起的景觀之一」。他在一本先在法國出版的書中寫道，光是為了波多馬克河（Potomac River）穿越藍嶺山脈、挾著澎湃水勢與仙納度河匯流的這片風景，就值得來一趟橫渡大西洋之旅了。

她腳下的這座城鎮，從狹窄的石磚路、漂亮的小房子，到教堂的尖塔與山頂的墓園，都有著豐厚的歷史底蘊。廢奴運動領袖約翰．布朗（John Brown）曾經以為，他能在這裡發動革命，扭轉南方的蓄奴風氣，憑著一把夏普斯步槍解救一個飽受壓迫的民族。維吉尼亞州政

府依叛國罪將他處以絞刑，但他的突襲行動卻成為美國南北戰爭的催化劑。哈伯斯費里在內戰期間曾在南北軍之間八度易手，最後一次恰好就是艾瑪坐在懸崖上那天的整整九十一年前。南北兩軍都知道，這裡是攻進敵方陣營的門戶之一。再後來，這裡又成為杜波依斯（W. E. B. Du Bois）和同儕發起尼亞加拉運動（Niagara Movement）之地，這場運動日後則演變為美國民權組織「全國有色人種協進會」（NAACP）。

這個小地方見證了如此劇烈的變化與非人道暴行。如此大量的殺戮與清洗，死亡與重生。

「這裡的風景真美。」她在日記裡寫道。然後，就在獨立紀念日的隔天，她站起身，往下走回步道。

7 流浪婦

一九五五年，七月六日至十五日

她怎麼也找不到步道。

有人告訴她，步道會穿過哈伯斯費里，於是她順著馬路離開馬里蘭州的桑迪胡克，從跨過波多馬克河的鐵道橋進入市區。她在聖彼得天主教堂附近的電線桿上看到舊的步道標示，卻沒看到步道。她爬到一處懸崖上尋找標示，一直找到傍晚，然後又走回桑迪胡克。那裡有個男人告訴她，步道的路線已經修改過，因此她又往另一頭出發，沿著乞沙比克與俄亥俄運河行走，在天黑前趕到兩英里外的韋弗頓（Weverton）。

第二天，艾瑪走過華盛頓紀念碑州立公園（Washington Monument State Park），這座紀念碑是第一座向喬治．華盛頓致敬的紀念碑，於一八二七年在此建成。當晚她在那裡遇見一位消防巡管員，他邀請艾瑪在他客廳的小床上睡一晚。巡管員又打電話給布恩斯伯勒（Boonsboro）的一家報社，讓艾瑪接聽電話。這已是她十七天內第三度受訪，而且得要回答一些她根本沒想要回答的問題。她倒不是覺得接受訪問很煩，而是她還不太理解媒體為什麼要如此小題大做。

隔天，正當她努力走過彭馬爾公園（Pen Mar Park），繼續往梅森－迪克森線（Mason-Dixon Line）前進之際，美聯社發布的一小篇報導從報紙印刷機上滑落，接著被打包裝進郵袋和牛奶箱裡，放上報童的單車，再被丟到全美國成千上萬戶人家的草地上和門廊裡。當晚艾瑪在一間斜頂小屋裡過夜時，遠近各地的美國人正在閱讀一名陌生人所進行的這段漫長、孤獨、令人難以置信的徒步旅行的細節。

（美聯社馬里蘭州布恩斯伯勒七月八日電）經過六十六天和將近一千英里之後，艾瑪．蓋特伍德太太仍然決心要成為第一位獨自走完全長二〇五〇英里阿帕拉契步道的女性——即使她已經高齡六十七歲。

這位來自俄亥俄州加利波利斯的女性是十一個孩子的母親，以及二十三名孫子女的祖母，她昨日在附近的華盛頓紀念碑州立公園歇腳時，又再度強調了她的決心。照她目前的行走速度，艾瑪奶奶應該可以在九月間抵達緬因州的卡塔丁山。她是在五月三日從步道起點——喬治亞州的歐格索普山出發的。她背著大約三十五磅重的背袋，睡在睡袋或在步道沿路的山屋裡過夜，她已經磨破了兩雙鞋，卻完全無損於她的熱忱。

她解釋說：「我熱愛戶外活動。」

報導裡的內容大部分是正確的。不過艾瑪的背袋其實還不到三十五磅，而且她根本沒有帶睡袋。以她目前的速度，能夠在九月抵達卡塔丁山就算是好運了——前提是她真能走得到那裡的話。步道上最艱難的路段還在前面等著她。她的知名度不斷上升。愈來愈多人希望她停下腳步聊天。更別提那說變就變、難以捉摸的天氣。

在美國西北部，一九五五年的夏天即將成為多年來最寒冷、最潮濕的一年。田裡的乾草發霉，草莓發育不良，而芝加哥卻即將遭遇自一八七一年——也就是芝加哥大火[7]——前一年以來最炎熱的七月天。在美國東北部，大部分地區則飽受旱災所苦。紐約州向聯邦政府請求提供抗旱救濟。在此同時，德州卻陰雨不斷，農夫們不再談論要搬離沙塵暴地區。

更詭異的是，那年還發生了一場罕見的冬季風暴。風暴於除夕當天形成，一月一日增強為愛麗絲颶風，數天後才減弱消失。波多黎各的歷史學者曾為了這到底能不能算是首場冬季風暴而爭論不休。他們記得一八一六年時也曾發生過類似的風暴，但無從判斷風暴是在九月或是一月間形成。不論如何，這場風暴的出現把氣象學家都考倒了。美國國家氣象局一位氣象學家寫道：「這可能是過去數十年來所觀察到，整體氣候變得更溫暖的另一項後果。」

到了那年年底，國家氣象局會繪製一共十三個熱帶風暴的路徑圖，並記下其中有十個風暴增強至颶風等級，這個數字先前僅被超越過一次。他們會稱一九五五年的颶風季為「史上最大

---

7 譯註：芝加哥曾於一八七一年十月八日發生大火，三日內造成近三百人死亡，逾十萬人無家可歸。

災難」，並強調這一年的颶風「打破了先前所有的災害紀錄」。他們會提出假設，在七月間，也就是艾瑪·蓋特伍德正毫不知情地經過馬里蘭州繼續北上時，有一道行星波[8]在北大西洋上空形成，逐漸演化為一個熱帶風暴，而在亞速群島附近的海脊，高空反氣旋環流朝著東北方往歐洲強力推進，並且引進一道東北氣流，再因渦度通量[9]而產生一道異常尖銳的低壓槽，沿著西班牙與非洲海岸延伸。他們還會說明，這個低壓槽是受北方氣旋渦流注入及相關的大氣垂直不穩定度所影響而產生，在低壓槽的底部還會孕育出另一場風暴。

艾瑪·蓋特伍德對此渾然不覺。她的世界與外界隔絕，只有樹木、花草、動物與大自然的力量。那晚她在步道旁的一間斜頂小屋裡沉沉睡去。

大約在夜半時分，男孩們來了，一共三個人，他們原本打算在小屋紮營，但當他們發現小屋裡已經有一個老婦人時，就轉身準備離開。艾瑪邀請他們留下，告訴他們小屋裡還有足夠的空間，她一點也不介意跟大家分享。第二天早上，男孩們還在呼呼大睡時她就已經出發，很快就跨過州界進入賓州，也就是在加里多尼亞州立公園（Caledonia State Park）附近、位於藍山（Blue Mountain）與南山（South Mountain）之間的山谷，這塊土地曾經屬於賽迪厄斯·史蒂文

---

8 編註：行星波（planetary wave），在對流層中上層、氣壓場和風場中，常會出現水平尺度約為10^6公尺的波形擾動。在北半球中緯度約有三至五個波，這種波稱為「大氣長波」，也因為其波長和地球半徑相當，所以又稱為「大氣行星波」，或因首位研究者而稱為「羅斯比波」（Rossby wave）。

9 編註：渦度通量（vorticity flux），渦度指氣流旋轉時變化的差值，通量則是指每個單位面積的流量。

斯（Thaddeus Stevens）[10]。她在賓州境內還得再走兩百三十英里。她洗了幾件衣服，再拿到火堆旁烘乾，小睡了一會兒才繼續出發。

她正攀爬黃橡丘（Chinquapin Hill）南側的陡坡時，突然聽到一個很不自然的聲音。她轉過身，看到一個男人氣喘吁吁地跟在她後面往上爬。他的頭髮遮住雙眼，爬陡坡對他來說顯然很吃力，但他又似乎很想要跟上來。艾瑪猜想他可能是記者，於是停下腳步。

男子自我介紹說名叫華倫·拉吉（Warren Large），是賞鳥人士，先前在報上讀到她的故事，那天一

10 譯註：十九世紀賓州的共和黨眾議員，曾大力反對奴隸制度。

早就出發想找到她。他說不會占用她太多時間，只想請教她幾個問題。就兩三個問題，他說。他們坐在賓州森林裡的一條圓木上開始聊天。兩小時後，他說他得走了。他起身向艾瑪道別，並祝她一路順風。然後他又重新坐下，他們又繼續聊了一小時。一九五五年七月十日這一天，拉吉沒去上教堂和主日學，艾瑪．蓋特伍德則說，今天就聊到此為止吧。

她在米修（Michaux）的麥森浩特太太（Mrs. Meisenhalter）那裡拿到一大把萵苣，又在松林冶煉爐（Pine Grove Furnace）那裡買了一些補給，最後終於來到整條步道的中點，這個地方以燃燒木炭的鼓風爐為名，以前曾生產過美國革命戰爭時所需的武器。

她和一個俄亥俄州童子軍隊的服務員交談時，森林巡管員突然叫她去聽電話。州立公園管理處的主管打電話來，想安排艾瑪和康威．羅賓森（Conway Robinson）見面。羅賓森是巴爾的摩的廣播與報社記者。艾瑪的新聞總算傳到了大城市。

羅賓森想跟艾瑪在賓州的布藍茲維爾（Brandtsville）碰面，於是艾瑪第二天一大早六點前就動身，可是卻在步道的支線上迷了路。等到她走回正確的路徑時已經是下午，而她還有好幾英里的路得走。這個路段特別崎嶇不平，不論往哪邊走都會碰到更多岩石。艾瑪抵達布藍茲維爾時，已是下午五點，羅賓森等了她一下午，不過他還是趕在天黑前把她載回森林，拍了一些照片，也拍下她在樹林裡走動的影片。等他拍攝完畢後，他還錄下了艾瑪的聲音。為了向艾瑪致謝，羅賓森請她吃了頓晚餐。

☼

她橫過太平洋海岸公路，走進沙子裡，再穿越海灘，來到她從未見過的海洋。她穿著上教堂時才會穿的鞋子，長袖亞麻洋裝，頭上戴著一頂別著一朵白花的遮陽草帽。加州的海風把帶著鹹味的海水和細沙吹到她的皮膚上。一群穿著連身泳衣的男孩正在浪花裡嬉鬧。那年是一九三七年。

她凝望著大海，感受其純粹的美麗。她遠離家鄉，很想知道女兒們過得怎麼樣。

她逃家來到西部，她娘家大部分的家人多年前就已來到

一九二六年，在海豹灘（Seal Beach）與杭亭頓海灘間第一次見到大海。
（照片由露西・蓋特伍德・席茲提供）

此地。她的母親和一位兄弟住在加州，一位姊姊則在聖塔安娜（Santa Ana）有房子——以及一張多備的床。這位姊姊先前就已經傳話告訴艾瑪，家裡多住一個人沒有問題，可以讓艾瑪住到加利波利斯那邊的事情解決為止。艾瑪很高興能和娘家人閒話家常，她的母親也對艾瑪在家裡的處境深表同情。

不過必須拋下親生骨肉還是讓艾瑪心碎。她無力負擔帶著孩子們一起來加州，也知道P・C・對待孩子不會像對待她那麼糟。在此之前，她來過加州一次，那次是她被痛毆之後帶著襁褓中的露易絲同行，但只是暫時借住。她待了將近一年，等到P・C・保證會痛改前非之後才又搬回俄亥俄州。不過這一次不同，她不知道自己是否還會回去。

艾瑪對於離開孩子深感罪惡，但她又有什麼其他選擇？那是P・C・最後一次侵犯她，假如她的力量不足以讓他遠離，她唯一的路就只有離開，往西部去。

一九三七年十一月十八日，她寫信給女兒們，把寫滿兩頁的信紙，塞進一個沒有寫上寄件人地址的信封裡。

親愛的露易絲和露西：

我一直都想寫信給你們，但又不想讓你們的爸爸知道我在哪裡。他是我這輩子最可怕的夢魘。我祈求老天讓他離我遠一點。我再也不想讓他待在我身邊，他倒不如別再白費力氣。他昨天寄給我一大把菊花，我連看都不想看，直接把花拿到墓園去，放在父親和梅塔的墳前。我猜想你們一定會需要新洋裝、鞋子或外套。但只要他還在那裡，我實在沒辦法考慮回家，不管他再怎麼騷擾我都不會有用。我試著不要一直想你們，還有那些我可能、也很想要替你們做的事。現在我只能抱著事情終會改變，我們總有一天能夠團聚的希望而活下去。你們要有耐心和守規矩，才不會像你們爸爸那樣製造出那麼多痛苦。假如他能管得住自己的手，不論他對我說多少難聽話，我都會守在你們身邊。不過那些都已經過去了。事情實在太糟糕，也為時已晚了。假如他再來煩我，我就會跑到外國去，我敢打賭那樣他就不會再煩我了。我希望這輩子再也不必再看到他那張臉。我在他手裡吃過的苦頭已經多到夠我用上一百年了。

希望我能趕快和你們相聚，我永遠都是你們的，送上滿滿的愛。

媽媽

兩個女孩在高盧郡的家裡讀完這封信。她們當時分別是十一歲和九歲，年紀已足以理解母親字裡行間的痛苦。她們也曾當過父親的工具，在他的命令下寫信給母親，說她們有多麼想念她、多麼想要見她，拜託她趕快回家。即使在那個時候，她們就已經知道自己參與了一場騙局，但她們還是配合演出。而且繼續寫信。

☼

平直、寸草不生的雙車道瀝青公路，在她眼前如絲帶般地展開，她以為這條路永遠也看不到盡頭。她的雙腳腫痛。她一整天都走在公路上，一路走過了新的賓州收費公路，這是美國第一條收費道路，往東延伸至德拉瓦河，往西則通往她的家鄉俄亥俄州。那天傍晚五點半左右她看到一間房子，她連問都沒問一聲就直接走過去，一屁股坐在前門廊上。房子裡的麥卡利斯特一家人（the McAllisters），透過窗子看見一個髒兮兮的陌生人。她猜想他們覺得她腦筋不太正常，而她也不打算改變他們的想法。她實在太累了。最後他們終於問她是誰，艾瑪告訴他們自己正在做的事。他們態度變得熱絡了些，也請她進屋一起吃晚飯，吃完飯後，麥卡利斯特一家還問她要不要留下來過夜。

第二天，她整個早上都在跨越尖銳又凹凸不平的大石塊，這些都是上一次冰河時期留下的遺跡，冰河把巨石刮到南方，然後又往後撤退。這裡是整條步道上最難走的一段路，每塊岩石似乎都像是被故意放在不穩的位置上。她迫切需要一雙新鞋。她先前就已把腳上這雙鞋的側邊割開，讓腳趾的囊腫有更多空間，穿起來更舒服些，但在走了這麼多路之後，她的腳已經整個腫了起來。

十一點剛過，她來到賓州鄧坎農（Duncannon）的外圍。她穿著一條百慕達短褲，人都已經走進城裡才想到應該換上吊帶褲。一群孩子在門廊上玩耍，看到她從路的那頭走過來，其中一個小男孩放聲高喊。

「快看！」他對玩伴們說：「那邊來了一個流浪婦！」

艾瑪繼續往前走。這不是她第一次被人當面嘲笑，也不會是最後一次，她才不會為了這點小事而停步。幾分鐘後，這位流浪婦越過了薩斯奎哈納河，走進橋那頭的一間小餐館。她點了一份番茄三明治，再加點了一份香蕉船，讓自己開心點。

吃過晚飯後，她繼續去找水源，一直到晚上九點都沒找到。她從背袋裡掏出手電筒，站在路邊揮舞，希望有汽車看到燈光會停下來。最後終於有一輛車停下，裡面坐著兩個女人和她們的小孩。艾瑪告訴她們，她正在找過夜的地方——或者至少想要找點水喝。她擠進車裡，車子又繼續開了十五英里才在一間房子前停下，艾瑪就在那裡過夜。第二天早上屋主再開車把她載回步道。

接下來這段步道大約位在賓城西方一百公里處，穿越了賓州東部。除了雙腳持續抽痛外，步道走起來相當輕鬆，難處在於怎麼找到可以休息的地方。七月十五日那天，她走了十五英里才看到一間大房子，她走過去問是否有多餘的房間。她看到一個女人正在屋裡做家事，但當這女人來到門口時，卻聲稱自己有關節炎，不肯讓艾瑪進去。她來到的第二間房子，屋主則說家裡沒有任何多餘的床鋪或房間。她一連問了八戶人家，全都吃了閉門羹。

艾瑪接下來遇到的那戶人家房子很小，一位豐滿的金髮女子前來應門。那女人說她沒有多餘的床，但她叫孩子們到主屋旁的另一間小屋替艾瑪準備一張行軍床。艾瑪說，如果方便的話，她比較想睡在門廊的鞦韆椅上，然後她就在那個炎熱的夏夜裡坐在椅子上睡著了，女主人則用洗衣機替她洗了衣服。

8 備受矚目

一九五五年，七月十六日至二十六日

尖銳的岩石把她的雙腳刺得苦不堪言，每踩一步都會引來一陣新的痛楚。艾瑪並不像有經驗的戶外運動人士那樣穿著厚底靴，而是穿著很快就會磨損的膠底球鞋。有一次，她在情急之下撿來一塊被人丟棄的男鞋橡膠鞋底，用膠帶黏在足弓底下來加強支撐力。她的鞋子更像是丹尼爾．布恩（Daniel Boone）[11]所穿的鹿皮軟鞋，布恩就是在這附近出生，少年時曾在這些山裡打獵和釣魚。

當晚她在赫特倫營地（Hertlein Campsite）過夜，好讓雙腳有機會復原，第二天下午則來到柯林頓港（Port Clinton）這個小城。她走進一家商店，想換雙新鞋，但那家店裡亂成一團。她從沒見過這麼亂七八糟的商店，盒子堆得老高，手摸得到的每件東西上都積了一層灰。她買了一些零食，然後就坐在店門外休息了一下，才到街道另一頭的魚王飯店問問有沒有空房。就在

11　譯註：十八世紀美國著名拓荒者和探險家。

那個時候，附近一間房子裡有個女人高喊。

「你是不是那個在走步道的女人？」

「是啊。」艾瑪說。

這個女人是史威伯格太太（Mrs. Swayberger），她非常興奮，艾瑪也跟著高興起來。史威伯格太太叫兒子站在艾瑪旁邊一起拍張合照，史威伯格太太的女兒則堅持要艾瑪跟她到附近去見見她的丈夫，他對這條步道很感興趣。

她再度被人認了出來。關於她的健行故事就像大草原上的野火那樣散播開來。美聯社從馬里蘭州的布恩斯伯勒派出了記者。事實上，她的故事甚至一路傳回了高盧郡，當地的報紙還對這位正引起全國矚目的在地婦女做了一篇後續報導。

自從她四月初離開此地「往南走」之後，一直沒有人知道她的確切行蹤，直到本週五下午，馬里蘭州的布恩斯伯勒傳來消息，外界才知道她在這條起自喬治亞州歐格索普山、一路蜿蜒穿越十四州、八座國家森林和兩座國家公園、北迄緬因州卡塔丁山、海拔五千兩百英尺步道上健行的最新進展。

記者採訪了艾瑪的長子門羅（Monroe），他當時是高盧郡的俄亥俄貝爾電話公司（Ohio Bell Telephone Company）的線路中心主管。門羅似乎有點吃驚，不過他並不擔心。

他說：「直到昨天，我們才比較知道她在做什麼，雖然我們開始有點不太相信。我母親非常熱愛戶外活動，健康狀況良好，走起路來可以超越大多數比她年輕很多的人。」

在位於賓州柏克斯郡（Berks County）境內的一段阿帕拉契步道上，艾瑪遇到一群來自謝卡拉米童軍營地（Shikellamy Scout Reservation）的童子軍，他們立刻通知了《雷丁鷹報》（*Reading Eagle*）的一位專欄作家。艾瑪告訴這些男孩，到目前為止她一共閃過三條銅頭蝮和兩條響尾蛇，還有好幾次在凍死人的晚上在戶外過夜。那位專欄作家寫道，男孩們對於她竟然穿著網球鞋上路感到非常疑惑。「她穿著球鞋，但登山配備的專家應該都會建議山友穿結實、有點重量的鞋子——不能太重，但又要夠強韌，才能承受磨損。」「不過，假如你是個六十七歲的女人，走在一條二〇五〇英里長的步道上，或許這世上沒人比你更有資格能對照顧自己的雙腳提供專家建議。」

她的故事甚至傳到了紐約市一家新雜誌《運動畫刊》一位年輕寫手的耳裡。記者瑪麗．史諾（Mary Snow）忍不住問自己：阿帕拉契步道上這位奇特的奶奶，說不定是很好的人物專訪對象。報上的新聞已經報導了「何人」、「何事」、「何地」、「何時」與「如何」等問題，卻沒有提到最重要的、最令人不解的問題：「為何？」而史諾就打算這麼問。不過首先得解決的問題是：要怎麼在荒山裡找到一個每天能走十四英里的人？

於此同時，除了雙腳腫脹之外，艾瑪還有其他問題要解決。在好好休息一晚之後，她離開了賓州的柯林頓港。第二天下午的健行非常愉快，她花了一美元在藍山租了一間小木屋，接著在七月十九日早上出發前往賓州的帕莫頓（Palmerton）。她想在旅館租一個房間，但那裡的人不肯讓她留宿。她猜想自己看起來一定很嚇人。那天早上她找到一個水龍頭，洗了把臉，但因為沒有梳子，所以沒辦法把一頭打結的鐵灰色亂髮梳開。她在一堆營火附近翻找，最後找到了一支叉子，她把叉子當成梳子拿來梳頭。不過，此時精疲力盡的她又被另一家旅館拒絕，不知道該去哪裡過夜。

她走在公路的路肩上，一輛汽車在暮色裡停在她身邊。開車的是一名來自剛才那家旅館、顯然良心不安的年輕女子。她叫艾瑪上車，說要載艾瑪到帕莫頓市區。幾分鐘後，她們停在一家旅館前，艾瑪花兩美元租到了一間房。她先用浴缸泡腳，然後再沿著街道走到莎莉餐廳（Sally's Restaurant）點了一份三明治。那裡有人對她說，她應該要跟雷夫・列（Ralph Leh）見個面，女侍莎莉立刻就打了電話給他。

列戴著眼鏡，七十歲，從紐澤西鋅業公司（New Jersey Zinc Co.）退休，本身也是經驗豐富的山友。他除了曾爬過華盛頓山，那年春天還幫忙清理了阿拉帕契步道上從利哈伊峽（Lehigh Gap）通往魔鬼布道台（Devil's Pulpit）的路段。他對這段路瞭若指掌。

列邀請艾瑪在他家過夜，所以她從旅館拿出她的背袋，來到他家門前。他們兩人徹夜長談，就此建立起日後維繫多年的情誼。列打電話到艾倫鎮（Allentown）的報社，結果又有兩名記者上門要求採訪。記者問她，旅程上什麼事最讓她感到驚訝。

「報紙給我帶來的知名度。」她說。

第二天早上，列開車載她到城裡一家名叫格蘭（Grant's）的商店，店家其實還沒開門。等到列向店家解釋他朋友的身分後，櫃檯後的店員同意開門讓他們進去，也很樂意接待他們。艾瑪仔細看了貨架，想找一雙合腳的女鞋，但連最大號的鞋都太小了。她的腳已經腫到穿不下女鞋。她試了一雙舒適的男鞋，尺寸是八又二分之一號，這樣就算她的腳繼續腫脹，也還有一點空間可以伸展。她買下這雙鞋，以及兩雙羊毛尼龍襪，還有一些金屬髮夾。店員很好心地送給她三包五美分的救生圈糖（Life Savers），並祝她一路順風。

列再把艾瑪載回到利哈伊峽，那是她前日離開步道的地方，他們兩人一起從山崖一直爬到山頂。列認為艾瑪可能需要別人協助才能爬上陡峭的堤岸，不過艾瑪卻完全不用別人幫忙，背著背包、拿著楓木手杖逕自爬了上去，把列嚇了一跳。

他在下方向她道別。再一次，她又一人獨行了。

☼

一九三八年二月二十日，艾瑪從姊姊露西位於加州聖塔安娜的家中再度寫信給兩個女兒，她已經在這裡找到了一份護士的工作。她對於拋下子女的決定深感罪惡，更對丈夫屢次企圖誘勸她回家的作法非常惱火。儘管如此，在這個時候，她已經開始在考慮要回家。

親愛的露易絲和露西：

你們寫信給我，寄來好吃的糖果和情人節卡片，我真的很感動。我很喜歡你們畫的圖，也很高興你們在學校裡過得很好。我真希望能夠在你們身邊，一起做一些我很想做的事……我有個舒服的地方可以住，這裡還有許多形形色色的可愛花兒。我很想跟你們多說一些，但你們的爸爸又會寫信給那個住在山裡、種了很多花、房子又多氣派之類的男人，就像我住在橙市時那樣。我週日休假，所以要來這裡陪我母親。開車的確挺遠的，不過能來陪伴我母親感覺很棒。你們難道不覺得，如果你們也能跟你們的母親在一起會很棒嗎？我摘了幾顆柳橙，做了一份水果沙拉當晚餐，或者該學城裡人說這是午餐……我的身體側邊有時候痛得很厲害。有時候晚上痛到都不能睡。我想快點去看醫生。你們爸爸如果知道這是他幹的好事，是他把我摔到地上造成的，他應該會很高興。他跳到我的身上，我的胸口到現在還瘀青未退，不過腫倒是消了。現在我上床睡覺時，一切都再平靜安詳不過了。希望你們一切都好，要當乖女孩兒，讓我感到驕傲。

附上滿滿的愛，媽媽

她身側的疼痛愈來愈嚴重，儘管她每星期工作六天，還是無法輕易負擔就醫的費用。在寄出那封信之後，她想出了一個計畫。她會回家陪女兒們，P．C．則得替她付醫藥費，不論代價為何。

這個決定差點要了她的命。

☼

德拉瓦水峽（Delaware Water Gap）就在前方，那裡有可以俯瞰秀麗風景的瞭望點、杜鵑林隧道與壯觀瀑布群。艾瑪快步行走，想在天黑前趕到那裡。她從布滿隆起石塊的基塔廷尼山往下走，急著在天黑前找到過夜的地方，就在這時，她滑倒了。

這一跤跌得雖然不重，但她感覺膝蓋突然傳來一陣短暫、尖銳的痛楚。她先檢查傷勢，試著用膝蓋來承受全身重量。還好扭傷並不嚴重，讓她鬆了一口氣，但走在山路上，即使是輕傷也可能帶來災難性的後果，尤其當膝蓋因為步行而持續承受撞擊時，後果更是不堪設想。在她的面前，位於新罕布夏州、維蒙特州與緬因州境內的步道會經過最險峻的高山，所以她得讓身體保持在最佳狀態。她又繼續走了一段路，終於在黑暗中找到一處水塘和幾張野餐桌。先前有人告訴她，這附近沒有任何人家，所以她就在野餐桌上鋪了床，試著睡一覺。

她不知道她是不是剛好選在當地情侶的幽會勝地過夜，總之那天晚上好幾次有汽車準備開進停車場，車燈掃過路彎處，但車裡的人一看見有個累壞了的女人蜷臥在野餐桌上睡覺，就好像後面有東西在追他們似的，馬上把車子掉頭急速駛離，留下一個老女人一邊睡一邊偷笑。

☼

七月二十二日那天，她才剛走上步道五分鐘，就來到了一個小村子——前晚讓她難以成眠的過夜地點原來就近在咫尺。這裡到處都是飯店、汽車旅館、餐廳和房子。這時才清晨五點四十五分，所以商家都還沒開門，但她還是在村裡等了一會兒，希望能在出發前吃點東西墊墊肚子。有幾個男人注意到她站在人行道上，告訴她餐廳要到八點才會營業。她等不了那麼久，所以只能過橋跨過德拉瓦河，進入紐澤西州境內，這是她在八十天內所走過的第八個州。她才剛走進紐澤西州沒多久，一輛吉普車就停在她旁

邊，駕駛搖下車窗。他穿著警察制服。

男人問：「你叫什麼名字？」

艾瑪不知道她做錯了什麼，但從他說話的方式聽起來，她猜想自己可能惹上麻煩了。或許他誤以為她是遊民。

「艾瑪．蓋特伍德。」她說。

「有人打電話找你。」男人說。他打開前座的車門，她爬進車裡，他們開往他位在不遠處的辦公室。一位名叫瑪麗．史諾的《運動畫刊》記者要艾瑪打受話人付費電話到紐約市找她。她花了一小時才接通電話，在她打電話的時候，那名警察替艾瑪倒了杯牛奶，還給她一個甜甜圈。等到她終於找到史諾後，她們兩人先聊了一會兒，史諾要艾瑪週一再打電話給她，讓她知道艾瑪所在的位置。她還問能否跟著艾瑪走上一小段路，好替這位長途健行祖母寫一篇專訪。艾瑪不覺得那有什麼問題。她也承諾會打電話。

第二天卻是挫折連連，令人失望。步道位在德拉瓦河谷上方高處的基塔廷尼山脊，路況崎嶇難行，她的膝蓋扭傷，實在走不了太遠。當晚她就睡在路邊過夜，距離火山口湖（Crater Lake）約有三英里遠。晚上來了一隻不斷用鼻子噴氣的鹿，她很慶幸來的不是一隻熊。第二天晚上，她則是在高點紀念碑（High Point Monument）旁過夜，這是一座方尖碑，目的是向戰爭死難者致敬。第三晚的過夜處竟然是一間療養院，她就在前院的草地上一屁股坐下，等待業主請她進去。

七月二十六日，她終於來到紐澤西州弗農（Vernon）的阿帕拉契山莊，在一間小屋裡找到一張行軍床。假如她維持這個速度，第二天下午她就會從哈德遜河河谷附近進入紐約州，她會在那裡跟瑪麗·史諾碰頭。

9 艱苦人生

一九五五年，七月二十七日至八月二日

在紐約州傑維斯港（Port Jervis）這個貧瘠河港城以南，艾瑪轉向南方，沿著州界蜿蜒前進，東邊則是低矮、肥沃的黑土區，步道隨後在紐約州格林伍德湖（Greenwood Lake）附近先轉向北方，然後再轉回東方，朝帕利塞茲州際公園（Palisades Interstate Park）延伸，這裡位於曼哈頓及數百萬行色匆匆的都市人群的北方四十英里處。

她在蒙巴沙湖（Lake Mombasha）邊遇見一個帶著兩個孩子來游泳的男人。男人在踏上步道前對她說，這個湖是私人所有。艾瑪跟在他們身後，聊起步道和她的旅程，直到男人開始感到興趣，她從背袋裡拿出她收集的一些剪報給他看。這時一名女子走上前來，自我介紹說她就是瑪麗·史諾。

艾瑪在週一或週二曾打電話給史諾，但沒找到人，所以此時發現史諾在這裡等候，讓她吃了一驚。她們先聊了幾句，約好幾小時之後在步道與十七號公路交會處碰面，緊張兮兮的都市觀光客都會從這條公路前往卡茨基爾山（Catskill Mountains）再折返。史諾向她道別。艾瑪啟程，來到一處陡峭難爬、被稱為苦石磨（Agony Grind）的石瀑區，很多大男人走到這裡都會忍不住口出穢言。當時一隻腳受傷的艾瑪後來在日記裡寫著，這是段「非常艱難又崎嶇的路」。

當她抵達十七號公路時，史諾已和一名警官太太在那裡等候。她們一起開車到警官家，吃過中飯後再返回步道，艾瑪和她的新朋友開始一起走。她們邊走邊聊，史諾連連發問。艾瑪告訴她，自己一路上都小心地避開毒蛇和其他野生動物。她提到自己會取食步道旁的植物與莓果充飢，以及經常得仰賴陌生人的善意。艾瑪也說，她一路上好人和壞人都遇到過。她看起來非常沉著，有把握可以一路走到緬因州。

她還告訴史諾另一件事。當她站在卡塔丁山的山頂時——如果她能站上那山頂的話——她打算做一件特別的事。

這裡的步道平坦好走，五英里之後她們來到指板山（Fingerboard Mountain）一間新的石頭避難小屋。史諾告訴艾瑪，第二天早上九點半，她會在幾英里外緊鄰哈德遜河的紐約州熊山跟艾瑪碰面。小屋蓋在一塊巨岩上，屋裡已經有兩個男孩。小屋的屋頂是白鐵製的，兩側都有火爐，而且裡面很髒。

艾瑪想，她寧可睡在屋外。她找到一塊草地，在上面鋪開毛毯。男孩們也從小屋裡下來，移到一塊落滿樹葉的大石頭後方。到了半夜，艾瑪感覺有雨點打在身上，於是抓起背袋，在黑暗裡匆匆躲進小屋。她打開手電筒查看男孩們的狀況，發現他們似乎樂於睡在雨中。不過她可是累壞了。她還得早起，才能準時趕到熊山，而且前方的上坡路會很難走。

☼

艾瑪從加州返家，面對的卻是一場財務災難。她不在家的時候，P．C．把農場經營得一團糟。他們沒有錢支付貸款，也沒辦法安撫債權人。一九三八年，他們不得不把農場賣掉。

他們在俄亥俄州皇冠市的河流上游，買下了面積較小的喬治．希慈（George Sheets）農場，在五月三十日那天搬了進去，但到了第二年他們就又再次搬家。P．C．不知道中了什麼邪。他不肯讓艾瑪離開視線。除非她跟在身邊，否則他就不肯工作，不論他是要去蓋籬笆、敲碎石塊或劈柴都一樣。

艾瑪偶爾會偷偷把幾個三明治放進紙袋裡，帶著兩個女兒到樹林裡找野花。她們會花一整天爬上丘陵、下到河谷，尋找血根草、銀蓮花、美耳草、毛莨和延齡草。有一次她們在負鼠坑玩起尋花遊戲時，一陣細雨洗淨了林地，她們找到一塊滿是青苔、突出地面的巨石，上面長滿了纖細的獐耳細辛。她們永遠不會忘記這幕景象。

艾瑪後來寫道，那一年，她丈夫把她打得不成人形的次數共有十次。

☼

七月二十八日一早，記者們就聚集在熊山的觀景台附近，他們跟著《運動畫刊》的史諾一起來等艾瑪．蓋特伍德奶奶，她應該會在早上九點半抵達此地。結果十點、十一點和正午都過了，還是不見艾瑪的蹤影。記者和攝影師開始一個個離開，既失望也有點擔心老太太的狀況。史諾堅持留下，不過她還是先下山去吃午飯。

艾瑪已經盡了全力快步行走，但這一段步道特別險峻難行，她的腳傷也讓攀爬更為困難。最後她終於追上一群登山客，問他們熊山還有多遠。

其中一人說：「七英里。」他們指著地平線遠處的一座山峰，她立刻往那個方向出發。

等她來到山頂，已經晚了四小時，所有的記者都已經離開。史諾跟一名高大的警員隨後趕到，警員替艾瑪拍了幾張照，她一手叉腰，曬成褐色的額頭上戴著綠色空頂遮陽帽，背袋掛在左肩上。一些觀光客注意到她，也開始替她拍照。當警員拍完照後，艾瑪繼續往山下走，史諾則在山下的一輛汽車裡等她，載她去餐廳。當晚史諾替她在哈德遜河左岸的蒙哥馬利堡（Fort Montgomery）付錢租了一間小屋。艾瑪跟她說了再見，接著洗了衣服，再用爐火烘乾，然後就睡著了。

她原想找張地圖卻遍尋不著，所以第二天早上六點，她又走回史諾前一天來接她的地方，找到最近的白色標示，再跟著標示往熊山大橋走。那是一座由鋼索與混凝土築成的壯觀吊橋，於三十一年前完工。她注意到汽車車道下方還有火車鐵道。她作夢都沒想到自己有一天能走在橋上橫越哈德遜河，但她還是一步接著一步向前走，橋上的汽車從她身旁呼嘯而過。她在橋中央停下腳步，懸在水天之間，觀賞四周景色。河的下游就是紐約市，北方則是西點軍校，校園裡精心修剪的草坪上，安放了許多向陣亡軍人致敬的紀念碑。在美國獨立戰爭期間，殖民者就是在這裡拉起一條跨越哈德遜河的巨大鏈條，阻止英軍船艦繼續駛往上游。

在橋的對面，她走過一片濕軟但平坦的土地，在早上八點左右來到一個女童軍營地。營地裡的人都還在睡，於是艾瑪把他們都叫醒，他們原本打算要早早起床拔營的。她繼續前進，當晚就睡在步道附近的樹葉堆上。

隔天清晨五點三十分她再度動身，口渴得慌，想找水喝。她一直往前走，直到聽見溪水汩汩流動的聲音。她跟著水聲走，找到一口新鑿好的井，但流出來的水卻混濁不堪。她再走到附近的一間房子，女主人好心地替艾瑪把水壺裝滿，還請她吃了頓早餐。

步道前方，在紐約州斯托姆維爾（Stormville）附近的菲什基爾山（Fishkill Mountains），她來到一個叫做「失落村」（the Lost Village）的地方。那裡看起來像個博物館，於是她晃進去瞧瞧。失落村才剛開張兩個月，業主先前宣稱此地是美國牛仔的發源地，引發了不小爭議，雖然傳奇故事裡說的都是西部牛仔，但這裡其實離紐約市很近。兩個都市人幾年前在週末前往紐約州北部尋找土地時，偶然發現了這個地方。他們找到了幾處石構地基，還有各種陶器和鐵壺殘片。在查閱一些歷史地圖後，他們決定公開宣傳：最早的「牛仔」其實是英國偷牛賊，這些偷牛賊從山上一個盜匪聚集的營地，對富有的荷蘭殖民者發動了突襲。這兩個都市人是一對夫妻，先生任職公關業，妻子則是作家，這對於宣傳自然大有幫助。報上也刊登了這些故事。於是業主就開始在門口收取入場費。

艾瑪對這些宣傳並無異議。她四處看看後就離開了，後來在日記裡寫下感想：「我確信，那裡面有些東西是假的。」

七月三十日日落時分，她順著步道支線，來到紐約州荷姆斯附近的勒丁頓女童軍營地（Ludington Girl Scout Camp），第一位完成步道全程縱走壯舉的謝佛，就是從荷姆斯這個小村子，把他那封擲地有聲的信寄到阿帕拉契步道大會。艾瑪向營地裡的人自我介紹。輔導員邀請她留下來，晚餐後他們請艾瑪坐在營火前，讓女童軍圍坐在她腳邊，年紀小的排在最前面。艾瑪告訴她們一個又一個旅途故事。當她講完，女孩全都搶著跟艾瑪要簽名。艾瑪用顫抖的手，在每張紙上寫下名字。

當天晚上，艾瑪睡在帳篷

裡的一張小床上。第二天一大早，廚房工作人員讓她吃了一頓飽足的大餐，還準備了一個讓她在步道上享用的午餐袋，以及一大把高湯塊，替她送行。那一天她走過了核子湖（Nuclear Lake），經過伯頓溪（Burton Brook）與沼澤河（Swamp River），傍晚時分又來到紐約州溫代爾（Wingdale）的另一個女童軍營地，再度與營地裡的女童軍同樂，晚餐則吃了蒸黑麵包和芹菜。

八月的第一天，她離開紐約州，進入了康乃狄克州，這是她穿著球鞋踏入的第九個州。她想在天黑之前，一口氣沿著豪薩托尼河（Housatonic River）河谷往上游走二十英里，直抵康瓦爾橋（Conwall Bridge）。不過儘管她一整天都在努力趕路，天色變暗前她還是沒來得及趕到鎮上。正當她氣喘吁吁地在一條碎石山路的路肩上行走時，一輛汽車在她身旁停下，一個醉眼朦朧的男人上上下下仔細打量她。

「你為什麼天黑以後還走在這種地方？」

她告訴他，她原本想在天黑前趕到鎮上。

「上車，」他用命令的語氣說：「我會把你載到半英里外我妹妹家。」

她有些遲疑。她不確定能否信任他。

「快點上車，」他說：「你今晚是不可能趕到康瓦爾橋的。」

她聽命上車，不過還是不確定這麼做是對的。他的樣子看起來有點呆滯，艾瑪很確定他喝了不少烈酒，但他還真的說到做到。男人的妹妹莫爾太太（Mrs. Charles Moor）不肯讓艾瑪繼續趕夜路。

艾瑪很早就起床，先走回男人前晚讓她搭便車的地方，再回到莫爾太太家吃早飯。她在步道上走了這麼遠，連一步都沒有略過，她可不打算在這裡開始作弊。她走了五英里來到康瓦爾橋，再到郵局看看有沒有人寄信給她。郵局裡沒有她的信。接著她又打電話到派屈克・海爾（Patrick Hare）家，海爾是她在仙納度國家公園遇到的一位本地男子，不過沒人接聽電話。她在當地報社記者布雷克太太（Mrs. Clarence Blake）的家裡吃晚飯。

《沃特伯里共和人報》（*Waterbury Republican*）第二天就刊出了這則報導，那時艾瑪正在步道上沿著一條景色優美的溪谷行走，經過水質清澈的瀑布，行經一棵樹冠寬廣到足以蔽日的鐵杉下方，再穿過一處巨石高原，進入雄偉的教堂松林（Cathedral Pines）。這是一處由白松與鐵杉形成的老生林，樹高超過一百英尺，直入天際。

新聞標題寫著：「勇往直前的曾祖母」。

布雷克提到，艾瑪健行三個月以來已經穿壞了三雙鞋，體重也減輕了二十四磅。報導裡指出：「這次縱走之旅打從一開始就是臨時起意，蓋特伍德太太只帶了一個水壺、一個重二十五磅的背袋和一些『零花錢』就上路了。」「蓋特伍德太太除了曾在俄亥俄州農場上把十一名子女辛苦養育成人的艱苦人生經歷之外，沒有受過任何專業的登山訓練。」報導裡也提到了她的決心，以及她如何建立起每天行走大約十七英里的速度，「不分晴雨」。

天晴的時候，走起來的確很輕鬆。

10 暴風雨

一九五五年，八月三日至十一日

八月三日早上，「莫瑪克里德號」蒸汽船（SS Mormacreed）沿著法屬蓋亞那海岸航行，船上的水手注意到西方吹來了一陣異常強勁的風，天氣很快就變成狂風驟雨。大約在此同時，在北方數百英里處的海上，一道強勁的東風波（easterly wave）把一艘名叫「非洲太陽」（African Sun）的大型貨輪吹得東倒西歪。早上十點，另一艘蒸汽船「波奈爾號」（SS Bonaire）用無線電向佛羅里達州邁阿密的國家氣象局通報說，氣壓正急遽下降，東北風的風速已超過每小時四十英里，浪高達二十英尺。很顯然東風波頂端已經形成了一道大規模氣旋。

一個颶風就此誕生。

一架偵察機從空中看到了颶風眼，颶風中心風速將近五十五節，並且以每小時十六英里的速度，在溫暖的北大西洋海域上空朝西北西方向奔騰前進。風暴的範圍與強度正緩慢增加，一邊吸進海面的溫暖熱帶空氣，再在高空釋放出冷涼空氣。暴風不斷吸進和吐出氣流，就像活物一般不斷長大。當颶風眼通過背風群島（Leeward Islands）與波多黎各北方五十英里處時，最大風速據估計已達每小時一百二十五英里，颶風雨帶更如手指般朝四面八方延伸數英里遠。

接下來幾天，康妮颶風（Hurricane Connie）將會轉向，滯留，先朝北方旋轉，再轉向西北，避開佛州，對北卡羅萊納州迎頭痛擊，再沿著大西洋海床一路北上，朝新英格蘭南部直撲而來。風災過後，這些城鎮的地圖都必須重畫，居民失去自己和家人的生命，或是在防洪閘門崩潰、滾滾洪流衝出堤岸之際，只能緊緊抱住樹枝，度過驚心動魄、生死一線間的數小時。

不過，在颶風登陸的幾天前，在各大新聞雜誌未曾想過一九五五年的天氣恐怕是有紀錄以來最惡劣的一年、報社也還沒撰寫訃聞的幾天前，新英格蘭地區的居民生活一切如常。康乃狄克州小鎮艾姆斯維（Amesville）裡的一位陌生訪客也是如此。她早上不到六點就在伊娃．貝茲（Eva Bates）的家裡醒來，把背袋掛上肩頭，再度走回阿帕拉契步道。艾瑪一路走到森林中一處低窪、泥濘的路段，蚊蚋如黑雲般自地面升起。她試著揮打了幾下，接著趕緊走往高處，在那裡停下腳步，趕走剩餘的蚊蟲。

對付這些會咬人的小蟲讓艾瑪心煩意亂。她走進一個小村子，在一間平價商店裡買了一些驅蟲油。康乃狄克州索斯伯里（Salisbury）雖然只是公路旁一個不起眼的小聚落，但多年前這裡曾以「革命的軍火庫」聞名。兩百年來，人們從地底開採鐵礦砂，再打造成各種工具、槍枝和大砲。

艾瑪走出村子時，一名婦人認出她就是報上登過的那位健行奶奶，於是從對街叫住她。婦人邀請艾瑪進屋，拿出牛奶和蛋糕招待她。當艾瑪再度往步道前進沒多久，又看到一個男人站在路邊，脖子上還掛著一台相機。他問艾瑪能否替她拍照。她並不介意。十分鐘後，一名報社記者又把她攔下來，詢問她關於縱走的事情。這種事已經變得稀鬆平常，她開始懷疑自己到底還能不能走到緬因州。

她往前急行，爬上塔科尼克山脈最南端的獅頭山（Lions Head），再登上康乃狄克州最高峰熊山，越過塞吉山溝（Sages Ravine），這裡的幽靜瀑布在綠苔巨石上跳躍。她還遇見生平第一隻豪豬，接著走進麻薩諸塞州，在旅途的第九十三天，把九個州留在身後。

那天下午，艾瑪跟一群童子軍同行了一段路，但直到天黑，他們都沒找到避難小屋，所以男孩們停下來紮營。艾瑪繼續往前走，爬上了艾弗雷特山（Mount Everett）。她在山頂發現一座消防塔，卻沒找著避難屋。艾弗雷特的壯麗景觀美得令人屏息，但地勢太過崎嶇，無法在峭壁上過夜，所以她又走了一段路，在天色變暗之際，在一塊大石旁把落葉耙成一堆當床來睡。

艾瑪在快睡著之前聽見了一個聲音。那是其中一名童軍服務員的聲音。她坐起身，發現他們就在山頂上，正用手電筒的燈光照射樹林，想要找到避難小屋。雖然服務員們手裡有步道地圖，但還是找不到避難屋。他們把童軍留在艾瑪身邊，自己在黑暗的樹林裡大步行走。男孩們看起來很渴，艾瑪的水壺裡還有一點點水。她把水拿給男孩們，不過他們拒絕接受。等到服務員們回來，她又回去睡她的樹葉床鋪。

第二天，八月五日，開始下雨了。

原本就步履艱難的路途變得更加困難。艾瑪一個早上只走了兩英里半的路。下午她遇到一個男人，他是來自紐澤西州紐瓦克市（Newark）的喬．塞佛（Joe Seifert）。他正在由北往南全程縱走的半路上，和艾瑪的方向正好相反。他們聊了一小時，不過雨實在下得太大，他們無法繼續交談。日落之後，艾瑪看到三間房子，但沒有人願意讓她進屋過夜。她在大雨裡又翻過了另一座山，終於遇到一位好心的諾里斯太太（Mrs. Norris）。第二天傍晚，艾瑪再度在大雨中行走了一整天，然後試著向一名姓摩爾（Moore）的男子借宿，但他沒有空房。他提議讓她睡在他的車上。她斜倚在汽車座椅上，總算好好地睡了一覺。這可比睡在野餐桌上好太多了。

次日早上雨勢暫歇，艾瑪來到麻州的華盛頓，一位哈金森太太（Mrs. Fred Hutchinson）替艾瑪的水壺裝滿水。她原以為艾瑪是來採莓果的工人。當艾瑪說出自己的身分時，隨即獲邀進屋裡晚餐，而後又在沙發上小歇了片刻。接下來則是已經變成慣例的報社訪問，最後她才能在床上睡一夜。

☼

八月八日星期一早上，艾瑪在麻州皮茲菲德（Pittsfield）附近翻過了華納丘（Warner Hill）與塔利山（Tully Mountain），她快要走到達頓（Dalton）時，位在佛州西棕櫚灘（West Palm Beach）東方五百英里處的康妮颶風，威力正達到最強，並以十五英里的時速，朝北北西方向瞄準美國東海岸前進。颶風眼附近的風速高達每小時一百三十五英里，颶風帶來的暴風範圍更遠達北方三百五十英里處。一架海軍偵察機測量了颶風眼的大小——它的直徑有四十英里那麼寬。

偵察機駕駛是海軍上校皮特曼（R. T. Pittman），來自喬治亞州科文頓（Covington），他稱康妮颶風為「我所見過最大的風暴」。另一位飛行員是海軍上尉阿弗雷德．福勒（Alfred M. Fowler），出身愛荷華州沃特盧（Waterloo），他則如此描述颶風：

> 在風眼內部，你會以為自己置身一個寬闊的圓形劇場正中央。環繞在你身邊的巨大圓圈是白色的雲帶。你的下方是層層疊疊的層積雲，頭頂上則是一片朗朗藍天。我們飛到一萬英尺的高空，雲牆仍繼續延伸到我們上方。

此外，颶風的中心部位又熱又濕，充滿了溫度達華氏八十六度的熱帶暖空氣。美國國家氣象局對布洛克島（Block Island）、羅德島（Rhode Island）至北卡羅萊納州哈特拉斯角（Cape Hatteras）一帶海域發出小型船隻警報，大西洋沿岸的居民則紛紛把自家草坪上的桌椅收進屋裡，並且開始儲備不易腐壞的食物，在窗戶上釘牢防風擋板。氣象局稱之為「強烈」颶風，但此時還沒有人知道風暴會選擇哪一條路徑。

「我們只能靜觀其變。」邁阿密風暴預測專家華德．戴維斯（Walter Davis）向美聯社表示：「最樂觀的預測是，康妮會受到低壓槽南端的影響而北轉，再轉向東北方。只有時間能證明一切。」

那天下午，當艾瑪走進達頓市的郵局，工作人員認出她，並向在場所有人介紹她時，巨大的風暴正往西北方直撲而來，範圍不斷膨脹，威力也愈來愈強。從北卡羅萊納州瞭望角（Cape Lookout）到維吉尼亞州的諾福克（Norfolk），都掛出了強風警報旗。海潮暴漲了三英尺。分屬空軍、陸軍、海軍及陸戰隊的七百名飛行員，忙著把飛機與車輛自海岸移往內陸的南卡羅萊納州斯帕坦堡（Spartanburg）。滔天巨浪打上海灘，時速七十五英里的強風自颶風眼往北方延伸了三百英里。北卡州公路巡警隊、紅十字會救災專家與民間航空巡邏隊人員組成了救難小組。

那天傍晚，當艾瑪抵達麻州切希爾鎮（Cheshire），住進李洛伊旅客之家（Leroy's Tourist Home）時，大西洋上又出現了另一個明確的跡象。航行在距離背風群島最北端五百英里處——也就是在颶風範圍後方海域——的船隻回報說，他們遇到了新的暴雨帶，以及時速達四十五英里的強勁東風。正當康妮颶風朝東海岸來勢洶洶之際，颶風背後竟然又形成了另一個令人膽寒的風暴。

第二個風暴讓氣象預報人員大惑不解。它的威力會逐漸減弱、消失在大西洋上空嗎？還是會在另一個低壓槽向北移動時減弱？又或者風暴的威力反而會增強，跟著康妮颶風的後腳撲向美國，讓沿岸居民陷入被暴雨持續狂炸的恐怖夢魘中？

☼

八月九日早上，聳立在艾瑪面前、穿透北方大片低垂烏雲的，正是麻州最高峰——格雷洛克山（Greylock Mountain）。如果說她身後的伯克夏山看起來明朗宜人，那麼海拔三四九一英尺的格雷洛克山，就可稱為令人望之生畏的挑戰。

這座山曾經啟發過美國文壇一些最優秀的作家。早在艾瑪行經此處的一百零五年前，梅爾維爾在寫作《白鯨記》時，就曾從格雷洛克山獲得靈感來源。他認為這座山看起來像一頭鯨，而他在位於皮茲菲德的書房裡寫作時，就能看到格雷洛克山。梭羅於《在康科德河與梅里馬克河上一週》（*A Week on the Concord and Merrimack Rivers*）一書中寫到他在一八四四年的登頂經驗，那是在他到華爾騰湖（Walden Pond）展開實驗生活的前一年。這座山無疑具有某種特殊魅力，但這兩位作家的看法卻南轅北轍。

在《河上一週》與梅爾維爾以格雷洛克山為背景所寫的短篇小說〈廣場〉（The Piazza）當中，主題都是一名男子在出外探索的過程中，遇見了一個女人。對〈廣場〉裡的敘事者來說，這個女人，一位「坐在仙宮窗邊的仙后」，代表著失望；他爬到山頂來查看他在山下城鎮裡所見到的神奇光源，結果卻遇到了一個與世隔絕的孤女，她在遠方也一直對一道類似的奇異光線感到困惑，而這光線正巧來自於他在山下的住所。對梭羅來說，這位山女則有著「閃閃發亮的活潑眼睛」，對於「我來自的下方世界興趣勃勃」，他想著「第二天再重返這棟保存完好、位置絕佳的房子，如果我能找到點樂子，或許可以在那裡待上一週」。

後世的學者會花上數十年的光陰，爭論這兩種對格雷洛克山的相反意見，以及由一個山裡的女人來象徵大自然的隱喻。不過，有關這兩位女性角色為何都顯得死氣沉沉，並與山下世界隔絕的討論，卻是寥寥可數。

一個多世紀之後，另一名旅人來到這裡。這次來的是一個順風而行的女人，她在中午登上格雷洛克山頂，找到一處山頂餐廳，坐下來享用了一個漢堡、一杯牛奶，甜點則是一碗冰淇淋，然後才下山，往北亞當斯（North Adams）前進，最後又在步道旁的野地裡過夜，一派安然自在。

第二天她繼續走過伯克夏山，正當她穿過一處山谷，準備走進森林時，剛好遇見三名高中男生和六名女生與她同行。他們一路上談天說笑，艾瑪告訴他們旅途上的各種故事。

其中一個女孩說：「我真希望

我的祖母像你一樣。」

艾瑪覺得自己像是童話裡的「彩衣吹笛人」。

日落時分，女孩們原路折返，男孩們則繼續跟著艾瑪走。他們帶她來到一處淡水湧泉，幫她蒐集落葉，替她在附近鋪好床。他們祝她一路平安，然後才走回步道。她在日記裡寫到這些少男少女，以及跟他們相處起來有多麼愉快，接著她在樹葉上放鬆身體，終於沉沉入睡。

☼

那天晚上當她墜入夢鄉之際，在南方八百英里處，凶猛巨浪開始襲擊南卡羅萊納州默特爾海灘（Myrtle Beach）與北卡羅萊納州威明頓（Wilmington）之間的海岸。潮水高漲至五英尺、六英尺、七英尺——遠遠高出平常水位——狂風則開始捲走海灘小屋的屋瓦，拔起漁港碼頭的木棧板，扯下大樹的樹枝。當颶風眼逐漸接近陸地，更把多個龍捲風帶往低地區，在南卡羅萊納州的康威（Conway）、拉塔（Latta）、狄隆（Dillon）與巴克斯波特（Bucksport）等菸草城鎮之間來回移動。其中一個龍捲風，撕裂了一塊寬兩百碼、長四分之一英里的土地，造成一名婦女和她的兩個女兒、一個兒子受傷。另一個龍捲風，則在北方一百五十英里處的北卡羅萊納州戈爾茲伯勒（Goldsboro）附近登陸，造成一座菸草倉庫受損，另一處民宅被吹垮，幸好屋內的夫婦及三名子女均未受傷。

在海岸沿線，數以千計被迫撤離的災民紛紛逃進更深入內陸的教堂、學校，以及其他由混凝土打造的建築物。農夫們把菸草倉庫封死。醫院改用輔助電力系統。海軍設法固定住戰艦。國民兵把北卡羅萊納州新伯恩市（New Bern）海邊的兩千名居民撤往高地。在麻州波士頓東方一百英里處，建築工人則忙著降低並固定海上雷達站的巨大腳椿。

暴風在海外暫時減速，吸進更多水氣後，稍微冷卻了下來，等到颶風眼在北卡羅萊納州莫黑德市（Morehead）登陸時，風速已達到每小時一百英里，降雨量也創下新紀錄。颶風掀翻房屋的屋頂，甚至把整棟房子捲到海裡。鋼鐵打造的漁港碼頭也難逃風暴蹂躪。不僅如此，颶風還逐漸開始轉往新路徑，朝著北方直衝新英格蘭而來。

在這頭風暴怪獸後方一千兩百英里，接近赤道的地方，第二個風暴的狂風威力也正迅速增強，氣象觀察家注意到背風群島東北方出現了一個巨大的氣旋。他們把這個氣旋取名為「熱帶風暴黛安」。一架偵察機飛過新風暴的上空，測量到的持續風速已接近每小時五十英里，而且還在不斷增強中。

☼

八月十一日清晨，艾瑪在步道旁醒來時，已經開始下雨。早上她一人獨行，很快就從頭到腳全身濕透。她嘩啦嘩啦地走在泥濘的步道上，跨越州界離開了麻州，順著長徑步道（Long Trail）穿過綠山進入佛蒙特州，往阿帕拉契山脈中地勢更高也更險峻的路段前進。雨勢讓山路更加寸步難行。她的鞋子裡都是泥水，走起路來非常困難，有時甚至有些危險。到了下午，一群童軍加入了健行行列，她並不介意有伴同行，所以保持著和這群青少年差不多的速度。她注意到其中一位童軍服務員偶爾會觀察她走路，彷彿他正一邊研究她的步態，一邊學習。過了一會兒，他開口說話了。他稱讚艾瑪的走路方式，還說她的精力以及貫徹始終的決心令人敬佩。她聽了很開心。

童軍們停了下來，艾瑪又繼續獨自走了一段路。烏雲依然籠罩大地，最後她終於來到一間位於池塘邊的避難小屋。兩個二十出頭的年輕人已經先把小屋占下來準備過夜。他們生了火，正在煮晚餐時，全身滴著水的艾瑪走了進來。他們見到艾瑪似乎不太高興，不過顯然她是絕對不會離開的。

哈洛．貝爾（Harold Bell）才剛從海軍退役，史蒂夫．薩金（Steve Sargent）則畢業於安那波利斯（Annapolis）的海軍學院。他們是來走麻州到佛蒙特州奇林頓（Killington）之間的長徑步道，順便在路上釣釣魚和稍微探險一番。他們看到一個老太太竟然走在這麼崎嶇、孤絕的山路上十分意外，但還是請她到小屋裡一起聊天。年輕人聽到她一路從喬治亞州走過來都驚呆了，而且對於她身上只背了一個不到二十磅重的肩掛背袋更感吃驚。為了十天的健行行程，這兩個出身海軍的年輕人各自準備了五十五磅重的背包，他們覺得自己簡直像個傻瓜。

到了該就寢時，他們把毛毯從天花板上垂掛下來隔出房間。他們和艾瑪在路上遇到的許多年輕人一樣，日後會對艾瑪永誌難忘，不只是因為這次巧遇，更是因為數天後他們再次見到她時所發生的事。

11 避難小屋

一九五五年，八月十二日至十三日

那個週五是紐約市有史以來降雨量最多的八月天。康妮颶風在北卡羅萊納州莫黑德登陸，再沿著大西洋海岸一路北上，挾著餘威繼續橫掃美國東北部。當時紐約市已有十人在洪水中喪命，而且這個數字還會繼續上升。從週四午夜到週五午夜之間，康妮在紐約降下了將近六英寸的傾盆豪雨。市區多處淹水，六萬名紐約民防組織的志工隨時待命救災。《紐約時報》的新聞頭條寫著：「康妮北襲，威力相當於數千枚氫彈」。

風暴過後，留下了滿目瘡痍。北卡羅萊納州的威明頓市政府，淹水達十八英寸。在維吉尼亞州的漢普頓錨地（Hampton Roads），兩艘貨輪在強風中相撞。南北卡羅萊納州的七十間紅十字會庇難所，總共收容了一萬四千七百五十六名難民。大部分的菸草和玉米收成都毀於一旦。

在馬里蘭州北灘（North Beach），一名年輕女子從巨浪滔天的乞沙比克灣（Chesapeake Bay）跌跌撞撞地爬上岸，隨即昏倒在岸邊，當地民眾立刻發出緊急通報。已有六十四年歷史的雙桅縱帆船「列文·馬威爾號」（Levin J. Marvel），原本搭載著觀光客進行海上之旅，此時船身的殘骸開始被沖上岸。那天傍晚，驗屍官在北灘消防隊裝殮十具遺體，死者身上全都套著救生圈。

緊隨康妮之後的，是另一個風暴。在八月十一日至十二日間的黑夜裡，這個颶風季的第四個颶風突然向東北方急轉，行進速度也愈來愈快。颶風的威力在一夜之間遽增，風速更從每小時五十英里，暴增至每小時一百二十五英里。

康妮北方的雨帶幾乎籠罩了整個新英格蘭地區，兩天內在康乃狄克州降下八英寸的豪雨。在北方，綠山與白山的大雨迅速流入溪流，暴漲的溪水開始淹沒河岸，爆發的山洪在往下急衝的過程中不斷加速，接著又匯進更大的溪流與河川裡。

當紐約市正泡在洪水裡，位於其北方兩百英里處，艾瑪在樹林中的小木屋裡醒來，很高興衣服已經被營火烤乾。那兩名海軍年輕人打算留在小屋附近釣魚，所以艾瑪向他們道別，在細雨中繼續前進。在破曉的晨光中，她看見附近池塘的水位一夜之間暴漲，池水已經淹到了步道上。小溪上原本有一座木橋，此時卻變成一排浮在水面上的圓木，她試著過橋，雙腳馬上就濕了。她還在肩頭披著一件塑膠披風，不過很快就發現想保持乾躁根本就是徒勞。才剛開始走幾分鐘，她的衣服就全部濕透，而她的背袋愈濕，背上的負擔也就愈重。

她曾聽說布羅姆利山（Bromley Mountain）有一間舒適又乾淨的避難小屋，她一整天走在路上都幻想著可以在那裡躲雨、烤乾衣服，煮點熱的東西來吃。接近傍晚時，艾瑪來到一處林中空地，果然看到了那間小屋，卻不由自主地瞠目結舌停下腳步。即使只從外面看，這小屋似乎是她所能想像最破爛的地方。首先，小屋荒廢已久，門和鉸鏈已經分家，窗戶也都破了。她一腳踏進屋裡時，雨水正從屋頂的破洞灌下來。木地板被豪豬咬掉了一大半，爐灶也不能用。

她把濕衣服掛在一把舊梯子上，再把梯子架在壁爐上。她生了火烘乾衣物，但屋裡實在太濕，她沒辦法製造足夠的熱氣。艾瑪雖然很失望，還是想辦法善用身邊的一切事物。從屋頂大洞流進來的雨水水量足夠讓她洗衣服。那晚她睡得斷斷續續。因為漏水的緣故，她躺在床上也無法保持身體乾燥。

☼

一九三九年七月，P．C．蓋特伍德賣掉了他擁有的第二座農場，向家人宣布他們要搬到西維吉尼亞州的巴克斯嶺（Barkers Ridge），他已經在那裡買下了一塊更小的土地，打算種植菸草。農場本身年久失修，籬笆也得重整，不過農場裡有一棟圓木小木屋，還有空間可以養羊。艾瑪並不想離開俄亥俄州，但爭辯也沒用。於是他們把東西打包搬到卡車上，過河來到杭廷頓以東十八英里的農場。她一路上都在低聲啜泣。

還住在家裡的三個孩子——十五歲的尼爾森、十三歲的露易絲和十一歲的露西——都註冊入學，艾瑪則找到一份政府監測員的工作，負責確保農民不會在未經許可的情況下超種菸草。她也編織地毯、種菜，還騰出時間來寫詩，內容似乎都在渴望情勢好轉。她把其中一首無標題詩寄到故鄉加利波利斯的報社，結果獲得刊登。

家由萬物共築成，
書本紙張和細繩。
梳子髮刷順秀髮，
針線籃與安樂椅。
時鐘樂音和聖書，
廚房火爐與佳餚。
小腳丫子滿屋跑，
上下樓梯愛嬉鬧。
各式各樣小玩意，
車子娃娃擺滿地。
孩童衣服和小床，
嗷嗷待哺小貓咪。
暗夜若有人驚擾，
小狗吠叫作警報。
慈母親切又和善，
呵護孩子備殷勤。

父親責任一肩扛，
不該只把帳付清。
同舟共濟齊一心，
不懼試煉和風雨。
每日必得勤積善，
家中永保光燦爛。

P．C．在山裡放火燒出一塊空地，種下一小批作物。每週六一早，P．C．都會跟阿姆斯特．金格利（Armster Kingery）一起離家，直到週日晚上才會回來。他的妻子從來不問他到哪裡去，因為她根本不在乎。

一九三九年九月初的一個星期天，艾瑪．蓋特伍德最後一次被丈夫毆打。她對他施暴的長久忍耐就此告終。

在她晚年獲頒各種榮銜的相關生平介紹中，都找不到關於這件事的任何具體描述。數百篇新聞報導和雜誌的人物特寫，對此也隻字未提。這個既不菸也不酒更從不說髒話的女人，此後多年一直對所有的報社記者說，她是個寡婦，但其實P．C．蓋特伍德明明在俄亥俄州還活得好好的。她的家人對這段黑暗時光的細節閉口不談，在往後的數十年間也極少提及此事。

那個九月天，P．C．和艾瑪大吵一架，後來更演變成兩人之間最後的一場全武行。沒人記得他們一開始到底是為了什麼爭執，事件發生的先後順序自然也有些混亂。能夠確定的是，十五歲的尼爾森發現父親正在家裡毒打母親。父親對著她的臉狂毆，打到她的臉嚴重瘀血、腫脹。她的上下兩排牙齒都被打斷。她的左耳已經發黑，耳朵上方的一顆痣幾乎被扯掉。她還斷了一根肋骨。

尼爾森的個子雖然一直都比同齡的孩子小，但體重也已經接近一百五十磅。他一把抓住父親，死命把他的雙臂固定在身體兩側，再把他從地上硬拉起來。尼爾森叫母親快跑，她立刻跑出前門，躲到森林裡去。尼爾森繼續抱住父親好幾秒鐘後才把他放開，P．C．立刻衝出去追趕他的妻子。當他找不到她時，他又回到家裡，經過尼爾森身邊，走到火爐旁撿起一根鐵火鉗，並把火鉗高舉過頭。

「你的第一下最好打準一點，」尼爾森對父親說：「因為你就只有這麼一次出手機會。」

老頭子最後什麼也沒做。

P．C．當天就離家，艾瑪在他消失期間回到家裡。等他稍後回來時，身後卻跟著一名郡警或治安官。蓋特伍德家某些成員認為，P．C．的朋友金格利在當地政壇頗具影響力，是他動用了人脈害艾瑪被捕。不論如何，P．C．把他的卡車停好，爬出車外，裝模作樣地朝自家走來，後面跟著警員。當他把前門用力拉開時，他的妻子正拿著一個五磅重的麵粉袋在門裡等著，她立刻把麵粉袋朝他丟過去。麵粉直接命中她丈夫的臉，像一團白霧般炸了開來。

四名證人對事件發生的細節意見紛歧，比如砸麵粉事件是當著警員的面前發生，還是在他抵達之前發生，不過他們全都記得露西和露易絲嚇壞了。警員把她們的母親帶上警車時，露易絲跑進屋裡去拿她的錢包。露西緊抓著母親不放，直到警員硬把她拉開為止。

警員把艾瑪帶上車，再把她載到鄰近的小鎮——西維吉尼亞州米爾頓（Milton）。她被控未知罪名，接著被關進看守所的牢房裡。不論發生什麼事，她都不會被擊倒。

☼

她的鞋子濕了。她的襪子濕了。她的吊帶褲濕了。她的襯衫濕了。她的背袋也濕了。八月十三日早上她離開布羅姆利山的小屋時，大雨還下個不停。

康妮颶風沿海岸一路北上，降下破紀錄的豪雨，它的逆時鐘氣旋挾帶寬闊的外圍雨帶，把大西洋的水氣帶進陸地，此時更朝著五大湖區來勢洶洶。早上十點，暴風跨越了賓州東南方的州界，從側邊擦過新英格蘭地區，又循著對角線穿過拱心石州（Keystone State）[12]，颶風眼通過了哈里斯堡（Harrisburg），越過匹茲堡，再掃過伊利市（Erie）東北方，接著橫越伊利湖，朝加拿大的安大略省前進。風速已降到每小時五十五英里，氣象預報員也開始用風暴而非颶風來稱呼康妮。

然而，大雨始終未見停歇。

12 譯註：即賓州。

兩天之內，風暴在紐約市降下超過九英寸的大雨，中央車站的鐵路交通中斷了好幾個小時。康乃狄克州大部分地區的累積雨量達到八英寸。許多地區的電力與電話也都中斷。阿帕拉契山脈的北部群山，包括白山、綠山、塔科尼克山與阿勒格尼山脈（Alleghenies）等全都籠罩在雨幕中，山上的溪流瘋狂暴漲，水量驚人的暴洪一路湧進賓州的斯古吉爾河（Schuylkill River）與德拉瓦河、紐澤西州的德拉瓦河與拉馬波河（Ramapo River）、紐約州的德拉瓦河與不沉河（Neversink River）、維吉尼亞州與馬里蘭州的波多馬克河、麻州的韋斯特菲爾德河（Westfield River），以及康乃狄

克州的諾格塔克河（Naugatuck River）與馬德河（Mad River）。這些河流大多離防洪閘門很近，而數天後還有另一個路徑詭異的暴風即將抵達，往北直撲而來。

在綠山國家森林裡的這段阿帕拉契步道上，與其說艾瑪在走路，倒不如說她一直在涉水，而稜線上的狂風——也就是颶風殘存的餘威——更是呼嘯不止。她努力與惡劣天候對抗，咬著牙繼續往前走。她一面踩水，一面頂住強風和傾盆大雨，就這樣走了九英里。她在瘋狂湯姆峽谷（Mad Tom Notch）附近的一間避難小屋躲過了洪水，從背袋裡拿出被雨水打濕的午餐來吃。那天下午她行走的速度比原本的計畫慢上許多，直到她來到祕魯峰（Peru Peak）附近，在格里菲斯湖（Griffith Lake）區一個小池塘邊找到另一間避難小屋。屋裡已經有一群年輕黑人男孩，還有兩名比他們稍微年長一些的白人領隊，他們來自哈林區的一個天主教教區。男孩們解釋說，他們原本只是來遠足的，沒想到卻被暴風雨困在小屋裡。

艾瑪很樂於有他們作伴，不過她很驚訝會在步道上遇到他們。她每天都讀報紙，所以很清楚一九五五年時的種族對立氛圍，當時全美國公民當中約有十分之一是黑人。

前一年五月，最高法院裁決公立學校的種族隔離制度違憲，引發一連串的示威抗議，而羅莎·帕克斯（Rosa Parks）的名字引起全國熱議，則在艾瑪與這幾位男孩相遇的四個月後。不過隨著聯邦政府開始執行支持種族平等的政策，反抗的火花也在全美國各地點燃。

聯邦貿易委員會裁定，跨州鐵路的火車站候車室及車廂內所實施的種族隔離制度已屬違法。在喬治亞州，前州長塔馬吉曾寫下「上帝主張種族隔離」等字句，此時該州的聯邦上訴法院卻下令，亞特蘭大市應開放公立高爾夫球場讓黑人高爾夫球員使用。維吉尼亞州里奇蒙市的一所法院，也下令禁止市區巴士採取種族隔離座位。

在許多地方，政府所實施的促進種族平等政策，反而強化了白人維持優勢地位的決心。在南卡羅萊納州，黑人小聯盟的一支棒球隊贏得了州冠軍賽的晉級資格，其他五十五個參賽的白人球隊卻因此宣布退賽。在阿肯色州，一所浸信會教會開除了一位宣揚反對種族隔離制度的牧師。在邁阿密，一群在政界極具知名度的非裔美國人，受邀參加一場由當地共和黨人舉辦的林肯總統誕辰晚宴，卻在抵達旅館時遭到驅離。運作較三K黨（the Ku Klux Klan）更公開、立場較溫和的「白人公民委員會」（White Citizens' Councils），則在南方各州遍地開花，對於試圖伸張自身新權利的黑人施以政治和社會壓力。

艾瑪和那群年輕人聊了一陣子，告訴他們她的旅途經過，但如果她也留在小屋裡過夜，這間面積只有八英尺寬、二十英尺長的小屋會變得更加擁擠，所以她決定繼續往前走。她走下一道堤岸，來到小蒙池（Little Mond Pond）附近的一條湍急小溪。不過她沒辦法從那裡過溪，於是往上爬到樹林裡高繞，直到找到一條橫躺在溪水上的圓木。她小心保持平衡，最後順利過到對岸，沒有掉進水裡。她繼續順著步道走，發現一條暴漲的溪流已經淹沒步道上一塊平坦而狹窄的路段。水流沿步道直衝而下。她一腳踩進水裡，發現水深已過膝，於是決定撤退。這晚還是只能跟哈林來的那群年輕人，在小屋裡一起將就著過夜。

艾瑪來自一個居民幾乎全是白人、種族徹底隔離的地方，但她從不歧視他人。她教導子女應尊重他人，不分膚色或年紀。她不准他們使用帶種族歧視的綽號，並教他們應當待人如己。她在縱走過程中的一段小插曲，正好說明了她的態度：一對非裔美國人夫婦請她進屋一起用晚餐，當她坐定，菜餚也都上桌後，主人卻退了出去。她堅持除非主人夫婦跟她一起用餐，否則她寧可不吃。她似乎對於受到這種禮遇感到尷尬不已。

☼

艾瑪回到小屋時，男孩們正在烤兩塊玉米麵包。他們做了一個小火爐，再用火堆裡的滾燙餘燼來烘烤食物。麵包烤好後，他們先吃了一塊，剩下一塊則準備留到第二天在路上吃。

到了該就寢時，艾瑪把自己縮進一個角落，用毛毯蓋住頭，雨點打在屋頂上嘩啦啦作響。就在她快睡著時，她身旁一個熟睡的男孩突然手臂一揮，橫打在她身上。她把他下垂無力的手臂放回去。他又再揮了一次，她再把手臂放回去。然後他又再揮了一次。

六天前，備受敬重的牧師G．W．李（G. W. Lee）——他同時也是當地全國有色人種協進會（NAACP）的官員——在密西西比州的貝爾佐尼（Belzoni）遭到不明殺手刺殺。七天之後，十四歲的芝加哥少年艾默特．提爾（Emmett Till）到密西西比州的小村子曼尼（Money）拜訪親戚時，遭人綁架殺害，隨後被棄屍在塔拉哈奇河（Tallahatchie River）中，只因有人說他對著一名白人婦女吹口哨。同一天，八月十三日，一個名叫拉馬．史密斯（Lamar Smith）的黑人男子在光天化日之下，就在密西西比州布魯克哈芬市（Brookhaven）的法庭外遭人射殺，警方找不到任何目擊者願意出面指證被控殺害他的白人嫌犯。

而在阿帕拉契步道上，在佛蒙特州綠山一間擁擠的避難小屋裡，一個白人老太太就在哈林區黑人男孩的手臂底下酣然入睡。

12 我一定會走到那裡

一九五五年，八月十四日至十五日

她的幾個兒子都是游泳好手，當他們忙完菸草田裡的活，就會競相跑向俄亥俄河，跳進冰涼的河水裡，洗去一整天的塵土與汗水。那裡離對岸還有一大段距離，但當他們心血來潮打算來場挑戰時，就會一口氣游到對岸，彷彿他們生來就長了魚鰓那麼容易。

他們的母親不會游泳。她從來沒學過怎麼游。如果你把她丟進俄亥俄河裡，她大概可以靠著決心和毅力把頭露出水面幾分鐘，不過她可不懂浮力的原理。

她從未向家人提過，她在替阿帕拉契步道縱走之旅作準備的那幾個月裡到底做了什麼，他們後來才從俄亥俄州南部的朋友和熟人那裡聽說，艾瑪出發前，人們常看她到在樹林裡走動。她的孩子們後來得知，她曾偷偷在夜裡到野外探險，以判斷到底哪些裝備才是絕對必要的，哪些食物重量既輕又能幫她維持體力，還有在緊急狀況下，可能需要哪些急救用品。

儘管她事先已經花了這麼多時間預作準備，她卻從來沒學過那項在八月十四日當天可能讓她稍感安心的技能。那一天，緣山的大小溪流水位仍在持續上漲。

早上八點，艾瑪跟哈林來的年輕人及領隊一起出發。那個早上，他們都在及膝的洪水中艱困地涉水前進，最後終於來到一條寬十五英尺、水勢湍急的小溪。他們小心地踏進溪水中，水深已經高過艾瑪的膝蓋。他們放慢速度渡溪，兩個領隊密切地照看著年輕男孩們的狀況。他們在急流中用手杖支撐身體，直到平安抵達對岸為止。

不久之後，他們來到與步道交叉的十窯溪（Ten Kilns Brook）。這條小溪同樣暴漲，此時溪面已經寬達二十英尺。溪中央有一塊大石頭，在他們和巨石之間的這一側溪水，不像另一側那麼湍急。兩名領隊先走，一步接著一步小心地過到對岸。接著男孩們也開始出發，先設法走到大石頭，再抓住其中一名領隊伸過來的長桿，小步小步地越過滾滾奔流的溪水。

艾瑪走在最後。她小步走過較平緩的溪水抵達巨石，再把背袋舉起來交給其中一名領隊，同時緊抓住長桿，準備渡過水勢較急的那一側。當她一腳踏進急流時，差一點就被溪水捲走。她緊緊抓住長桿不放，一面持續移動腳步，一面用雙腳在溪底探尋，以試圖保持平衡，直到她抵達對岸。

那天早上，雨停了。炙熱的陽光普照大地。艾瑪原本濕透的衣服開始變乾，情況開始慢慢好轉。他們一行人在老約伯避難小屋（Old Job Shelter）吃午飯，男孩們一邊笑鬧，一邊把附近樹上的青蘋果打下來。走了幾小時後，他們的衣服已經全乾了。他們走過一道小木橋，來到一座小島上的避難小屋。這裡風景秀麗，滿是彩虹鱒的小洛基湖（Little Rocky Pond）湖面如鏡，映照著遍山的常綠林。

艾瑪考慮要不要在此處停留。她也很想留下來，不過她得盡快趕路，以彌補前幾天落後的進度。她向哈林男孩們道別，加緊腳步穿過農地和一大段低谷，繼續走了七英里，才在巴富姆小屋（Buffum Shelter）過夜。她在日記裡寫下這段經歷，還補充說：「那些男孩都很和善，他們當中只有一個是白人。」

她的日記中未再提及這群男孩，因此後人很容易以為艾瑪記下的這些段落，只不過是她在路上巧遇一群來遠足的年輕天主教徒而已。他們的故事就這樣佚失了數十年。然而，其中一名白人領隊在二〇一〇年過世前，記述了他們在步道上與艾瑪・蓋特伍德相遇的經過。大衛・盧米斯牧師（Rev. Dr. David Loomis）寫下他記憶裡下著滂沱大雨的那幾天：

二十一歲的那年夏天，我在紐約東哈林區的一所教會工作，當時那裡是全世界人口密度最高的地區，謀殺率也高得嚇人。每平方英寸的土地都有幫派在互爭地盤，酷暑更讓對峙的氣氛益形劍拔弩張。

為了調停當地兩個最大敵對幫派間的火併，我當時任職的教會要我從兩大幫各帶四名頭目，一起到佛蒙特州的阿帕拉契步道去健行一週。對於教會邀請他們參加一場費用全免、還可遠離都市塵囂的假期，這八個年輕人完全無法抗拒。

我們第一天一共走了十五英里，沒想到遇上颶風轉向內陸，把我們困在步道旁一間八英尺寬、二十英尺長的避難小屋。到了晚上，艾瑪・蓋特伍德，一位身高只有五尺兩寸，為了實現人生夢想，正在進行喬治亞州到緬因州之間全程縱走的祖母，跌跌撞撞地走進營地。她身上有很多瘀青，看起來精疲力竭，而且她的裝備和糧食全都被暴漲的溪水沖走了。她非常需要幫忙。更麻煩的是，艾瑪是位有教養的白人南方淑女。她無法掩飾說話時拉長調子的南方口音，也沒辦法在跟八名年輕黑人共處一室時裝得泰然自若，她困窘的樣子引來八名年輕人的冰冷瞪視。

屋外下著大雨又吹著狂風……大自然的威力令所有人懾服，也化解了小屋裡的緊張氣氛。那個颶風讓我們一起面對一項嚴酷的挑戰，迫使我們退回到所有人的共通點，也就是我們的人性。一如被困在同一艘救生艇上的人，我們團結一致努力求生。我們折下枯枝來生火，並輪流站在火堆旁，這樣其他五個人就有足夠的空間能躺在地上睡覺。我們也輪流冒著大雨出去撿拾更多的枯樹枝。

雨一停我們就出發，年輕人輪流背著艾瑪涉水渡過暴漲的溪水。假如她自己試著過溪，一定會被洪水沖走。不論是誰背著她，都得設法在急流中保持平衡，同時還要忍受被她用兩隻細瘦手臂緊緊勒住脖子、讓人快喘不過氣的痛苦。

☼

瑪麗・史諾執筆的艾瑪專訪在八月十五日那天刊登在《運動畫刊》上——就是艾瑪差點送

命的那一天——文章放在一張艾瑪站在步道上的黑白照片底下，標題是：做得好！

一位六十七歲的曾祖母，來自俄亥俄州加利波利斯的艾瑪．蓋特伍德太太，決心要成為第一個完成阿帕拉契步道全程縱走的女性。這條步道是位於喬治亞州歐格索普山至緬因州卡塔丁山之間、全長二〇五〇英里的山間步道。蓋特伍德太太隻身一人，沒帶地圖，從五月初開始跟著步道的白色標示往前走，本週來到了康乃狄克州的教堂松林。蓋特伍德奶奶已經走過一千五百英里，看遍了大自然最美好及最恐怖的一面。她曾小心翼翼避開三條銅頭蝮和兩條響尾蛇，還用手杖把一條正準備發動攻擊的響尾蛇撥開。如果步道附近找不到避難小屋，她會把石頭烤熱，再睡在石頭上，以免受凍。蓋特伍德奶奶的點心則是用野生酸越橘和嫩酸模葉做成的沙拉，再吸吮高湯塊來補充身體的鹽分。

她這一路上遇到形形色色的人，有連一杯水都不肯給她喝的小氣鬼，也有特地準備好炸雞讓她帶到路上吃的慷慨主婦。

蓋特伍德太太舉止從容，有自信一定能夠完成縱走。「我一定會走到那裡，除非發生了什麼意外。當我站上卡塔丁山山頂時，我要高歌一曲〈美哉美國〉，『從這片海洋閃耀到另一片海洋』。」

她沒辦法再繼續走了。

她早上六點就出發，整個早上都走在一段雜草蔓生的步道上，直到來到克拉倫登峽谷（Clarendon Gorge）。這個峽谷比她先前走過的其他峽谷還要寬闊許多，兩側山壁的距離足足有四十英尺寬，即使溪水沒有暴漲也必須搭橋才過得去。舊橋前陣子已經毀於祝融，後來蓋了一座新的臨時便橋，但這座便橋又被颶風帶來的豪雨給沖垮了。這下子她絕對不可能過得去。

她從峽谷往上爬了一小段路，找到一處她估計水深大約只有三英尺的地方，不過水流速度實在太

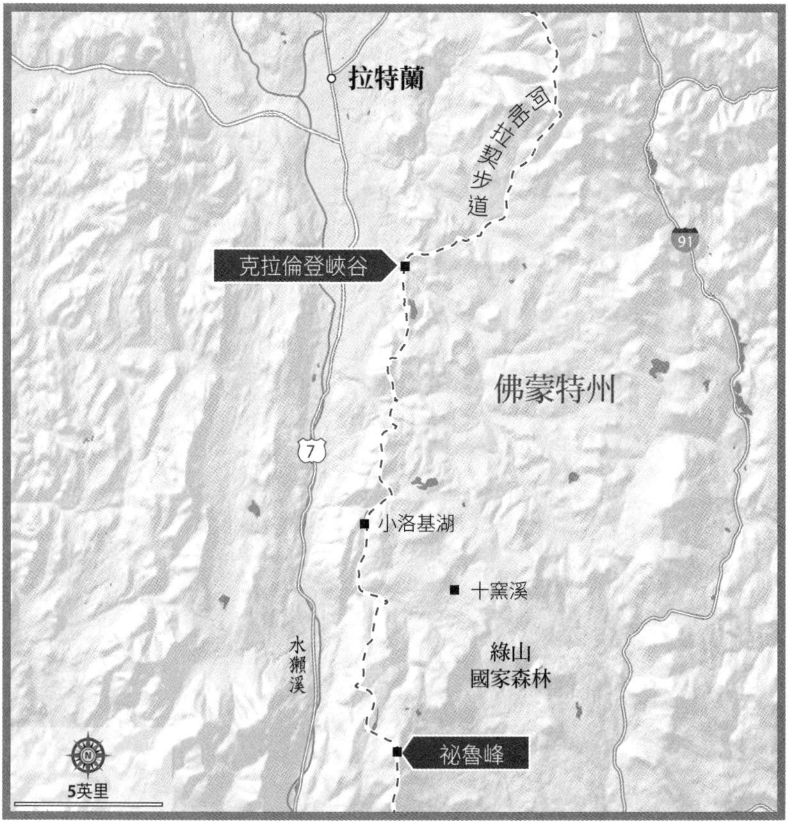

快，她可不想一個人嘗試過溪。她朝樹林裡高喊了幾聲，想看看附近有沒有其他人聽見。或許她會遇到某個知道她能從哪裡渡溪的人。不過她沒有得到回應。她孤身一人，進退維谷。

她把濕衣服從背袋裡拿出來，放在太陽底下攤平曬乾。假如她被迫必須在這裡等待，至少她可以找點事來做，稍微減輕背袋的重量。她也把毯子打開來，決定曬曬太陽。連著好幾天都是烏雲罩頂的天氣，溫暖的陽光令人心情舒爽。

她就這麼等著。等到中午，等到下午一點、兩點和三點，始終沒有遇到其他人。接連好幾個小時，她除了發呆，什麼事也不能做。接著，大約下午四點左右，她聽見有人接近的聲音。她站起身，從步道上往下仔細端詳，終於看清楚來人是誰——就是她前幾天才遇到的貝爾和薩金，那兩個出身海軍的年輕人。這真是人算不如天算。她大吃一驚，但也很高興再見到他們。

他們這幾天也過得很慘。原本他們只是想離開海軍到戶外度幾天假，沒想到期假竟然會變成一段又濕又滑的泡水之旅。他們在步道上走了九天，其中有八天都下著大雨，他們的雙腳都走到起水泡，兩人看起來狼狽不堪。

艾瑪向他們解釋她的困境，再帶他們走下峽谷。此時溪水變得又寬又急。兩個年輕人察看了水勢，決定如果先採取一些預防措施，他們應該可以涉水過溪。他們走回放下背包的地方。其中一人從背包裡掏出一大綑降落傘繩。他把艾瑪的背包牢牢綁在他那個沉重的大背包上，再把一段繩子綁在自己的腰上。另一人也在腰上綁了一段繩子，然後再走回水邊。

艾瑪站在他們兩人中間，他們把繩子繞過她的腰，把她牢牢綁在中間，三人變成一個人體三明治。等繩結都綁緊了，男孩們一人牽住她的一隻手，開始慢慢走進急流裡。溪水先是超過了他們的膝蓋，接著是腰部，最後更高達他們的胸口，強勁的水流猛烈衝撞他們的身體。他們盡力與急流對抗。艾瑪閉上了眼睛，用腳底去感覺河床上的石頭，拚了老命堅持下去。每一步都濕滑難行，每一步都有可能失足跌進水中。

她感到天旋地轉。她睜開雙眼，但不敢低頭去看那股正想把她吸進去沖向下游的激流。於是她抬起下巴仰望天空，一面緊抓著男孩們的手。

其中一個年輕人薩金在五十七年之後會說，那次渡河的經驗把他嚇得半死，即使活到了七十九歲，這段夢魘還是經常在夢中重現。「過河的時候其實非常驚險。」他說。另一個年輕人貝爾則記得水流極為湍急，只要踩錯一步，他們三人就會連人帶繩一起掉進水裡。他們兩人在數十年後都曾重遊舊地，並且記得艾瑪和善又堅毅的性格。「她是位堅強的老太太。」貝爾會說。

不過，在那一天，站在怒吼的河水中央，距離滅頂只有一線之隔，艾瑪・蓋特伍德卻放聲大笑，笑她這樣一個六十七歲的老女人，怎麼會讓自己陷入這種荒謬的險境。

最後他們終於抵達河邊，再奮力爬上河岸。她躲進樹林裡脫下全濕的百慕達短褲，重新換回她的吊帶褲。

「好啦，」她從樹林裡走出來時說：「你們成功幫奶奶過了河。」

13 毀天滅地

一九五五年，八月十六日至二十日

長徑山莊（Long Trail Lodge）的人都在等她。當艾瑪那天下午終於抵達佛蒙特州奇林頓附近的這家旅館時，他們在廚房裡替她做了一個三明治，再讓她去接聽《拉特蘭先驅報》（*Rutland Herald*）的記者打來的電話。拉特蘭大約在西方九英里處。

似乎全國民眾都想知道她現在的狀況，記者們緊跟在她身後。假如這次旅程的前四分之三，被視為一個特異老太太企圖挑戰偉大紀錄的新奇嘗試，這時她已經來到最後衝刺的階段，因而引來全國的關注。美聯社在第二天發出的報導指出，艾瑪瘦了二十四磅，穿壞了五雙鞋。「她目前已經走了一千七百英里，」報導裡說：「只差三百五十英里就能抵達卡塔丁山。」

剩下三百五十英里的路。報導中未曾提及的是，在她眼前的可是步道上最難走、也最危險的一段路。春天時，她在南方度過寒冷的夜晚，不過前方路途的夜間氣溫可能掉到冰點以下，天空還會降下刺骨的冰霙。她目前每天平均可以走十五英里，一旦來到前方不遠處的新罕布夏州白山，她每天能走的距離可能會減為原本的三分之一。比她更早由南往北縱走的其他山友從經驗中得知，前方有很多路段——包括令人聞之色變的百里荒野（100 Mile Wilderness）——都是人煙罕至的偏僻荒山，出發時攜帶足以維持一週以上的食物，是必要的準備。

艾瑪覺得她不如就出發吧。

她沿著這一路上見過最狹窄的一段步道，心想：「這簡直像只有松鼠才會走的路。」她繼續往上爬過一些大石塊，進入吉福德伍茲州立公園（Gifford Woods State Park）。

謝佛七年前也曾在這裡停留，那是他一九四八年的第一次全程縱走。「我在旅客登記簿上簽名，並跟葛麗絲．巴羅斯（Grace Barrows）聊天，她是我在這段長途旅行中遇見的第一位、也是唯一的女性巡管員，」謝佛事後寫道：「她告訴我，只要付一點象徵性的費用，就可以使用公園裡的斜頂小屋。那時還有好幾個小時的陽光，所以我決定繼續往前走。巴羅斯太太誤會了我的意思，後來一直很自責讓我離開。很多年後她才對我說，自那次之後，不論規定如何，她從未向任何縱走的山友收費。」

不過，當艾瑪抵達時，巴羅斯太太自相矛盾地說，她並不想收費，但這裡是州立公園，她還是必須按規定收取一美元的費用。艾瑪一點也不介意，從口袋裡掏出一美元，雖然她原本打算在草地上過夜。

艾瑪在日記裡寫道：「出於內疚，她拿了一盤熱烘烘的烤馬鈴薯、切片火腿、甜菜根與麵包、兩片瑞士卷、一杯牛奶和一杯熱咖啡給我。」

巴羅斯太太還提到，有兩個從步道上下來的年輕人，預訂了旁邊的一張桌子當床鋪。艾瑪得知那就是先前幫她渡溪的那兩個海軍男孩，感到非常開心。她把自己那杯滴濾式咖啡、一些蘇打餅乾、一塊瑞士卷和小甜餅分給他們，讓他們晚餐可以吃得更飽一點。他們一開始都沒睡覺，一直在聊天，後來艾瑪才在一大片樹葉堆中躺下來。

到了半夜，她感覺有幾滴冷雨打在臉上，迅速抓起背袋，朝管理員小屋的門廊走去。幾分鐘後男孩們也跑了過來，全身都淋濕了。有幾個負責維修步道的男人已經睡在桌子上，所以艾瑪就躺在地上。沒多久，雨愈下愈大，從屋簷底下灌進來，門廊的地板也愈來愈濕。艾瑪爬上其中一張桌子，兩個海軍男

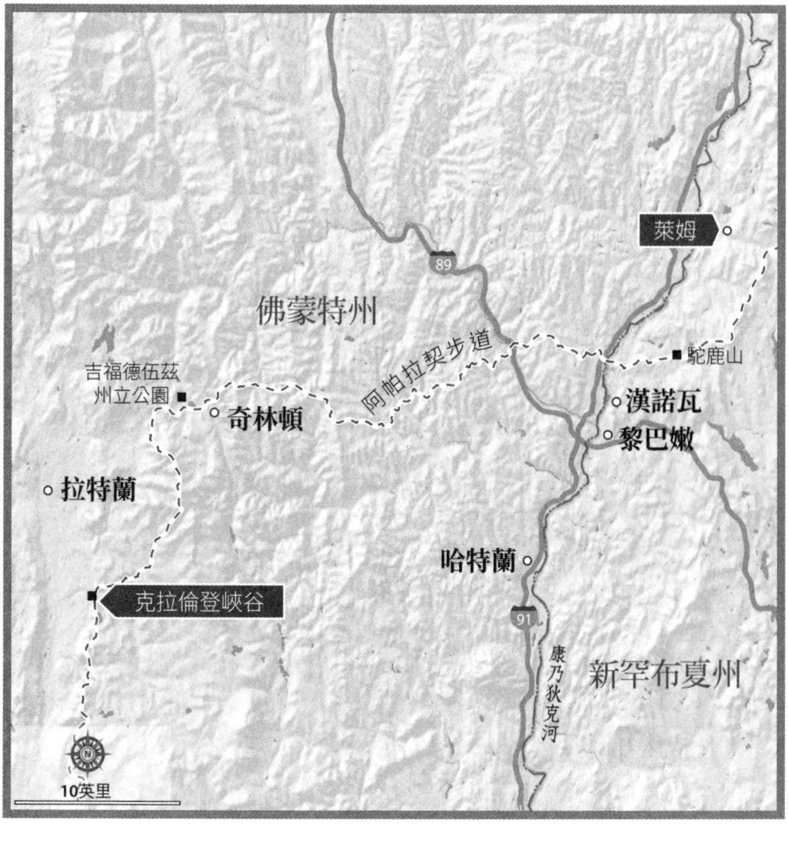

孩則弓起身子相倚而睡。那天晚上大家都沒睡好。

第二天一大早，眾人正在火堆旁烘乾衣物時，颶風黛安已在南方八百英里處的東岸登陸，距離颶風康妮五天前的登陸點不遠。這個颶風的中心風速達每小時一百英里，並以每小時十四英里的速度往西移動，但氣象專家已經預測，黛安不會像康妮那樣造成嚴重災情。沿海城鎮的房屋因被巨浪侵襲而受損，街道也泡在水中，不過風暴的威力不及康妮。黛安的威力很快就開始減弱，預料當天下午就可能取消颶風警報。氣象專家們沒有想到的是，黛安的路徑集中在沿岸地區，因此得以繼續吸取來自大西洋的水氣，再把豪雨帶往內陸，落在剛遭康妮肆虐、大水尚未完全退去的土地上。

在步道上，山友們對此一無所知。消息全靠口耳相傳，由於華府氣象當局已經預測颶風勢力會減弱，所以健行者對天氣的變化毫無警覺，即使颶風已經開始北上。

一位負責清理步道的志工傳來了壞消息：一道河狸築成的堤壩造成溪水外溢氾濫，下方的山谷現在無法通行。他知道艾瑪正在縱走步道，於是告訴她，淹水的路段此時無法通過。他提議開車載她繞過這段路，她也同意接受。面對一道無法克服的障礙，這兩英里是她在阿帕拉契步道上唯一跳過的一小段路。

八月十八日，艾瑪朝東往分隔佛蒙特州與新罕布夏州的康乃狄克河（Connecticut River）前進。傍晚時分，她來到一個叫做哈特蘭（Hartland）的小鎮，想找一家店買些補給品。她跟店主聊了幾分鐘，他說她或許可以在離步道大約半英里的地方找到地方過夜。

她依照指示的方向順著馬路往前走時，有輛汽車在她身邊停下。一個女子問了艾瑪的名字，然後說他們正在找她。這名女子是盧埃特尼克太太（Mrs. Ruetenik），來自俄亥俄州。他們在報上讀到艾瑪的故事，發現艾瑪離他們很近，而且很快就會從步道上走下來，所以立刻出發去找她。盧埃特尼克太太問艾瑪是否需要找地方過夜，並表示很樂意在他們替朋友看家的小木屋裡騰出一張床給她。艾瑪接受了邀請，爬進車內，跟他們一起搭了幾英里的車，來到一間山邊小屋，從這裡可以飽覽鄉間風光。盧埃特尼克太太有個小嬰兒和幾個年幼的孩子，不過她似乎一點也不介意這位新朋友的邋遢外貌。她請艾瑪吃熱狗和番茄，一起坐在屋外享受風景。

於此同時，在南方，黛安颶風已被降級為熱帶風暴，但其外圍雨帶卻在北上時，在新英格蘭地區降下傾盆豪雨。當頭頂烏雲密布時，似乎沒有人在意。不過他們很快就發現，新降下的大雨已讓較小的溪流水位迅速升高。直到那天傍晚，當局才發布了第一次的暴洪警報。當地居民在不斷敲打著屋頂的雨聲中入睡時，大水已經漲了起來。

☼

西維吉尼亞州米爾頓市的市長不知道艾瑪的過去，也沒聽說過P．C．或是他過去數十年來的家暴惡行，更不清楚他們夫妻最後一次打架的細節，但他一眼就能辨識出遭到家暴的配偶。他也知道，這位被打到缺牙、肋骨骨折的五十三歲婦女，不應該待在牢裡。

他和艾瑪交談了一陣子，很替她感到難過。司法的不公應該被矯正。他邀請艾瑪住進他家，她在那裡很安全，也受到保護，直到她能重新站起來為止。他還幫她在一家餐廳裡找到一份工作，讓她賺一些零用錢。

在家裡，孩子們一頭霧水。他們的母親捎來口信說她沒事，而且很快就會回到他們身邊，但當時還住在家裡的三個孩子——尼爾森、露易絲和露西——根本不知道接下來到底會發生什麼事。

某天早上他們起床後，在幾位鄰居協助下屠宰了一頭豬。他們在大水桶底下生火，再把豬吊起來，然後才去上學。等他們下午回到家，父親已經不知去向。P．C．把寢具、家具，以及家裡幾乎所有的東西全都帶走。桌上留下了半頭豬，算是臨別的禮物。

十五歲的尼爾森當時是家裡最年長的孩子，他已經開始在學校裡擔任工友助理，用錢一向非常謹慎。他的姊姊艾斯特曾問他需不需要一點零用錢，他說要，姊姊於是給他十美分。過了幾週，她又問他還需不需要錢，他回答說：「不用，上次的十美分都還沒用掉。」他最後存夠了錢，用二十六美元在杭廷頓的蒙哥馬利沃德百貨（Montgomery Ward），買下一把雷明頓單發步槍，以及一輛附頭燈和擋泥板的單車。這一天，他身上帶著一些零錢，騎著那輛全新的單車到三英里外的雜貨店，打電話給他的母親，告訴她，爸爸走了。

他問：「你要我明天留下來幫忙整理家裡嗎？」

「不，你去上學，」她說：「我會搭頭班公車回去。」

第二天當孩子們走下公車時，艾瑪上前迎接他們。她已經把豬肉收好，家裡也整理妥當。

她如常打點所有家務，對於前陣子家裡亂成一團的狀況隻字不提，就像她從未離家一樣。

她原本打算要求法官裁定一項和平約束令，以確保P．C．不得再動她一根寒毛，但她得知P．C．已聘了律師對她的指控提出異議，所以她也請了律師。一九四〇年九月六日，在西維吉尼亞州杭廷頓的雄偉石砌法院裡，結婚三十五年的艾瑪．蓋特伍德正式訴請離婚。

一九四二年，艾瑪五十四歲。
（照片由露西．蓋特伍德．席茲提供）

五個月後，一九四一年二月六日，艾瑪和律師一起出庭，在法官與離婚見證人前作證。艾瑪作證指出這段婚姻裡的諸多爭執，她遭受的毒打，以及各種虐待。法官審議證詞後，宣布了他的判決：「原告艾瑪．R．蓋特伍德與被告P．C．蓋特伍德間的婚姻關係就此解除，特此准許原告與被告離婚。」

法官也判決艾瑪取得十四歲的露易絲、十二歲的露西與十六歲的尼爾森的監護權，同時要求P．C．每月必須支付艾瑪十五美元的贍養費。他也把巴克斯嶺的農場判給了艾瑪，並下令P．C．必須繼續支付農場的貸款。假如他不肯付錢，就會再被送上法庭。

艾瑪後來寫道，她「從此快樂得不得了」。

「我知道未來在我上床之後，再也不會有禽獸不如的男人把我踢到地上，然後再靠著謊話脫身。」她寫道。

不過他帶給她的痛苦尚未結束。他沒有支付贍養費，最後一共積欠了兩百美元的債務。當她揚言提告時，他保證會把農場所有權轉讓給她，並且把財產分一半給她。

儘管如此，這些她都可以應付。他們的關係總算告一段落。他再也不能傷害她。

☼

她跨過康乃狄克河，在漢諾瓦（Hanover）進入新罕布夏州。她速速走過城區，希望不會再有人向另一家報社記者通報她的行蹤。她對於行程一再被延誤已經開始感到厭煩。更糟的是，前幾天在拉特蘭採訪過她的那個記者，不知為何竟然以為她有意在完成縱走後，在攝影機前跳方塊舞。CBS新聞還在電視上報導了這個錯誤訊息。她連在私底下都沒想過要跳方塊舞，更別提要在全美國的電視觀眾前做這種事。

至少漢諾瓦沒有下雨。

她當時不知道，一路沿海岸線緊追在她身後的風暴，已在南方造成了嚴重災情，紐澤西、紐約、賓州、康乃狄克州和麻州全遭豪雨襲擊。氣象預報員週四幾乎已經斷定風暴氣數已盡，此時看起來只不過像是一團朝著新英格蘭地區而來的低氣壓系統。不過它還在持續移動，以大範圍的逆時鐘方向旋轉前進，吸納大西洋上溫暖潮濕的空氣，再把濕氣推向東北地區，使當地的天氣變得悶熱難耐，幾乎跟熱帶地區差不多。隨之而來的是一個低壓槽。潮濕的空氣上升、冷卻、膨脹，然後開始變成大雨。黛安並沒有死。至少還沒死透。

在康乃狄克州的沃特伯里——艾瑪兩週前才在這裡的布雷克太太家作客——凌晨時分，來自諾格塔克河的洪水已在某些地方暴漲至三十五英尺深，淹沒了堤岸，沖壞了橋樑和住家，摧毀了商店，更把一個個家庭捲入急流中。家長們把小孩綁在樹梢頂上，祈禱他們能夠獲救。在溫斯特德（Winsted），素來平緩的馬德河直搗市中心，使居民陷入孤立無援的狀態。在法明頓（Farmington），一艘救生艇在大水中翻覆，年幼的派翠西亞．安．貝夏（Patricia Ann Bechard）不幸淪為波臣，一名消防隊員才剛把稚齡的琳達．巴羅洛米奧（Linda Barolomeo）綁在樹上，自己就被沖進了暴洪裡。在西摩（Seymour），墓地裡的棺木都被大水從地底沖了出來，載浮載沉地漂向下游。在帕特南（Putnam），一座製鎂工廠失火，烈焰沖天達兩百五十英尺高。各地警消人員忙著挨家挨戶下令居民撤離。紐約州艾倫維爾（Ellenville）的四千名居民全數疏散，但對很多人來說，這些警告來得都太遲了。

康乃狄克州的降雨總量簡直令人難以置信。托林頓（Torrington）十四英寸。溫斯特德十三英寸。哈特福十二英寸。麻州的韋斯特菲爾德更下了將近二十英寸的豪雨。

災情最慘重的地方是賓州史特勞茲堡，接近德拉瓦水峽那一帶。布羅德黑德河（Brodhead Creek）的水流一向和緩，這次水位竟在十五分鐘內暴升三十英尺，吞噬名叫戴維斯營（Camp Davis）的宗教避靜營地。營地裡的人跑到高地上一棟房子裡避難，隨著水位不斷上升，他們只能先爬上二樓、再爬上閣樓，直到整棟房子在一陣劇烈抖動後完全被洪水沖垮。其中一名女性事後回憶，當時曾聽見孩子們歇斯底里地尖叫，她自己則是緊抓著房屋殘骸不放。她後來才知道，營地裡共有三十一人死亡。

史特勞茲堡與外界的聯絡被大水切斷長達十小時。當地有七座橋樑被洪水沖斷。一列屬於拉卡瓦納鐵路公司（Lackawanna Railroad）的火車受困在波科諾山區（Pocono Mountains），火車上的兩百三十五名乘客後來被救難直升機隊陸續救出。在鄰近的米爾福，兩名用繩子把彼此綁在一起的男子，發現一名老太太受困在自家公寓裡，於是把她救到安全地區。

艾森豪總統後來宣布東部六州是災區，聯邦政府將提供緊急救助。兩個颶風造成的死亡人數加起來超過兩百人，災損估計超過十五億美元，創下歷史新高紀錄。不過在八月二十日的正午，雨勢逐漸趨緩，外溢的洪流也慢慢退回到原有河道裡。洪水侵襲的範圍只波及麻州北安普頓（Northampton）稍北的地區。

在新罕布夏州的漢諾瓦，觀光客全擠在汽車旅館裡，因為往南的道路都被洪水淹沒或無法通行，艾瑪則繼續走過市區，渾然不覺在她身後蔓延開來的死亡與混亂。

她在城裡一個公園內看到幾個女孩在打網球，她問她們想不想健行。女孩們沒有回答，於是艾瑪繼續往前走。走了兩條街，她聽見後面有人跑過來。女孩們跟在她後面。她們想知道，她是不是就是她們聽過的那個要從喬治亞州一路走到緬因州的女人。

艾瑪告訴她們自己是誰。她還問女孩們是否知道城外哪裡有地方可以用餐，但她們一無所知。其中一個女孩堅持要艾瑪跟她一起回家吃午餐。艾瑪心想，女孩的母親見到不速之客恐怕會不高興，但還是跟著她們走回到球場。那位母親著實嚇了一跳，不過她還是盡力配合，把她們全載回家吃三明治。

當她的丈夫走進前門時，他親切地跟艾瑪握手，好像跟她是舊識一樣。艾瑪不明所以，直到他拿出家裡那本《運動畫刊》。她還沒看過那篇報導，當場讀了起來。這位男士——羅德醫生（Dr. Lord）則打電話給他在達特茅斯戶外運動社（Dartmouth Outing Club）的友人，問他艾瑪是否能在社團位於步道附近的小屋裡住一晚。他的朋友表示沒問題，還說步道通往小屋的大部分路段都已清理乾淨，艾瑪很容易就能找到。

午餐後羅德醫生再把艾瑪載回她先前離開步道的地點。當她來到城郊時，一名婦女和幾個青少年已經在那裡等著跟她見面。他們交談了一陣子，當艾瑪決定應該動身時，兩名女孩和三名男孩又騎著腳踏車陪她走了兩英里路，其中一個女孩堅持要把艾瑪的背袋放在她的車籃裡。

艾瑪始終沒有找到羅德醫生的朋友所說的「乾淨」路段。相反的，她得一路穿過長得比她還要高的草叢。當她來到一處林中空地時，她注意到路邊一根柱子上釘了一個信封。她走近一點細看，發現信封上寫了她的名字。信封裡裝了一張字條，是住在步道附近一間紅色房屋裡的女士寫的。她想邀請艾瑪到家裡喝茶。

這項邀請讓艾瑪很開心。她覺得自己像是個顯要人物。艾瑪和那位女士一起用餐，她的丈夫喬治．波克（George Bock）告訴艾瑪如何走到達特茅斯戶外運動社的小屋。她在天黑前抵達小屋，在一張真正的床墊上，好好休息了一晚。

第二天中午，她來到一條公路，結果發現一個帶著攝影器材的男人正在等她。

「你們總是有辦法找到我。」她說。

他自我介紹說他是攝影師，名叫韓森．卡洛（Hanson Carroll），來自附近的《山谷新聞》（*Valley News*）。他花了好幾個小時打聽她的下落。那天早上他第一次聽說她來到漢諾瓦，就先去問了漢諾瓦詢問處的伯德特．韋茅斯（Burdette Weymouth），韋茅斯替他指出步道從哪裡往上越過駝鹿山（Moose Mountain）。卡洛不像艾瑪那麼精力十足，所以他開車在駝鹿山上繞來繞去，最後在從萊姆（Lyme）到多徹斯特（Dorchester）之間的公路旁等著她從樹林裡走出來。不到一小時，她就下山走到公路上，皮膚曬成棕褐色，臉上帶著微笑。

他問艾瑪是否介意讓他拍幾張照片，並且拍攝她行走的畫面。她表示不介意。他用了大約一百英尺長的電影底片，拍下艾瑪站在步道標示旁吃午餐、在兩個女孩和一個男孩的陪伴下行走，以及獨自行走的各種畫面。她告訴他，她穿破了五雙球鞋，這時穿的是第六雙鞋。他們也談到她這一路上受到的關注，他問她會不會覺得困擾。她解釋說，她並不排斥出名，只要記者們不要耽誤她太多時間就行。

他聽懂了暗示，不過還是得問她最後一個問題。

「你為什麼要這麼做？」

「只是為了好玩嘛。」她說。

☼

一九五五年八月二十二日星期一這天，卡洛的故事刊登在《山谷新聞》上。不過這篇報導排在頭版上的位置，卻莫名讓人有種感覺，好像艾瑪．蓋特伍德與死亡只有一線之隔。

那天的頭條新聞大標以粗體字寫著：瘟疫恐將肆虐，水災損失正清點中。字體較小的副標題則是：災損恐逾十億美元；已知八十六人死亡。

這條新聞底下則是艾瑪的照片，她微笑坐在草地上，用手去摸一塊寫著「阿帕拉契步道」的標示。照片底下則是另一個標題：祖母為了「好玩」而縱走阿帕拉契步道。

14 行過千里路

一九五五年，八月二十二日至九月十一日

艾瑪在庫布山（Mount Cube）山頂的黑暗中醒來，從毫無遮蔽的岩壁上，可以清楚望見後方通往漢諾瓦的山谷，往北則可一路看到前面的穆希洛克山（Mount Moosilauke）和白山山脈。她站在那塊微泛粉紅的灰色石英岩上——它讓她想到花崗岩或大理石——望向山友們公認是整條步道最坎坷難行的路段。

白山山脈的群山除了地勢險峻危險，素以天候惡劣、變幻莫測著稱，尤其是其中的總統山脈（Presidential Range）。來自西方、西南方與南方的風分別灌入附近幾個狹窄的谷地，然後在這座山脈裡會合。這裡也是源自大湖區、阿帕拉契山谷與大西洋等地風暴的路徑交會點。

「新罕布夏的高地既荒涼且崎嶇，即使是最強健的登山者，也不得不向它低頭以示尊敬。」謝佛在一九四八年出版、記述他首次全程縱走經驗的《與春天同行》（*Walking with Spring*）一書中如此寫道：「這裡有地球上最惡劣的天候，風速超越大風等級，氣溫則相當於極地那樣酷寒。即使仲夏也可能天寒地凍，原本炙熱的天氣可能在一小時內遽變為暴風雪……這

種天氣實在讓人難以招架。許多人因為不知道或者輕忽了這些事實，在此喪命。來到此地必須作好萬全的準備。前往林線以上地區絕不能只穿單衣薄褲，而且一定要隨身攜帶救急口糧和裝備。」

艾瑪眺望地平線那頭的華盛頓山，那是美國東北最高峰，高度是海拔六二八八英尺。華盛頓山雖不足以和全球最高峰相提並論，但終年狂風呼嘯的嚴寒天氣——年均溫都在冰點以下，平均風速達每小時三十五英里——曾讓許多登山客措手不及。美國有史以來最高的風速——每小時兩百三十一英里——就是二十年前在華盛頓山上記錄到的。由於山頂終日吹著強風，山屋必須用鏈條牢牢地固定在地上。

山友在這裡喪命的原因，包括失溫、溺斃、落冰、雪崩及滑落山崖等。有兩名男子分別於一八九〇年和一九一二年離開山頂之後，從此音訊全無。在艾瑪出發的前一年，兩名男子死於失溫症。在艾瑪縱走的後一年，則有兩人墜崖身亡，另有一人死於雪崩。當艾瑪抵達此地時，已有二十五人在這座山上命喪黃泉，還有數十人必須接受緊急救援。

艾瑪身上沒有帶著謝佛所寫的那些適當裝備，但她背袋裡的東西到目前為止都足以派上用場。她前一晚已清洗了一些衣物。那晚她還遇見了一隻豪豬，那是個大塊頭的傢伙，跑到她的腳邊東聞西嗅。她踢了豪豬一腳，牠雖然被她趕跑，稍後卻又爬了上來，直接湊到她的臉旁。她立刻打開手電筒，這下子豪豬嚇得拔足狂奔，再也沒有回頭。

那天早上她出發，從庫布山頂爬了好幾個搖搖晃晃的梯子下山，這對她來說是很新鮮的體驗，不過還好一切都很順利。她走到山腳附近的一間農舍，敲了敲門。彼得．湯姆森（Peter Thomson）那年十一歲，但他從未忘記那次經驗。

「我母親去開了門，」五十七年後，他回憶道：「她說：『嗨，我的名字叫艾瑪．蓋特伍德，我是第一個獨自縱走阿帕拉契步道全程的女人。』」他母親邀請這位老太太進屋。艾瑪洗了手和臉，坐下來和這家人一起享用一頓自家烹製的美食。兩位女士此後結為好友和筆友，艾瑪日後又曾數度拜訪他們。她啟發了湯姆森夫婦對健行的興趣，這對夫婦最後登遍了阿第倫達克山脈四十六座山峰，而且經常有

艾瑪在一九五五年首次全程縱走途中，與湯姆森三兄弟在新罕布夏州的歐福德合影。左起分別為七歲的湯姆、九歲的大衛和十一歲的彼得。
（照片由彼得．湯姆森提供）

州警隨行，因為熱愛山岳的小梅爾德里姆．湯姆森（Meldrim Thomson Jr.）後來當選了三任新罕布夏州州長。除了在政界的成功之外，此後多年他還持續開放住家，接待在阿帕拉契步道上全程縱走的登山客，他的子女們也繼續這麼做，讓山友帶著楓糖漿和一盒他們母親最拿手的鬆餅上路。

一九五五年，那位未來將成為州長的男人，拍下了兒子們與艾瑪的合照，男孩們還跟著艾瑪走了一大段路去摘黑莓。艾瑪在伊萊莎．布魯克避難小屋（Eliza Brook Shelter）過夜，第二天繼續行經步道上的一段崎嶇路段，先爬上金斯曼山（Mount Kinsman），再續登穆希洛克山，也就是白山山脈裡所有海拔逾四千英尺的高山當中最南邊的一座山，並在這裡超越了林線。步道上有很多做記號的堆石標，由大片寸草不生的荒涼巨石所形成的岩海令人驚異。不過她在這裡沒看到可停留的地方，於是順著一條陡峭的步道支線走下稜線，沿河狸溪（Beaver Brook）前行，再爬下七個不太牢靠的梯子。那晚，她在汽車旅館裡過夜。

第二天早上她又重新回到步道，繼續登上加農山（Cannon Mountain），在那裡看見空中纜車優雅地載著許多遊客從山腳來到景觀壯麗的頂峰。艾瑪經過時，在山頂小公園等候纜車的一些遊客看得目瞪口呆，還拍下她的照片，彷彿她是來自荒野的動物。

她在傍晚爬下弗朗科尼亞隘口（Franconia Notch），把背袋丟在眼前唯一的一間屋子門口，再走到附近一間餐廳吃晚飯。等她回來拿背袋時，屋裡的人已經離開，她根本來不及問她能不能留下來過夜。稍早有個男孩已經修剪過草坪，並且把草屑掃到路邊，變成一個大草堆。艾瑪等到天黑才跑過去，把三大袋草拿到灌木叢旁的一個隱蔽角落，再把草倒出來，鋪成一張鬆軟的床。她距離路邊至少有一百英尺，但她不想讓任何人看到她像流浪漢一樣睡在戶外，所以拉起毛毯蓋住全身，上面還蓋了些青草當偽裝。在那個寒涼的夜裡，她倒是全身暖呼呼地睡了個好覺。

八月二十五日，她一路走到拉法葉營地（Lafayette Campground），再回頭走了一小段路，來到公路旁，仔細觀看「山中老人」（Old Man of the Mountain）——那是山側露出來的一組花崗岩，形狀就像男人的臉。偉大的演說家與政治家丹尼爾・韋伯斯特（Daniel Webster）曾經這麼說：「人們會把自己謀生的行業當成招牌掛出來；鞋匠會掛一隻大鞋子；珠寶商人掛的是一隻巨錶，牙醫則掛出一顆金牙；但在新罕布夏的山上，全能真神掛出的招牌，則是他在那裡創造了人類。」

這位置身山中的老婦不斷往上爬，登上一座又一座陡峭險峻的光禿岩壁，最後終於來到拉法葉山（Mount Lafayette）的綠葉山屋（Greenleaf Hut）。她在那裡吃了點東西後，又繼續前往蓋爾黑德山屋（Galehead Hut）。小屋的管理人是兩位大學生，他們把小屋打點得乾乾淨淨，並且友善替她準備晚餐。

第二天下午她走到西蘭瀑布山屋（Zealand Falls Hut），得到一些食物和葡萄乾當行動糧。她再度動身往下坡走，走了好一陣子才發覺迷路了。這段步道沒有標示，但顯然是一條路，因此她又繼續走了幾個小時，在太陽即將落在山脈後方時，來到一小塊營地。有個男人已經在那裡紮了營。當她解釋自己的困境時，他提議開車把她盡可能載回原處，她接受了他的好意。她在黑夜裡再走了一段路，最後在步道邊過夜。

第二天早上，她往回走到步道上，接著經過了通往威利宅車站（Wiley House Station）的一處沼澤高原，再朝威伯斯特山（Mount Webster）前進。這段上坡路一開始就很陡峭且吃力。她在途中還遇到一個梯距太大的梯子，她得先把一腳踩在岩壁上，再努力把身體往上拉，直到膝蓋高度超過下一階，再把腳踩在梯階上。往上爬的過程非常辛苦。

走了幾英里後，她來到步道與峭壁正好平行的一段路，步道非常靠近懸崖邊緣，她很怕自己會掉下去。在這一帶的山區，跌落山崖正是登山客最主要的死因。這裡的風也很大——冷空氣順著山壁往上升，帶來陣陣強風。她試著計算強風持續的時間，等待風停的空檔再趁機挪動身體。她鼓起勇氣在強風暫歇的片刻往前走，總算平安走到一叢松樹後方。

那天下午她登上傑克森山（Mount Jackson），卻讀錯了步道標示，再次走錯路。她在路上遇到的一名女子替她向克勞福德隘口（Crawford Notch）的森林巡管員說情，他同意讓艾瑪在他那裡過夜。

第二天一早，她的膝蓋開始痛了起來，雖然白天的天氣還算不錯，但夜晚的逼人寒氣足以穿透山壁。隨著八月接近尾聲、九月即將到來，艾瑪知道她需要額外的裝備。她來到華盛頓山南側山肩的雲中湖山屋（Lakes of the Clouds Hut），用過午飯之後才繼續登頂。山頂的藍天透亮清澄，一大群觀光客聚集在此欣賞風景。當他們看見這位滿臉皺紋、風塵僕僕的老女人突然現身眼前時，莫不吃驚得瞪大了眼睛。她沒多理會這些訝異的目光。兩個男孩走上前來，怯生生地自我介紹，並問了她一些關於步道的問題。

她再度動身，朝亞當斯山（Mount Adams）前進。步道在林線上方拐過總統山脈的山巔，她的膝蓋感覺還是不太對勁，這段路又很難走。當天晚上，她來到麥迪遜泉山屋（Madison Spring Hut），聽到一群人——有男人、女人和小孩——正在談天說笑。她走近時，看得出這個團體大約有十五人。她知道他們也看到她了，而且猜想他們可能正在等她，不過她卻在一叢常綠樹後方的大石頭上坐下，有點靦腆。她決定等他們先過來找她，沒過多久他們果然來了。他們真的一直在等她，而且還拿出了相機要替她拍照。

其中一位名叫露絲．波普（Ruth Pope）的女性給艾瑪一條繃帶綁在膝蓋上。另一名女性珍．李斯（Jean Lees）則給她幾副羊毛手套和一頂滑雪帽。艾瑪把它們全塞進背袋裡。他們讓她感到備受歡迎，對待她的態度也極為尊重與和善。山屋主人甚至沒有收她六美元的床位費用，她則把簽了名的綠色遮陽帽送給他，以示感謝。

第二天早上，她先把膝蓋包紮好，前晚遇見的兩名女士自願替她背著背袋。她們在平克姆隘口（Pinkham Notch）跟艾瑪暫別，繼續往野貓山（Wildcat Mountains）的步道出發。等她們再次與艾瑪會合時，兩人還為了誰替艾瑪背背袋的時間比較久而起了爭執。艾瑪在天黑後抵達卡特隘口（Carter Notch），卻不小心踩到了眼鏡。鏡架被踩斷了，還好她身上多帶了一副，因為她記取了前一年在緬因州的慘痛教訓。

第二天她登上了另一座山，而且還連續登頂兩次，原因是她看錯了路標。她責怪自己的無知，還有步道標示不清。她離緬因州邊界已愈來愈近，但她每天的行走速度卻因為膝蓋受傷、上坡路段吃力，以及偶爾走錯方向而明顯變慢。那一天，她在森林裡遇見一個男孩替她指點了正路，不過那時又開始下起雨來。

她在傍晚抵達山屋時，簡直無法相信自己的眼睛。山屋主人已經準備好一頓大餐，當時她正饑腸轆轆。他們不肯為了晚餐或床位收她一毛錢。她的衣服全濕透了，所以她用別針在毯子上抓出皺摺，權充洋裝，就這樣穿著在爐火邊烤乾衣服。第二天，八月三十一日，她登上卡特圓峰（Carter Dome），來到精靈小屋（Imp Shelter）。屋裡有一個火爐，正是度過八月最後一晚的好地方。

第二天她越過莫萊亞山（Mount Moriah），一路走到公路邊，再順著公路走到新罕布夏州的戈勒姆（Gorham）買一些補給品。她在安德羅斯科金旅店（Androscoggin Inn）找到晚餐地點和一張舒服的床，這間寬敞美麗的白色房子，由坦納太太（Mrs. Tanner）負責管理。

艾瑪第二天一大早就離開戈勒姆，經過崎嶇不平、碎石遍布的步道，越過海斯山（Mount Hayes）和喀斯開山（Cascade Mountain），走過通道池（Passage Pond）與苔蘚池（Moss Pond），往上翻過成功山（Mount Success），接著在無人知曉的情況下越過州界，進入緬因州，登上卡羅山（Mount Carlo）。隨著陽光逐漸消逝，她發覺自己已經錯過了下方的避難小屋。她在海拔三五六五英尺的山頂發現有兩個男孩坐在岩石上，但當黑暗降臨之際，他們開始往下朝她剛錯過的小屋走去。那天晚上很舒服，所以她就在附近尋找可以過夜的地方，結果找到一塊完美的厚苔蘚床鋪，背部有毛病的有錢人，一定會願意花錢特地打造一張像那樣柔軟的床。她仰躺下來舒展四肢。

那晚夜空清朗，月亮彷彿伸手就能觸及。月光灑落在她身邊的低矮松樹和青苔大石上。天上的繁星就像黑色巨毯上的數百萬個光點。

她早已行過千里路。走過那麼多的回憶、試煉和距離。此時她已來到旅程的第十四個州，也是最後一個州。在這裡，九月暴雪並不罕見，嚴寒的氣溫連身體最強健的山友也可能打退堂鼓，躲進避難小屋裡取暖。緬因州地貌崎嶇。緬因州

也很狂野。四十年之後，緬因州的無人森林面積，依舊遠超過美國本土的任何其他州。

她當時不可能知道，不過全美國有許多人都在替她加油打氣。他們在廚房餐桌前剪下新聞報導，在電視晚間新聞裡看著她在步道上行走的畫面，好奇這個隻身走在如此險境的女人，究竟能否平安活下來。她帶著眾人的希望一起前進，不過她的路終究只能一人獨行——為了平靜，為了祥和，更為了她自己。

那晚她獨自站在那裡，距離卡塔丁山山頂上那塊小小棕色標示，只剩下兩百八十英里。她的胸中吸飽了沁涼的夜風和靈感，雙腳穩穩踏在一個易被人遺忘的山頂上，滿天星斗讓人同時感到自身的渺小與偉大。

於是她放聲高歌。

☼

十九世紀晚期，就在艾瑪出生前不久，一個老人以順時針方向，在康乃狄克州與哈德遜河之間一條橢圓形路徑上持續行走。這段路長達三百六十五英里，他花了整整三十四天才走完全程。接著他再走了一次，然後再一次，一共走了三十多年。他全身的衣物都以皮革製成。他用獸皮縫製了外套、夾克、長褲，還有一頂皮帽，所以被稱為「老皮衣人」（Old Leatherman）。他在路徑附近的洞穴和天然遮蔽處睡覺，也在這些地方種植蔬果並儲藏食物。這一路上經過數十個城鎮，他連續走了幾次後，引來不少注目，沿路的居民甚至會用他的行動來校正鐘錶的時間，不過始終沒有人知道他是誰。雖然他態度和善，有時會坐下來讓人拍照，但他從不說話，只有偶爾才能聽見他低聲嘀咕幾句別人聽不懂的話。有些人認為他是法國人。

老人的身世後來逐漸變成一個無法證實的傳奇故事。傳說他出生在法國里昂，名叫朱爾．布格雷（Jules Bourglay），年輕時曾與皮革貿易富商之女墜入愛河。他請求皮革商人把女兒嫁給他，商人則向他提出一項交易：假如布格雷能替他工作一年，他就同意婚事。

布格雷答應了，但這門生意很快就失敗了，主要原因是他做了幾次不智的決定。婚禮當然化為了泡影。這個深受打擊的年輕人只好遠走他鄉，後來更遠遁至美國，開始靠著不斷行走來設法忘記愛人，或是紓解自身的罪惡感，也或者這些都不是真正的原因。誰知道呢？每個異人都需要一個故事，如果少了故事，自然會有人創造出一個來。

老皮衣人的神祕傳說儘管引人入勝，但或許愛德華．威斯頓（Edward Payson Weston）才是美國最有名的步行者。一八六〇年，威斯頓和朋友打賭林肯不會贏得總統大選。一八六一年，他徒步走了將近五百英里，從波士頓一路走到華府去參加林肯總統的就職典禮。他抵達的時間晚了幾小時，還是趕上了總統就職舞會。幾年後他開始成為職業步行者，曾在二十六天內，從緬因州波特蘭（Portland）走了一千三百英里，前往芝加哥。兩年後，他又為了兩萬五千美元走了五千英里。再過兩年，這位表演大師倒退走了兩百英里。他還到歐洲參加步行競賽，與各國高手一較高下。他晚年曾籌畫一趟從紐約走到舊金山的百日步行旅程，但他卻遲到了五天。他一氣之下，又花了七十六天走回紐約。他對記者說，他想要變成「徒步旅行的宣道人」，向全世界分享步行的好處。身為虔誠的徒步旅行者，他大力宣揚步行比開車更有益的道理。不幸的是，一九二七年他在紐約被計程車撞成重傷，導致後來必須靠輪椅代步。

威斯頓並不是第一位因為完成徒步旅行壯舉而引來關注的長途步行者。在他之前還有許多人，例如哈立法克斯中尉（Lieutenant Halifax），他在二十天內走了六百英里。還有福斯特．鮑爾（Foster Powell）在五天內走了兩百英里，從英格蘭的倫敦走到約克再折返。一九三二年，有人看見一名男子在柏林倒著行走，那是一個企圖以倒退走方式環遊世界的德州人，他還戴著鑲了鏡子的特製眼鏡。

一九五一年，一對紐約夫婦聲稱花了二十年行走於城市街頭，總共走了一萬五千英里以上的路。他們自稱走遍紐約市五大行政區的每一條街，也走過匹茲堡、波士頓、巴爾的摩與丹佛等城市的多條大道。他們被稱為「美國最熱愛走路的夫妻」。

出身蘇格蘭的名人羅伯．巴克禮上尉（Captain Robert Barclay）曾刻意持續走了一千個小時，而且每小時只走一英里。他在一八〇九年以六週時間完成這項挑戰。假如一般人每小時可以走三到四英里，那麼巴克禮每小時只走一英里、連續走一千個小時的創舉，光是配速的難度，就足以證明他的卓然成就。他每個小時都會走一英里，然後停下來休息。此行吸引了大量群眾圍觀，記者們報導的語氣，則彷彿這是一項緊張得讓人坐立難安的娛樂活動。

不論是為了打賭、打響自身名號、向大自然挑戰自我，或彌補逝去的愛情，那些以行走而出名的人，幾乎人人都有一個目標。在大多數情況下，他們都會把目標公諸於世。蜜德莉．蘭姆甚至穿著一件胸前寫著「和平朝聖者」、背後寫著「為和平徒步行走兩萬五千英里」等字樣的藍色上衣。至於把動機隱藏起來的步行者——例如老皮衣人——旁觀者自然得替他們生出一個故事，好理解他們為什麼要徒步出走，畢竟遠離我們為了在文明之中安身，並與外在世界、汽車與辦公室區隔而打造的避難所，在某條路上長途跋涉，敞開心胸迎向這個世界及一連串無法預測的經驗，自願在毫無保護的情況下面對大自然的暴怒，這樣的行為實在太令人費解。

當人們問艾瑪．蓋特伍德，為什麼到了這個年紀還決定要進行這樣的長途健行時，她總是有點靦覥。隨著她進入阿帕拉契步道全程縱走的倒數階段，全國的注意力也愈來愈集中在她身上，報社記者不斷增加關於艾瑪的報導篇幅，持續向讀者更新她的狀況和行蹤。艾瑪對於她到底為什麼要縱走的疑問，曾經給過各種各樣的理由。孩子們終於長大成人了。她聽說還沒有女人達成單向的全程縱走紀錄。她喜歡大自然。她認為這麼做會很好玩。

「我想看看山的另一邊是什麼樣子，還有那裡再過去又是什麼樣子。」她告訴一名來自俄亥俄州的記者。

這些答案當中的任何一個都言之成理，但如果結合起來看，艾瑪對於縱走動機的諸多不同答覆，卻讓她的動機顯得難以捉摸，彷彿她希望人們自己去找出結論——前提是真的能找得到結論的話。或許，每一個答案都是誠實的答案。或許，她是在試著說明，探索世界正是探索她自身心靈的一劑良方。

☼

九月三日早上，一個男人出現在緬因州州界東側的山腰。他氣喘吁吁，看起來精疲力盡。艾瑪向他自我介紹。那個喘著氣的男人問，最近的避難小屋還有多遠，她告訴他小屋並不遠。他說他剛剛手腳並用地在岩石堆裡攀爬，累到都快沒氣了。他雙肩上背著一個巨大的背包，對艾瑪說，她的背包那麼小真是太幸運了。

沒過多久她就明白了他的意思。在她眼前的是馬胡蘇克隘口（Mahoosuc Notch），這是眾所周知阿帕拉契步道上最困難的一英里路。狹窄的隘口被兩座岩壁緊緊包夾，足足有一棟小木屋那麼大的巨石和盤根錯結的樹根橫阻在路中央，此外還有多處深不見底的洞穴。她用非常緩慢的速度，小心翼翼爬過長滿青苔的濕滑岩石頂部或岩石下方，有時還得先把背包推進狹縫裡，再在背包後面往前走。她花了兩小時才通過隘口，走出來時確實累壞了，不過她還是繼續再走了幾英里。

那晚她在斑點湖（Speck Pond）旁的避難小屋過夜，那是緬因州海拔最高的湖泊。第二天早上，她在冷雨中醒來，起初只是滴滴答答的小雨，接著卻變成像擊鼓般大顆大顆的冰凍雨點，任何神智正常的人都會立刻找掩蔽躲雨。在此之前，她穿破了另一雙鞋，其中一隻鞋的側邊和另一隻鞋的腳趾部分都裂了口。她曾試著用繩子把它們縫起來，不過沒辦法撐得太久，而且也無法讓她的雙腳保持乾燥，或阻擋刺骨的寒氣。只是她距離所有城鎮都很遠，她別無選擇，只能想辦法應付這個糟糕的狀況。

她繼續翻過老斑點山（Old Speck Mountain）。這是緬因州第三高峰。她先陡上，再陡下，然後穿過葛拉夫頓隘口（Grafton Notch），繼續往上攀登禿頭山（Baldpate Mountain）。山頂有一片滑溜的岩床。接近海拔三六六二英尺的頂峰時，冷雨開始夾帶著雪粒，她得用雙手和雙膝爬行，以免從岩壁上滑下。更糟的是，此時她幾乎什麼都看不見。她僅剩的眼鏡只剩一邊有鏡片，而且鏡片上還起了霧。她不斷用手指或袖子去擦拭鏡片，不過透過一隻什麼都看不見的眼睛和一塊霧濛濛的鏡片，眼前的世界顯得格外怪異而詭譎。在步道上的大部分路段，踏錯一步都有可能扭傷腳踝，但在這些正在迅速結冰的岩塊上，踏錯一步卻可能直接從絕壁墜下，當場死亡。也許，即使是那樣——當場死亡——也總比萬一困在某個岩洞底部，曝露在風吹雨打之下，身體逐漸衰弱無力，隨後不是凍死就是餓死，還要好一點。她非常小心地踏出腳步。

她來到一處大約八英尺高的岩盤，先把背袋拋到下方的地面，再順著一條潮濕的繩子往下爬。她緊緊抓住繩子，一如她曾緊握過一千把鋤頭那樣，一點一點地慢慢往下降。稍後她又來到一處險惡的岩縫。步道竟然直接穿過岩縫，她發現自己非得設法跳到對面才行。她站在岩石邊緣朝下看。在底下的岩縫深處，有人用油漆寫了幾個字，「走快一點」。艾瑪把她的背袋丟到岩縫的另一邊，接著用那隻受傷的膝蓋迅速踩了幾步後跳起來，這位曾祖母在空中飛躍，最後安然降落在對面。

當她抵達弗萊伊河（Frye Brook）附近一處簡陋舊木屋時，天已經黑了。那地方看起來像個廢棄的漁獵營地。小屋裡倒是整整齊齊、乾乾淨淨的，於是她從一扇破窗爬進去，在小屋裡安頓下來。她把舊雜誌攤開在地板上，再躺在這片由照片和文字構成的單薄床墊上，蜷起身體抵禦寒夜。

第二天她走過一條有鋪面的山路，看到一名男子坐在一輛牽引機上，正沿著路肩割草。艾瑪走上前去向他自我介紹。這名男子是李德先生（Mr. Reed）。艾瑪問他最近的城鎮還有多遠，她得買一雙新鞋。他低下頭，看見她那雙已經開口笑的鞋子用繩子固定著。

「往那頭走六英里，」他一面用手指示方向，一面說：「或者往另一頭走二十英里。」

她可不想為了買新鞋走那麼遠，即使腳上的破鞋再也撐不了多久也不想。他們兩人開始交談，艾瑪解釋了她為什麼來到這裡。李德先生告訴她，他家裡還有一雙球鞋可以給她，不過他自己住在二十英里之外。李德估計，假如她能在傍晚前趕到下一條與步道交叉的公路，他可以讓他太太在那裡把球鞋交給她。艾瑪十分感激。她向他道別後繼續往前走，越過懷曼山（Wyman Mountain）與霍爾山（Hall Mountain），往下穿過索耶隘口（Sawyer Notch），再往上翻過穆迪山（Moody Mountain）。當她在公路上現身時，李德先生的妻子和女兒就坐在路旁。她們剛進城去替艾瑪買了一雙全新的白色球鞋。艾瑪解開鞋帶，試著把一隻腳滑進鞋裡，但這雙鞋對艾瑪來說太小了。李德先生不知道為什麼弄錯了，所以他告訴太太的尺碼是錯的。

李德太太一再道歉，並堅持要艾瑪到他們家過夜休息。她說第二天早上會再把艾瑪載回步道，艾瑪同意了。那晚李德太太用家裡的電動洗衣機替艾瑪洗了衣服。李德家的女兒又打電話給一位熱愛健行的朋友，她們說好第二天一起陪艾瑪走一段路。

九月六日那天，他們回到步道的時間比艾瑪預計的晚了一些，不過她很喜歡有人作伴，而且還有溫暖的地方可以睡覺，所以她毫無怨言。李德家的女兒和她的朋友跟艾瑪一起出發，艾瑪穿上了新鞋，兩個年輕人還輪流替她背背包。她們在象山（Elephant Mountain）上的一間避難小屋裡吃午餐，雖然步道上到處都是倒木和障礙物，他們倒是開開心心地過了一天，一共走了大約十英里。

李德太太在半路和她們相會，把女孩們接回去。她還帶了一台相機，拍下兩個女孩和艾瑪站在阿帕拉契步道標示旁的照片。接著艾瑪獨自前進，來到安息日湖（Sabbath Day Pond）。她在斜頂小屋裡過夜，然後走過一片丘陵地，來到廣場岩（Piazza Rock）小屋。由於確實開始隱隱作痛的膝蓋，她費勁地攀爬海拔四一二〇英尺高的鞍背山，那坡陡得讓人懷疑人生。冷風穿透身上的幾層衣物，但她還是在鞍背山山頂坐下來吃了點心，順便從毫無遮蔽物的山頂一覽令人驚歎的絕景。她從陰暗的地平線上看見分隔美國與加拿大的邊界山脈（Boundary Mountains），同時也感覺風暴即將來臨，寒氣隨著太陽落山而籠罩四周。她及時趕到白楊嶺（Poplar Ridge）一處斜頂小屋，躲進屋裡取暖。她不知道前方路況如何，不過對於先前走過這裡的山友來說，這段路可說是災難連連。就在沒多久以前，這整段路曾被封閉，路旁還掛了個警告牌子：「步道封閉，往比格羅山的路況不佳。若要前行，風險自負。」這裡是整條阿帕拉契步道上最後完工的偏僻路段。

事實上，位於緬因州境內的步道差點在尚未動工就胎死腹中。一九三三年，步道的興建與連結工程在大多數地區都如火如荼地進行，但在新英格蘭北部卻非如此。有些人認為，步道的終點應設在新罕布夏州的華盛頓山，因為如果硬要開出一條穿越緬因州偏僻荒野的步道，步道反而會難以使用，也不易維護。經過兩年的研究，一九三三年版的《在緬因森林中》（*In the Maine Woods*）提出了一條步道建議路線，艾弗利也開始說服志工和平民保育團出手相助。他們測量步道的距離，興建營地，並繪製地圖。然而，他們大部分的工作都是倉促完成的，目的是為了讓步道延長至卡塔丁山。

一九三七年八月，斯伯丁山（Spaulding Mountain）北坡的最後一段步道終於完工，但步道維護的問題仍未能解決。在一九四〇年代，遭颶風吹斷的倒木和新的伐木計畫導致這段步道失修荒廢。許多志工都被派往參戰，因此步道狀況一直無法改善，直到一九五〇年代，才有人開始重新修復步道。

一九四八年首度完成步道全程縱走的謝佛，在這段路上就吃足了苦頭。他後來寫說，步道上有幾處遭颶風摧毀，蔓生的夏日植物和灌木從倒木裡長出來，另一段路則堆滿冬季伐木工作結束後遺留的圓木。雜亂的圓木七橫八豎地散落在步道、樹頭和殘材上，雪又已經融化，這些曝露在風霜雨雪下的木頭也開始腐爛。「這段路走起來有多危險可想而知。」他寫道。

六年之後，艾瑪也來到此地。她踩過石塊與樹頭，每走一步，膝蓋就更加疼痛難耐，好不容易爬上海拔四二五〇英尺高、名叫糖錐山（Sugarloaf Mountain）的巨岩，經過滑雪纜車旁，再從另一側下山，來到公路上。她在那裡遇到了李察・貝爾夫婦（Mr. and Mrs. Richard Bell）。貝爾夫婦正在朋友小木屋裡度假一週，他們邀請艾瑪一起坐下來享用早餐。艾瑪的膝蓋腫了起來，而且陣陣作痛。吃過早餐後，在艾瑪出發前，貝爾先生讓艾瑪和他兩個年幼的女兒站在步道標示旁，替她們拍了合照。

就在艾瑪舉步維艱地往前走時，一個秋季風暴正逐漸接近。她走不了太遠。她的腿實在太痛了。她提前在霍恩斯湖（Horns Pond）停下腳步，躲進一間由平民保育團所蓋的圓木小屋裡休息。她只能在這裡將就過夜。她實在沒辦法再走了。

第二天狀況還是一樣，不過此時她必須完全跛著腳走路，留意不讓膝蓋承受身體的重量。昏暗的天空張開了大口，把雨水傾倒在荒野上，緊接而來的是凜冽的寒風。儘管艾瑪才走了幾英里路，但她還是在比格羅山的避難小屋裡停下來，想把衣物烤乾，並讓手指和腳趾解凍。她試著在小屋附近生起火堆，不過每次稍有進展，強風就立刻把大部分寶貴的熱氣吹散。她試了又試，直到心灰意冷。她終於放棄生火，正準備把火堆裡的微弱餘燼踩熄時，一名男子從她身後走來，把她嚇了一大跳。

他是當地的森林巡管員沃斯先生（Mr. Vose），原來，他一直在找艾瑪。報上登出了合眾通訊社（United Press）一篇關於她的報導：

（合眾通訊社緬因州法明頓電）一位來自俄亥俄州加利波利斯的六十七歲祖

母，今天已經來到長〔二〇五〇〕英里的阿帕拉契步道終點附近。這位登山客是艾瑪．蓋特伍德太太，距離她的目的地——緬因州的卡塔丁山，只有一百一十英里。她預期可在兩週內登頂。

身高五尺四寸的蓋特伍德太太體格強健，她五月二日自喬治亞州的歐格索普踏上阿帕拉契步道，卡塔丁山則是步道的終點。

蓋特伍德太太只帶了一個輕便的肩背包，裡面裝了一件雨衣、毛毯和足夠她在兩個補給站之間果腹的食物。她現在每天大約行走八英里，因為她有一條腿行動不便。

為什麼要長途徒步旅行？

育有十一名子女、二十三名孫兒和兩名曾孫的蓋特伍德太太是這麼說的：

「晾了二十年的尿布，看著孩子們都長大成人、各自獨立之後，我決定要出門走走——這是我一直都想要走的一條路。」

巡管員邀請艾瑪到他位於不遠處的小木屋裡休息。屋裡很溫暖，爐火烤起來很舒服。她很高興能遠離冷雨與寒氣，有機會把東西烘乾，讓膝蓋好好休息一下。雖然屋外天光依然明亮，不過巡管員建議艾瑪不要再繼續走。大雨和低溫的天候已經夠糟了，而通往東北方的步道在颶風中受損後也尚未修復。他告訴她，她不可能在天黑前走過那些倒木。

她接受了他的建議。他離開小木屋繼續去值勤，艾瑪則忙著做各種雜務。她洗了盤子，把自己的衣服洗好再烘乾，又從山上往下走到不遠處的小溪邊打了兩桶水回來。她把木屋的地板擦乾淨，還烤了些比司吉，再把平底煎鍋放在爐火上爆了些爆米花。等巡管員結束工作進門時，食物的香氣撲鼻而來。他看到家裡被打掃乾淨，晚餐也已經準備好了，感到又驚又喜。他從床下拉出一張備用床墊，在地板上打了地鋪。這兩個素昧平生的陌生人，就這樣一起安安穩穩地一覺睡到天明。

15 獨撐大局

一九五五年，九月十二日至二十四日

實在很難想像她竟然已經走了這麼遠。此時距離卡塔丁山，只剩下一百英里出頭而已。假如不是因為膝傷拖慢了速度，她走起來會順利得多，但情況還可能更糟。

早上八點左右，艾瑪揮別了巡管員，開始爬比格羅山。當她走到一座位於崎嶇岩塊路段上的消防塔時，一陣咆哮狂風突然颳過這片不毛之地，差點把她颳下山。她站穩腳步，等強風通過後才繼續登頂。

她來到一處先前遭颶風肆虐的路段，倒木交纏、橫臥在路中央，讓人幾乎無處立足。她一整天都掙扎著前行，爬過東倒西歪的樹林和搖晃不穩的岩石。她在傑洛姆河（Jerome Brook）附近一間避難小屋裡，找到一張有人用過的床墊，躺在上面睡了一晚。第二天，山裡降了一層厚霜，她真希望身上有更保暖的衣物。她試著加快速度讓身體暖和起來，不過天氣依舊持續嚴寒。九月十四日早上，她在西開利湖（West Carry Pond）營地停下來吃早餐。營地主人阿德蕾．史朵莉（Adelaide Storey）給艾瑪一些零食當行動糧，還替她拍了幾張照片。史朵莉此時已經很習慣見到模樣狼狽的山友拖著腳吃力地往前走，因為在艾瑪之前的全程縱走者，她幾乎每位都遇過，也接待過來維護步道的志工。

艾瑪繼續走到東開利湖（East Carry Pond）營地，租了一間小木屋。營地負責人法蘭克林・蓋斯凱爾（Franklin Gaskell）的太太剛好出城，艾瑪就替他和他的兒子做了一頓比司吉晚餐。第二天早上，蓋斯凱爾敲了敲艾瑪的房門，邀她一起吃早餐。他打算給她一個驚喜。

她在桌邊坐下，他把幾小條炸好的鱒魚倒進她的餐盤裡。湖裡滿滿都是這種魚。艾瑪從來沒吃過鱒魚，沒想到竟然這麼美味，迫不及待地把炸魚全吞下肚。

她沿著一條土徑走過皮爾斯湖（Pierce Pond），又繼續走了幾英里路，在下午抵達肯尼貝克河（Kennebec River）。這條滿布石塊的急流，沒有橋可以通過。森林巡管員布雷德福・皮斯（Bradford Pease）駕著獨木舟，在河邊等著她。他遞給艾瑪一個很粗的救生圈，她爬進獨木舟裡，頭上綁著禦寒的頭巾。皮斯划著小船把艾瑪送到河對岸的小鎮卡拉騰克（Caratunk），那裡已經有一群人正在等她。管理主任以撒・哈里斯（Isaac Harris）把獨木舟拉到岸邊，迎接艾瑪。一個記者拍下了她爬出小船、緊抓著手杖踏上岸邊的照片。這時她才想起她把雨衣忘在河對岸了，巡管員立刻把船划回去幫她拿。

艾瑪告訴那位記者，她決心要走到終點，不過她的行進速度已經從每天十二英里減少到八英里。她說：「我的膝蓋有點狀況。我想我最好應該休息一晚。」

那名記者本身也是有點年紀的女性，艾瑪從她那裡聽說，前幾天晚上，包括艾瑪睡在傑洛姆河邊避難小屋的那一晚，當地氣溫都在冰點以下。艾瑪一點也不意外。那幾天晚上真的是天寒地凍，但到了早上，持續行走和爬山就能讓她的身體暖和起來。

她說：「我不用花多少時間就能暖身。」

美聯社在報導中登出了她的照片，再轉載到全美各地的報紙，新聞標題包括：「健行祖母抵達緬因州」、「健行的加利波利斯祖母在終點附近過夜」，以及「俄亥俄州祖母接近健行終點」等。

她先走到步道穿出卡拉騰克鎮的地方，接著剛才那位記者再開車把她載回一間名叫史特靈旅館（Sterling Hotel）的大型農舍過夜。她的衣服又全濕了，艾瑪問旅館主人能否在壁爐和廚房的火爐邊烘衣服，然後用她的毯子權充裙子，再把衣物攤開來烘乾。

第二天當她快走到百里荒野時，情況實在糟透了。步道上全是糾結成團的荊棘和蘆草，更慘的是她的眼鏡只有一邊有鏡片，她幾乎什麼都看不見。她還是努力往前走，走了總計超過十五英里才決定休息，不過她還是找不到避難小屋，只能找地方紮營過夜。氣溫又開始直線下降。艾瑪忙著四處蒐集足夠燃燒整夜的木柴。她的毛毯和衣物實在不足以保暖或禦寒。她就睡在火堆旁的地上，藉由不停翻身來讓身體各部分保暖。她呼出的空氣像白煙一樣升起。她因為擔心，整晚都睡不著——不是擔心遇到熊或駝鹿，而是害怕衣服會不小心著火。

第二天她一大早就起身，正午前就走了十英里，來到布蘭查德村（Blanchard），一個老人收了五十美分讓她吃了一頓早餐。接著她又繼續走了幾英里，來到蒙森（Monson），這是抵達百里荒野前最後一個補給站。她買了些雜貨，又在莎蒂・德魯（Sadie Drew）經營的汽車旅館裡過夜。第二天早上，穿過森林的步道走起來很順利，不過博德菲什農場（Bodfish Farm）的所有小木屋都客滿了。一對年輕夫婦讓艾瑪跟他們一起住。他們還請她吃了晚飯和早飯，也沒有向她收取住宿費。

然而，九月十九日那天，她的好運轉向了。步道通過一塊堆滿厚重木材的地區，好幾段路都被濃密的莓果灌木叢擋住。灌木勾破她的吊帶褲，而且她找不到明顯可走的路徑。她幾乎看不見步道在哪裡，更別提要設法穿過這些灌木叢。她爬上禿椅背山脈（Barren Chairback

Range）的五座山頭，翻過巨石，繞過樹根，越過山溝，又走過成片白樺的老樹頭。當她精疲力盡地走進長湖營地（Long Pond Camps）時，天已經全黑了。一名男子把艾瑪帶到她的小木屋，替她送來晚餐，她速速洗了個澡就睡著了。

通往白帽山（White Cap Mountain）的土徑很平坦，走起來很輕鬆，只是有點冷。天氣晴朗時，從山頂能清楚在地平線上看見大約七十英里外的卡塔丁山。然而當艾瑪登上海拔三六五四英尺的頂峰之後，路就變得愈來愈難走。這裡曾發生過一場森林火災。步道標示稀少，而且相距甚遠。在其中一段路上，她還得涉過冰冷刺骨的溪水。視線所及完全看不到任何避難小屋，於是她得離開步道再走兩英里，來到羅伯・特倫布萊（Robert Tremblay）擁有的西布蘭奇湖營地（West Branch Pond Camps）租下一間小木屋。第二天早上，特倫布萊把艾瑪載回步道，她再度吃力地走過一塊噩夢般的荒野，然後來到一處廢棄的林場。這裡大部分的建築物，看起來都像只要輕輕一推就會轟然倒塌。她找到一間看似最安全的房子——至少還有屋頂。屋內的地上排放著木頭長板凳，她就用板凳拼成床來睡。

隔天她在走下山坡時摔了一跤。這一跤雖然不致於讓她無法繼續往前走，但她還是扭傷了腳踝，一隻眼睛瘀血，眼鏡也摔斷了，所以她在步道最後這段路上，只能在幾乎什麼都看不見的情況下蹣跚前進。儘管如此，她還是一跛一跛地走到了納瑪坎塔湖（Nahmakanta Lake），並在心裡祈禱，在避難小屋前發現的死狐狸不是什麼壞兆頭。她找來兩根長木棍，把狐狸屍體移到森林深處，回到小屋時，又把狐狸腐屍原本倒臥的那塊地方清乾淨，然後才鋪好床，躺下來睡覺。

第二天早上，她沿著湖邊走，在納瑪坎塔湖營地停下來吃午飯，再摸索著走完最後十英里路，在下午四點半左右抵達彩虹湖（Rainbow Lake）。卡塔丁山屹立在湖對岸的林線上方，逐漸西沉的落日照亮了山頭。艾瑪走進營地時，認出那些男人裡有幾位她曾在前一年見過。經歷了去年的慘痛經驗之後，他們看到她都大吃一驚，但還是欣喜萬分。他們不敢相信，她真的大老遠從喬治亞州一路走了過來。其中一人還替艾瑪洗了衣服，她再把衣服拿到五號小木屋的洗衣繩上晾乾，這是她去年睡過的同一間小木屋。她也好好地把自己的一頭灰白長髮洗乾淨再擦乾，然後坐下來和這些男人一起享用有肉也有菜的晚餐。他們像王室成員那般地禮遇她。

不知怎麼的，這個地方感覺就像家一樣。

☼

P．C．再也不會回來了，而艾瑪正在蛻變。她的子女們留意到，如今她變得更快樂，這是他們前所未見的。她有更多的時間閱讀、整理花園，可以徒步去拜訪朋友，更可以自由自在地旅行。

「能夠擺脫那一切，我真是再開心不過了，」她在日記裡寫道：「在那之後，我一直都快樂得不得了。」

一九四一年，尼爾森高中畢業。巴克斯嶺唯一的社交活動就是去浸信會教堂，每年夏天教會都會舉行「火與硫磺」復興大會。尼爾森與羅伯特這兩個男孩會去參加這些復興大會，但目的是想說服漂亮的女生，同意讓他們陪著走路回家。有天晚上，當時二十出頭的羅伯特坐在一個女孩旁邊，他說的悄悄話有點太大聲了。

幾天後，他和尼爾森打著赤膊、光著腳正在農場旁的院子裡玩槌球，一名郡警停下警車。他下車走向男孩們，還說他手上有一張羅伯特的逮捕令。他說羅伯特涉嫌在教堂裡擾亂治安。男孩們呆呆站著，臉都嚇白了，羅伯特最後才開口。

「呃，至少讓我進屋去穿件衣服吧。」他說。郡警點頭同意，羅伯特走進屋裡。

尼爾森跟郡警交談了一陣子，一邊把槌球球具收好放進車庫，車庫牆壁的橫木中間有空隙，當他第二次走進車庫時，從空隙間瞥見羅伯特正跑下山丘。他是從後窗爬出屋外的。

尼爾森什麼也沒有對郡警說。他們又在屋外站了好幾分鐘。

郡警說：「他穿件衣服怎麼穿了這麼久。進屋去看看他什麼時候才會準備好。」

尼爾森聽從指令。他在屋裡又待了大約五分鐘，然後再走出屋外。

「我到每間房裡都看過了，還是找不到他，」尼爾森說：「我不知道他到哪裡去了。」

那天半夜，羅伯特回到家裡。

他問弟弟：「我可以借用你的腳踏車嗎？我要騎車去門羅那裡。」

他把腳踏車停在距離至少三十英里外的加利波利斯。接下來他們再聽到羅伯特的消息時，他已經加入陸軍變成阿兵哥了。

尼爾森則到俄亥俄州麥坎尼維爾（Mechanicsville）的一間酪農場上工作，這份工作非常辛苦，他的腰帶甚至都能擰出汗水來。一九四一年十二月二十八日，滿十八歲那一天，他在電話公司找到一份差事，不過才做了一年，他也志願參軍入伍了。他在代頓被送上開往辛辛那提的火車，再繼續前往印第安納州的班傑明哈里森堡（Fort Benjamin Harrison）。他在那裡先打了預防針，理短頭髮，當兵第一天天都還沒黑，就已經被派去伙房打雜了。

戰爭期間，羅伯特在慕尼黑被擊中，在德軍戰俘營裡待了一年半。當他以英雄身分回到俄亥俄州時，大家都交頭接耳地低聲議論他看起來有多削瘦和蒼白。擔任傘兵的尼爾森則是在菲律賓的科雷希多島（Corregidor Island）作戰時大腿中彈，好不容易休養康復，準備再次執行跳傘任務時，戰爭正好宣告結束。

「他們都很強悍，那一家人，」他們的表親湯米．瓊斯（Tommy Jones）多年後這麼說：「每一個都是。」

艾瑪一有能力就把巴克斯嶺的農場賣掉，在一九四四年搬回俄亥俄州，回到乞沙比克，就在西維吉尼亞州的杭廷頓對岸。露易絲進了馬歇爾學院（Marshall College）就讀，年紀最小的露西則從高中畢業。艾瑪替她在哥倫布市的布里斯學院（Bliss College）商學院註冊，又在加利波利斯北方的拉特蘭買了一間房子，就在阿帕拉契高原上。

再無牽掛的艾瑪開始經常到處搬家。她先去匹茲堡，在那裡工作了九週，再回到拉特蘭把房子租出去，接著到代頓的一家私立寄宿學校工作了三個月。一九四五年她又搬回拉特蘭，開始重新整修房子。她改掉地下室的樓梯，多開了一扇門，在前門廊裝上了欄杆，拆掉一道舊籬笆，砍掉一些樹，拆掉一間舊穀倉，又蓋了一個岩石花園。在建築計畫之間的空檔，她盡情閱讀和寫詩，詩的主題都是關於自然、上帝，關於男人、拖船靠岸處、天然泳池和頑皮的小鳥，以及她的人生新階段。

我洗刷油漆家園，
直到我幾近昏厥，
只因口袋欠銀兩，
全憑我獨撐大局。

她自費出版了一本詩集，非常謙虛地分送給親朋好友。

一九四九年，露易絲生下小寶寶芭芭拉，很需要人幫忙，所以艾瑪又搬回加利波利斯。第二年，艾瑪和露易絲一起在第四大道五五六號買了一間房子。她們相處融洽。艾瑪每天都會讀報，關心本地政治，也常常投書到報社，對新聞事件發表睿智評論。一九五一年六月十二日，她寄了底下這封信：

親愛的編輯：我原本打算寫信，針對學區教育委員會怠忽職守，未能替學區內已經過度擁擠的學校騰出更多空間一事發表我的淺見，不過後來決定還是不要打擾他們的昏睡。

我倒想說說我家菜園的豌豆發芽後發生了什麼事。我只要對別人說兔子吃掉了我的豌豆，就會引起一場爭執。這附近大多數曾種過豌豆的人都會說：「是鳥兒把它們吃光的。」

我的豌豆先前就曾無端消失過好幾次。某次豌豆又被吃掉時，我在豌豆田周圍裝了一圈細鐵絲網，從此之後豌豆就再也沒被碰過。大家應該都知道，鐵絲網不可能攔得住飛鳥。另一次，我的豌豆長到三或四英寸高時，它們又被吃得乾淨淨，一排排的豌豆在一兩天內就被吃掉了一大半。當時我的菜園裡正好住了一窩兔子。去年菜園附近則住了兩隻兔子，豌豆果然又被吃掉。今年我們的菜園位在運動場的圍欄後方，而且我們把洞堵住，防止住在另一邊的兔子跑進來。我每天早上都會看到兔子出來吃早飯，但我的豌豆倒是安然無恙。

要我相信鳥會吃豌豆，你得先證明給我看。這附近的鳥兒有旅鶇、椋鳥、家麻雀和其他種類的麻雀、唐納雀、東藍鴝、鳩鴿、烏鶇、北美金翅雀、灰貓嘲鶇、黃鸝、黃褐森鶇和靛藍彩鵐，除了昆蟲和毛毛蟲以外，沒有任何一種鳥曾被人看見牠們會啄取菜園裡的任何東西。

兔子也能像利刃那樣把玫瑰花叢啃斷。我敢大膽地說，城裡的兔子遠比周邊的鄉下更多。這附近的山我都走遍了，從來沒遇過一隻兔子，倒是在這裡經常見到牠。蓋一道穩固的圍籬再種豌豆吧，不然就先除掉兔子再來種豌豆。

——艾瑪．蓋特伍德

露易絲在一九五一年結婚，把她名下那部分房屋的產權轉讓給母親，這是艾瑪三十年來頭一次孑然一身。她十一個子女都獨立成人了。

接下來幾年，艾瑪四處做粗工或照顧生病的親人。她去過賓州的匹茲堡、肯塔基州的歐文斯伯洛（Owensboro）和俄亥俄州的米勒。在露易絲一九五一年離家後，艾瑪把房子租出去，自己到哥倫布的郡立醫院工作了五個月，她很可能就是在那裡第一次讀到《國家地理雜誌》上關於阿帕拉契步道的報導，文章裡提到這條長距離步道「是為所有健康良好的人所規劃」，而且「不需要具備專門技術或訓練就能走完」，同時還為考慮長途健行的人提出以下的簡略建議：

行經艱難或陡峭路段時要格外謹慎。
穿著適合步道所在地區、海拔和季節的衣物。
計畫好紮營的地點，或在步道附近尋找其他小屋。
攜帶足夠的食物，或知道能到哪裡用餐。
假如要在阿帕拉契步道上長途健行，事先應做萬全準備。應該小心確認行經路段的路況。

一如在她之前的五位全程縱走者，以及在她之後的數千名山友，她無論如何都忘不了這條步道。一九五四年七月，她搭飛機到緬因州，開始從卡塔丁山頂峰往南走，結果迷了路，差一點就再也無法從荒野中走出來。

其中一名搜救人員曾對她說：「回家吧，奶奶。」

但她還是回來了。

☼

那些男人叫艾瑪先在彩虹湖那裡等候，他們要找一位巡管員到佩諾布斯科特河西支流那邊和她會合，再用小船把她載到對岸。她一直等到大約早上九點，接著開始往東走，經過小赫德湖（Little Hurd Pond）與彼特曼湖（Pitman Pond），在正午前走了大約十英里。當她來到河邊時，沒看到任何人。她爬到林道上方的一塊巨石頂端，坐下來吃午餐。

就在距離此地西方兩千英里處的科羅拉多州丹佛市，在絕大多數美國民眾都渾然不覺的情況下，艾森豪總統差一點喪命。艾森豪是每天要抽四包菸的老菸槍，當時他正在丹佛度假，前一天他打了一場高爾夫球，接著跟妻子和醫生一起用晚餐，在餐桌上抱怨胃痛，第二天早上病情更加惡化。這位日後將留下州際公路政績的總統，在六十四歲那年心臟病發作，在費茲西蒙斯軍醫院（Fitzsimmons Army Hospital）的八樓住了七週，更讓全國民眾提心吊膽直到第二年。

回到阿帕拉契步道上，那個一輩子幾乎從沒感冒的女人剛在石頭上坐下沒多久，就看到兩輛汽車往她這頭駛來，一路捲起滾滾沙塵。

巡管員從其中一輛車裡出來，《運動畫刊》的瑪麗．史諾和來自附近米利諾基特的美聯社記者蔡斯太太（Mrs. Dean Chase）則從另一輛車下來。艾瑪看起來累壞了。她的一隻眼睛仍帶著瘀青，不過心情似乎倒是很好。打過招呼後，他們一起坐上汽車，開了一英里路左右，來到一處獨木舟碼頭。巡管員從他的車頂上拉下一艘小船，再把船滑進冰冷的河水中，三位女士則在一旁聊天。當艾瑪、巡管員和史諾爬上小船準備前往對岸時，蔡斯太太替他們拍了幾張照片。巡管員在小船上加了一具小型引擎，所以他們很快就過了河。

蔡斯太太把車子掉頭，跟眾人在卡塔丁山附近的營地會合。艾瑪和史諾先上岸，向巡管員道了謝，然後開始一起沿著佩諾布斯科特河旁的步道行走。她們邊走邊聊。自從她們第一次在熊山見面後，發生了許多事。艾瑪告訴她在華盛頓山山頂上遇到的狂風，跟兩位海軍年輕人一起涉水渡過因颶風豪雨而暴漲的溪水，在馬胡蘇克隘口得先把背包推進狹窄的山壁縫隙才能通過，以及她拿了一塊被人丟棄的橡皮來做足弓支撐墊等故事。她還告訴史諾，她利用在營地附近找到的一根叉子，當成梳子來梳頭。還有她因為眼鏡鏡片破裂，不得不用手杖來測量急流中踏腳石之間的距離。

艾瑪說：「我看不太清楚。」

史諾問她，晚上都在哪裡睡覺。

「只要能讓我這把老骨頭躺下來的地方都行。」艾瑪說。門廊上的鞦韆。野餐桌。斜頂小屋。伐木場營地。

「有遇到什麼動物嗎？」史諾問。

「多數人遇到動物都會害怕，」艾瑪說：「會想立刻把牠們打跑，但除非你把牠們逼到死角，否則動物根本不會攻擊你。那都是胡說八道，我從來沒遇到過熊。我在走過森林時都會盡量發出聲響，踩踏時加重腳步。」

當她們抵達約克漁獵營地時，又開始下雨。史諾說要去打個電話。她打到卡塔丁溪營地，蔡斯太太正在那裡等她，史諾請蔡斯太太開車到約克營地來接她。史諾和艾瑪在等候時又繼續聊天。

史諾很想知道艾瑪對這條步道的整體印象。步道符合她的期望嗎？

「三年前我從一本雜誌第一次得知這條步道，報導裡提到步道非常美麗且標示完善，還說步道已整理暢通，行走一天就能在附近找到過夜的山屋。」艾瑪說：「我以為這條路走起來會很好玩。結果並不是。路上有很多倒木，野火燒過的區域沒有再重新標示，部分路基的礫石和沙子被沖刷殆盡，野草和灌木長到脖子那麼高，大部分的避難小屋要不是被風吹垮，就是被火燒毀，再不然就是髒到我寧可睡在戶外。這不是一條步道。這是一場夢魘。而且不知道出於什麼愚蠢的理由，他們總是引導你去爬最大塊的岩石，登上他們能找到的最大的一座山。我見過從這裡到喬治亞州之間所有的消防瞭望塔。印第安人如果看到這些步道一定會笑掉大牙。如果我知道這條路有多難走，我絕對不會開始這趟旅程，但我不能也不願意半途而廢。」

當蔡斯太太抵達時，艾瑪向她們道別，繼續在雨中走向卡塔丁溪營地。她登記了一間小木屋。管理員替她在爐子上生了火，還拿來一盞燈。史諾和蔡斯太太開車過來，這時夜晚的寒氣已開始降臨，管理員又替她們多拿了幾條毯子，三個女人又繼續聊了一會兒。史諾把自己多出來的午餐給了艾瑪，然後和蔡斯開車回到米利諾基特的文明世界。

艾瑪走回管理員辦公室，付了小木屋的錢，在走回木屋的路上，停下來觀察不同的小屋。營火照亮了露營者的臉孔。他們開始交談，艾瑪把她的故事告訴這些驚訝又好奇的戶外活動愛好者。在那座一英里高的大山山腳下，在她出發之後的第一百四十四天，她感覺自己是個重要人物。

假如這條步道是一本書，她正準備開始寫最後一章。

16 重返彩虹湖

二〇一二年，九月二十五日

我們在卡塔丁溪營地的黑暗中醒來。我其實不能算是醒過來，因為我覺得自己好像整晚都沒睡，是那種始終沒辦法安穩沉睡、在半夢半醒邊緣掙扎的不舒服睡眠。我的疼痛大部分集中在下背，但如果在斜頂小屋的硬木條地板上只睡了一晚就開始抱怨，也實在說不過去。

「現在大多數的人都是肉腳。」艾瑪．蓋特伍德五十年前曾對一位記者說。我很好奇她現在又會怎麼看我們。我很好奇她對我們在頭燈照射下整理裝備，再裝進符合人體工學、至少有上百個口袋的背包，又有什麼看法。還有我們隨身帶著的李德曼牌（Leatherman）工具、登山爐具，以及裝有羅盤應用程式的iPhone手機。

我們的目標是以艾瑪的日記與舊步道地圖為指引，再次循著她的原路爬上卡塔丁山。我想看看她看過的景色，走她走過的地方，透過重返她在距今整整五十七年前——也就是一九五五年九月二十五日——走過的同一條路，竭盡所能地去理解她。「步道的終點。」她在那天的日記上寫著。

這裡是聖地。

五個月前，我懷抱著同樣的目標，站在喬治亞州的歐格索普山上。步道的起點就像步道上的許多路段一樣，已不在原處。如今步道最南的端點在史普林爾山（Springer Mountain），位於山勢更壯觀的歐格索普山西北方約二十英里處。由於當地的開發與農業發展，一九五八年，最南的端點被遷移至此處。為了揣想艾瑪當年所見景象，我不得不無視山頂好幾個「禁止擅入」的告示牌，穿越私人土地，才能往下開始走步道。我已經跟著艾瑪的腳步走過了喬治亞州、賓州和馬里蘭州，不過步道的面貌已大幅改變，想知道她確實走過何處非常不容易。我爬上俯瞰西維吉尼亞州哈伯斯費里的懸崖頂，當年她曾在這裡停下來，欣賞波多馬克河與仙納度河匯流的壯麗風景。我也花了相當長的時間，和艾瑪四位仍在世的子女——他們分別住在佛羅里達州、俄亥俄州、亞利桑納州與阿肯色州——以及她的孫子女談話，也仔細讀過她的日記、許多報章雜誌的報導，還有她家人保存的一大箱書信。我用手指撫摸過她的手杖，那是一根取自野生果樹的結實細枝。我把登上緬因州最高峰卡塔丁山視為最後一場朝聖之旅，一次對無形事物的追尋。

在《浪遊之歌：走路的歷史》（*Wanderlust: A History of Walking*）一書中，作家蕾貝嘉・索尼特（Rebecca Solnit）寫道：

> 路徑是前人對於穿越一片風景的最佳詮釋方式，遵循一條路線就是接受了一種

詮釋，或者像學者、追蹤者和朝聖者那樣緊緊跟著前人身後。走在同樣的路上就是再次宣告某件深刻的事物；用同樣的方式穿過同樣的空間，就是變成同一個人、思索同樣想法的一種手段。

攀登卡塔丁山的路徑跟一九五五年時大抵相同，不過緬因州境內的步道有半數以上路段經過重劃。一九六八年，國會通過「國家步道系統法案」後，緬因州阿帕拉契步道社團重新檢視了州境內的步道路線，開始把步道移到一條能讓健行者感覺更有收穫、更容易維護的路徑上。主要的改道計畫自一九七〇年代中期開始，一直進行到八〇年代晚期。

為了確保我們的攀爬路線符合史實，我和妻子聘請保羅．桑尼坎卓（Paul Sannicandro）擔任我們的嚮導。保羅是戶外活動愛好者，個性和善。他是巴克斯特州立公園的步道督導，負責維護一條兩百二十五英里長的步道，那步道位於面積廣達二十萬英畝、有四十七座山頭和六十七個湖泊的荒野中。這座公園是前緬因州州長柏西瓦爾．巴克斯特（Percival P. Baxter）送給州民的禮物，他在三十年間買下大部分土地，捐了出來，還自掏腰包數百萬美元設立基金會，負責公園的維護和營運，希望讓公園保持荒野原貌。儘管森林裡有伐木作業、狩獵活動，每年還有數千名訪客到訪，但公園至今仍保留著荒野的樣貌與精神。

兩天前，我和妻子在米利諾基特的一間平價餐館和保羅碰面，一起享用了緬因州龍蝦。他看了我們的行程表，也檢查過我們的裝備，確定我們帶了足夠禦寒的適當衣物。我已經開始覺得自己像個肉腳了。

保羅用艾瑪的日記推算，她應該是在艾伯橋（Abol Bridge）附近越過佩諾布斯科特河的西支流，再沿著佩諾布斯科特河北岸走了幾英里，來到與涅索瓦尼杭克河（Nesowadnehunk Stream）的交匯處，前往卡塔丁溪營地。她在那裡過了一夜，然後繼續往上走杭特步道（Hunt Trail），經過梭羅泉（Thoreau Spring），登上巴克斯特峰。第二天，我們跟著她的足跡，輕鬆地走了大約九英里路抵達卡塔丁山山腳，在這裡看到一塊嵌入大圓石的紀念牌：

人終有一死。他的成就短暫。
建築會崩塌，紀念碑會腐朽，財富會消失。
但卡塔丁的壯麗將永遠留存
在緬因人民的心中。
P. P. B.[13]

第二天早上，我們在水壺裡裝滿冰涼的溪水，打包好背包，把額外的補給品寄放在公園管理站。當我們在登記簿上簽完名離開營地時，氣溫接近冰點，天色仍然昏暗。那時是早上五點

13 譯註：即前緬因州州長巴克斯特。

五十分，艾瑪當年也是在同一時間自營地出發。嚮導保羅帶著我們穿過月光照亮的森林，步道兩邊長滿了白楊、楓樹、常綠植物和各種蕨類。有六位健行者比我們更早出發，我們後面還有更多人會跟上。我試著想像艾瑪在黑暗中穿越這條崎嶇山路，她唯一的光源就只有一支小手電筒。如今到這裡從事單日健行的山友眾多，步道上某些路段已經變成八英尺寬，但在一九五五年時，這裡只比獵徑寬不了多少。

想在這個場景裡，精準重現艾瑪當年的困境是不可能的。她的膝蓋受傷。眼鏡鏡片破了，鞋子也穿壞了。用六十七歲高齡的雙腿連續爬山一百四十四天之後，她必然感到無比疲累。我很快就找到一根細手杖，這是我們共同的分母，其他的思緒也因而隨著我踏出的每一步慢慢沉澱下來。我們爬上卡塔丁山時，路面是乾的，但艾瑪登頂前卻連下了好幾天的雨，所以路旁的植物一定還是濕漉漉的。她的鞋子和吊帶褲很快就弄濕了。「而且我覺得不夠暖和。」她寫道。除了原本穿在身上的吊帶褲和長袖襯衫外，她還把背包裡能找到的所有衣物全都裹在身上。一件T恤、一件男用套頭厚羊毛衣、一件緞面內襯的羊毛夾克，還有一件雨衣。

步道沿著卡塔丁溪穿過濃密的雲杉樹叢，經過一座三層高的瀑布，水花嘩啦嘩啦飛濺的聲音就像鼓掌一樣。在清晨的灰色晨光下，幾乎看不清我們走過的地方，但我試著想像艾瑪就在這裡，她的肋骨隨著每一次的用力呼吸而起伏，她一邊試著讓背包在肩膀上保持平衡，一邊費勁地走過這片彷彿堆滿了天降大石的土地。而且是孤身一人。

在她來到此地的一世紀前，遠遠早於謝佛與麥凱，還有另一位朝聖者曾爬過這座山。那是一八四六年的九月，一群男人先經過米利諾基特，再撐篙划槳，往上渡過佩諾布斯科特河西支流，在艾伯溪（Abol Stream）旁紮營，然後從側邊開始爬上卡塔丁山——梭羅把Katahdin拼寫為Ktaadn。梭羅一馬當先，大刀闊斧地在荒野中開路，直到來到一處能清楚看見山頭的地方。這座山迥異於他過去看過的所有山峰，林線以上有一大部分山頭全是裸露的岩塊。他的同伴們開始準備紮營，但梭羅試圖趁著僅剩的天光直接登頂，爬過「我所遇過最危機四伏且充滿孔隙的地形」，在雲朵的邊緣停下腳步。梭羅寫道，「卡塔丁（Ktaadn）」一詞在印第安語中意指至高之地，在他之前，白人最早曾於一八〇四年登上這座山，其後的四十二年間只有少數幾個人登頂。「除這些人之外，」他寫道：「即使是偏遠地區住民和獵人也少有人爬上去，登山旅行的風潮還要經過很長一段時間才會成形。」

梭羅那天回頭下撤，但第二天一早又再度上攀，把同伴們遠遠拋在身後。他來到一塊台地，一個光禿多石、微微傾斜的高原，他稱其為「地球尚未發育完全的末梢」。他在山頂上似乎感到格格不入，心生畏懼。

他寫道：「這塊地不是為你所準備的。」

難道我在山谷裡微笑還不夠嗎？我創造這方土地從來不是為了讓你涉足，這裡的空氣不是給你呼吸的，這裡的岩石也不是為了替你作伴。在這裡，我既不會同情你也不會憐惜你，而會不斷無情地把你從此地驅趕到我真的仁慈的所在。

為何在我從未召喚你的地方對我苦苦尋求，卻又抱怨我像後母般殘酷？假若你凍死、餓死，或者活活嚇死，這裡既沒有神龕，也沒有祭壇，你們的聲音也不會傳到我的耳裡。

下山時，他幾乎崩潰了。

我們很難想像一個未曾有人居住的區域。我們習慣認為，人的存在和影響力無遠弗屆。然而，除非我們曾見過她即使被都市所包圍，仍然有如此遼闊、陰鬱和殘暴的一面，我們根本不算見過純粹的自然。在這裡，自然既野蠻又恐怖，卻又異常美麗。我用敬畏的眼神凝視著我所踩踏的土地，想看看上蒼在這裡創造了些什麼，想知道其傑作是以何種形式、樣態和材質呈現出來的。這正是我們所聽說過的地球，是由混沌與古老暗夜所生成的地球。這裡不是任何人的花園，而是人跡未至的世界。它既不是草坪、牧場，也不是草地、林地，或者草原，既不是耕地，也不是荒原。它是地球這顆行星新鮮且自然的表面……。在這裡可以感受到一股未必會善待人類的力量。這裡是屬於異教崇拜與迷信儀式之地——只有比我們更親近岩石與野獸的人能在此居住。

我不知道艾瑪是否讀過梭羅描寫卡塔丁山的那篇散文，不過她的字裡行間經常暗示她在和大自然較量，而荒野剛好給了她一個較量的環境。她曾說，在步道上，「生命裡的瑣碎糾葛都會像蜘蛛網那樣被撥開」。梭羅寫道：「觀看者的一部分，某個關鍵的部分，似乎在攀爬時從他肋骨的縫隙間溜了出去。他遠比你所能想像的更為孤單。」

艾瑪曾對記者說，她在步道上感受到「一種前所未有的全然孤寂」。我經常思考那句話。賴瑞・盧森堡（Larry Luxenberg）撰寫《走在阿帕拉契步道上》（*Walking the Appalachian Trail*）一書時，訪問過大約兩百位阿帕拉契步道健行者。他說，假如你把邁爾斯－布里格斯（Myers-Briggs）性格分類法應用在謝佛之後的逾一萬一千名全程縱走者身上，就會發現絕大多數的縱走者都屬於內向型。不過艾瑪並不是，她可以很輕鬆地向陌生人自我介紹，或開口拜託別人提供地方讓她過夜。她喜歡有人作伴，不過也能從孤獨中得到同樣的滿足。

啟程大約一小時後，我們來到一處林間空地。太陽正從東方升起，朝霞自樹冠後方的地平線射出萬紫千紅的光柱。在一段困難的上坡路後——我要強調「上坡」這兩個字，因為同年三月我才在四小時內跑完全馬，但此時我卻氣喘連連，只要靜止不動，雙腿就會抖個不停——我們突破了林線，發現自己正面對著一條名為杭特山脊（Hunt Spur）的光禿稜線。

我們的嚮導非常了解安全問題，他告訴我們，他參與過幾次可怕的山難救援。根據他的經驗，各種年紀和程度的山友都可能受傷。他提到有一名男子曾試著在兩塊巨石間撐住身體，卻反而弄傷了兩邊的肩膀，最後不得不被綁在擔架上，由救難人員一個個接力把他運送下山。

我們站在那塊毫無遮蔽的空地上，氣溫似乎直線下降。陣陣寒風刺骨。保羅提醒我們應該要適時加穿或脫掉幾層衣服以免流汗，這是在嚴寒天候中保命的關鍵。

「當我爬到林線上方時，狂風幾乎把我颳下山去，」艾瑪寫道：「我開始穿上更多衣服，一件T恤，一件男用套頭厚羊毛衣，一件緞面內襯的羊毛夾克，一件雨衣。登頂的時候，我穿上了兩雙羊毛襪，手上戴著手套，再用雨衣袖子蓋住，還戴著羊毛頭套，圍著絲巾，頭上頂著塑膠雨罩。我覺得挺舒服的。」

前往山頂的路上，有好幾處的光禿圓石都裝上了金屬握桿。登山者必須邊爬邊抓住這些握桿，就像在猴架上攀爬一樣。在稜線上某處，我太太珍妮佛突然痛得皺起臉來。

「你扭到腳踝了嗎？」我問。

「對，」她說，一面避免讓右腳使力：「有點扭到。」

或許是出於固執的天性，她向我保證沒事並繼續前進，但傷勢顯然讓她相當痛苦。保羅堅持我們應該停下來，所以我們乖乖聽話，在一塊能擋風的大石頭後方休息。珍妮佛腳上原本穿的是有黃金大底（Vibram）的五趾鞋，不過我們還帶了另一雙在軍用品店裡買的綁帶沙漠靴。保羅在替她檢查傷勢時，我突然想到，在這麼高的山上，即使一點小傷也可能帶來嚴重後果。我們已一口氣爬了四小時，還要再走大約一小時才會抵達巴克斯特峰。拖著受傷的腳踝往回走幾乎是不可能的。我腦海裡浮現了直升機在稜線上空懸停的畫面，直升機努力保持穩定不動，放下救生吊籃，把珍妮佛載往安全處。我很好奇，如果換成是艾瑪，她會怎麼做。我們身上都有手機，而且一路上還遇到了十幾位一日單攻的山友，但她登頂時，山上可是空無一人。

保羅認為珍妮佛應該換上靴子，讓腳踝有更多支撐，她很不情願地開始綁鞋帶，一邊用嘴吹出熱氣為沒戴手套的手指保暖，否則她根本感覺不到鞋帶。我們喝了點水，又吃了些堅果和能量棒，然後才小心翼翼地再次出發。從我們所在的高點，四周的景色美得令人屏息。太陽總算升到天頂，照耀在遠方山下的數十個湖泊上，把湖水染成白色，彷彿有人從卡塔丁山頂丟下一面巨大的鏡子，鏡子四分五裂後，碎片就散落在我們的腳下。

在這片想必是全新英格蘭面積最大、僅有最低度維護的未開發土地上，很難看得出任何人類活動的痕跡。我想起在艾瑪一九五四年攀爬紀錄中讀到的一樁軼事，那是她生平第一次爬上一座山的頂峰。她在山頂穿上一件黑色的羊毛衣，吃了一把葡萄乾當午餐，一邊數山下到底有幾座湖泊。當她數到第一百個時，就放棄了。

我們抵達了「入口」（the Gateway），這裡的地勢先是變得平坦，然後才陡升直達山巔。這塊台地上長滿了一種矮小、細緻而美麗的植物，名叫岩梅（diapensia）。這種常綠植物看起來像針插，只有三、四英寸高，細小的葉片緊密簇生，能把寒氣隔絕在外。和岩梅混生的還有比格羅薹草（Bigelow's sedge），這是一種罕見的開花植物，生長在高海拔地區的平地上。保羅告訴我們，這兩種植物都是受威脅物種，必須小心監測。假如高山地帶的範圍因為地球暖化或人類活動影響而縮小，比格羅薹草很可能就會失去適當的棲地。不僅如此，卡塔丁斑駁酒眼蝶（Katahdin Arctic butterfly）也會跟著消失。

這種小型蝴蝶是斑駁酒眼蝶（Polixenes Arctic）的亞種，除了卡塔丁山上面積約一千英畝的台地之外，全世界其他地方都找不到。科學家尚未精確計算出這種蝴蝶的數量，但他們知道數量會劇烈起伏。雌蝶在薹草上產卵，當蝶卵孵化時，幼蟲就以薹草為食，慢慢發育長大。幼蟲到了冬天會冬眠，直到春天才會再度進食。暮夏時節幼蟲開始結蛹，次年才會羽化成蝶，在天空中飛舞約一個月，結束為期兩年的生命周期。

一九九〇年代中，聯邦調查局幹員分別在加州和亞歷桑納州突襲了一名除蟲業者和兩名商人的住家，搜出了兩千兩百隻稀有昆蟲，其中竟然包括三十七隻卡塔丁斑駁酒眼蝶，把巴克斯特公園的巡管員們嚇傻了眼。這些盜捕者的手段十分大膽——幹員們發現其中一人在寫給同夥的信中表示，萬一被查獲，就說「抱歉，我不知道這裡不能抓蝴蝶」——這是聯邦政府第一宗針對盜捕蝴蝶所展開的調查案件，也讓巡管員們認清了商業性蝴蝶蒐集行為所帶來的威脅。有趣的是，卡塔丁斑駁酒眼蝶體形不大，外型也不像帝王蝶或閃蝶那麼華麗亮眼。這種極為珍稀昂貴的蝴蝶體型很小，翅膀是黯淡的褐色。對於盜捕者來說，這個目標物看起來更像蛾。

對卡塔丁山棲地另一種較可預期和控管的威脅，則是人類的足跡。登山客多年來的踐踏摧毀了許多岩梅與薹草，直到公園劃定一條路徑清晰的步道並設置告示牌，提醒山友不要踩在這些植物上。不過顯然不是所有登山客都會仔細閱讀告示內容，有些人會穿越台地走到步道外。保羅氣壞了，高聲對著一名無視警告、正準備踩過這片珍稀植物的登山客發出嚴厲的警告。

「抱歉啦老兄。」那名登山客說。

得知高海拔地帶的植物與昆蟲如此脆弱之後，我開始反思人類是否根本就不應來到這裡。當我離開營地時，心裡想的是要去找梭羅的聖地、艾瑪．蓋特伍德的聖地，此時我卻愈來愈覺得自己像個不速之客——雖然我們都乖乖走在步道的正中央。

梭羅泉位於台地的中央，看起來就像一個泥灘，前一天的山友在這裡留下了數十隻靴印。我們隨後就會知道，留下這些腳印的人，有些正是受艾瑪．蓋特伍德到此縱走所啟發的男女山友。那啟發艾瑪縱走的原因又是什麼？

我們在這個山頂湧泉旁小歇。我看著水量極小的泉水往下坡處緩慢滴流，突然靈光乍現：爬一座山，爬這樣一座山，其實就是沿著一條河逆流而上，穿過山谷，再沿著小溪爬上山腰，經過瀑布，最後終於來到這股細小的湧泉。這就好比逆著水循環而行，逆著事物秩序而行，最終抵達生命的源頭。回到青春。回到出生的那一刻。

在家鄉，我曾告訴遠在堪薩斯州威奇托市（Wichita）的報社友人，我一直打算要做的事，我一直在追蹤蓋特伍德奶奶在阿帕拉契步道上的足跡，試著潛入她的心靈。我的朋友又跟我分享了他的故事。

一九八二年，他和妻子把背包打包好，到科羅拉多州的派克峰（Pikes Peak）進行多日登山健行之旅。三、四天後，他們終於抵達林線，兩人都累壞了。習慣平地生活的他們實在沒力氣繼續爬上那座海拔一四一一五英尺的高山。在這裡，每吸一口氣，肺部都像火燒一樣難受。然後，我的朋友看到了一塊釘在大石頭上的紀念牌，那是為了紀念一九五七年發生在山上的一個死亡事件。

謹此悼念
G・伊奈斯汀・B・羅伯茲（G. Inestine B. Roberts）
她在第四度登上
派克峰後
在林線上死去
享年八十八歲

三十年後，我的朋友仍然記得那塊紀念牌。他記得當時對於這位高齡八十多歲的老人一次又一次地重返高山，直到最後一次下山時，在山上死去一事甚感驚奇。

「這些老人家跟山到底是怎麼回事？」他問。

那是個好問題。

☼

在卡塔丁山頂峰，我們發現了一個驚喜。

上山途中，有好幾位山友超越我們，但我們沒料到竟會遇見一大群人。山頂大概有三十五名山友，多數人都是終於抵達終點的全程縱走者。有的年輕，有的年紀大些，他們滿臉鬍鬚，全身臭烘烘的。其中有一群人是在漫長的步道上相遇後結為好友，他們正打開百威啤酒，輪流分享一支大麻菸。他們還把一台錄影機裝在一根登山杖末端用來自拍，在結束大自然縱走時留下數位的回憶。他們說話時會使用某種步道密碼，整個場面因而有種排外感，彷彿是一場只有知曉祕密敲門方式的人，才得其門而入的派對。一名留著濃密紅色鬍鬚的年輕人，爬到寫有「卡塔丁」字樣的木頭標示牌上，做起瑜伽的烏鴉式，逗得其他人哄堂大笑。現場至少有兩對情侶在求婚，兩對佳偶的初次相遇都發生在步道上。

根據阿帕拉契步道保護協會的紀錄，二〇一二年，有兩千五百名全程縱走者從喬治亞州出發，但在哈伯斯費里——縱走者心理上的步道中間點——簽名的人數不到一半，也就是一〇一二人，而最後只有五分之一的人通報他們成功抵達了卡塔丁山。我坐在一塊岩石上，看著愈來愈多朝聖者來到標示牌前。他們的狂喜感染了眾人，連我都差一點感動落淚。一對行動較慢、較冷靜的白髮伴侶走過來觸摸標示牌，然後互相擁抱。他們兩人都哭了。

「你知道這條路就是非得要這麼難走，」那女人說：「非得這樣不可。」

即使阿帕拉契步道這些年來已經維護得更加完善，也變得愈來愈擁擠，完成一趟全程縱走仍然是一項了不起的成就。有超過一萬一千人走完了全程的兩千多英里，許多人選擇分段走，但根據阿帕拉契步道保護協會統計，在全程縱走者當中，平均每四人就有三個走不到終點。近年來，被稱為「兩千英里人」的全程縱走者數目持續增加，從二〇〇五年的五六二人，到二〇一一年增加為七〇四人。

步道的規劃者與早期志工一定會認為這些數字太離譜了。在整個一九三〇年代，只有五個人回報走完整條步道，但全都是分段進行。（步道直到一九三七年才完工。）一九四〇年代則只有三人——謝佛是其中唯一的全程縱走者。在這段期間，步道又有些路段尚未完工，或者未能連接起來。到了一九五〇年代，當艾瑪踏上步道時，只有十四個人回報完成了兩千英里的全程縱走。

隨後，這個數字開始慢慢爬升。一九六〇年代完成全程縱走者的人數增加了一倍有餘：總共有三十七人回報走完全程。一九七〇年代有近八百人完成。一九八〇年代則有一四二〇人。一九九〇年，三三〇一人。二〇〇〇年代：五八七六人。

在這群兩千英里人當中，有兩名六歲的男童，也有一名高齡八十一歲的老翁，一名八十歲的老婦，一位盲人，一對打赤腳的姊妹花，還有一隻貓。二〇一一年，則有一位女性通報在四十六天又十一小時二十分鐘內完成了全程縱走，這是非官方紀錄中最快的速度。

儘管到山裡長途健行似乎是種平和的活動，阿帕拉契步道全程縱走卻非毫無爭議。第一個挑起爭端的就是步道傳奇本人謝佛。阿帕拉契步道保護協會對他自稱完成縱走的說法存疑，直到他拿出數百張幻燈片作證，並且能夠詳盡描述縱走的過程為止。接下來很多年，謝佛反倒變成了質疑者，他寫下其他早期全程縱走者，包括蓋特伍德奶奶在內的行程可疑處，認為他們可能抄了近路。

在一九九〇年代中期，一位名叫麥克斯・戈登的老先生（Max Gordon）告訴《阿帕拉契步道新聞》（*Appalachian Trailway News*）說，一九三六年時他曾和其他五名來自布朗克斯的青少年童子軍一起完成全程縱走，假如他所言為真，那麼謝佛就會變成第七位完成全程縱走者，而非第一位。老人對於在步道上的某些經驗言之鑿鑿，不過對其他路段卻記憶模糊。他只記得另外兩名童軍夥伴的姓名，但這兩人都已過世。他向該報表示，他從來不知道這段縱走的重要性，直到晚年收到一份阿帕拉契步道保護協會寄來的廣告信，才決定把當年的經歷公諸於世。

即使缺乏佐證，阿帕拉契長途健行者協會（Appalachian Long Distance Hikers Association）仍在二〇〇〇年修改了首批兩千里縱走者的名單，謝佛則要求重新檢視相關證據。然而，到了二〇一一年，反倒是他自己的紀錄再度受到質疑。二〇〇二年謝佛去世後，他的舊筆記本被捐贈給史密森尼學會（Smithsonian Institution）。西維吉尼亞州有位律師兼背包客名叫吉姆・麥克尼里（Jim McNeely），他仔細閱讀了謝佛的舊筆記本，試圖拼湊出阿帕拉契步道的舊路線，也就是謝佛當時走過的路徑，結果卻發現謝佛跳過了一段長達一百七十英里的步道，不是抄了近路，搭了便車，就是走在公路上。曾經擔任檢察官的麥克尼里後來出版了一本共有十九章、厚一百六十四頁的詳盡報告，把謝佛描寫成騙子和偽君子。

在得知謝佛至少曾扭曲自身縱走紀錄的確鑿證明後，阿帕拉契步道保護協會及阿帕拉契步道博物館採取的立場相當耐人尋味——基本上，「我們可不是幹偵探這一行的」，謝佛的歷史定位仍然是第一位「回報」完成全程縱走的人。

這個消息讓登山健行社群整個炸開來，分裂為兩個涇渭分明的陣營：其一是「純粹主義者」或「白方塊標示主義者」，他們深信縱走者必須走過步道上每一個白色方塊標示——假如你錯過了一個，就得回到錯過的地方再走一次。與之相對的陣營則是「各走各路」派，他們傾向於對從喬治亞到緬因州的這段靈性徒步之旅採取較寬鬆的態度。

這兩個陣營可以為了到底何謂全程縱走而連日爭論不休，而說到底，這正好證明了他們對於這條步道，以及他們對這種縱走經驗的熱情。

☼

卡塔丁山頂的歡樂氣氛顯而易見，理由也很充分。我如果在這個幸福且神聖的時刻過去打擾他們好像不太對，但我還是尷尬地走到那群山友旁邊，問他們有沒有聽過蓋特伍德奶奶。他們全都點頭。

「對於能夠打赤腳走完步道的人表示敬意，是一定要的。」一名男子說。

我沒有糾正他。她的傳說顯然已經開花結果。我小時候還曾從我母親那裡聽過更扯的故事，其中一個是說艾瑪拿著一把雨傘趕跑了一隻黑熊。

那天站在山頂上，我沒有遇到從來沒聽過艾瑪事蹟的人。此外，有許多山友是受到她的啟發才上路的，儘管艾瑪的縱走已經過了這麼多年。

「在路上遇到困難時，我都會想起她。」其中一名山友說：「我會想：『她都做到了，我一定也可以。』」

☼

艾瑪・蓋特伍德在一九五五年九月二十五日的正午前，登上了四下無人的巴克斯特峰，那天距離她六十八歲的生日還有二十六天。她從喬治亞州的歐格索普山啟程，一共走了二〇五〇英里，穿越了十三個州，最後來到緬因州的卡塔丁山，這裡正是日出第一道曙光最先照射到美國之處。

她把她的第七雙球鞋穩穩地踏在絕壁頂上，獨自一人。在肉體上，即使穿著那件厚重的紅色麥基諾厚呢短夾克，她還是比一百四十六天前開始行走的那個女人瘦了很多。她總共瘦了三十磅。她的眼鏡破了；她的膝蓋很痛。她穿著移民的衣服，來到她位於空中的祭壇，對著看不見的觀眾大聲說話。

「我做到了，」她說：「我說過我做得到，現在我已經做到了。」

山頂一處圓錐石標上的標示牌寫著：

卡塔丁
阿帕拉契步道的
北方端點

此條山間步道
全長二〇五〇英里直至
喬治亞州歐格索普山

山風拍打著她的雙頰，艾瑪唱出了〈美哉美國〉的第一段歌詞，這段話是另一位女性在一八九三年從派克峰往下俯瞰時，突然靈光乍現而寫下的。

美哉斯土，穹蒼寬廣，
穗實金黃如浪
雄偉山巒映照紫光，
聳立於豐碩平原上！

風暴開始往山頭移動，她可不想被困在山頂。當她正要在登記簿

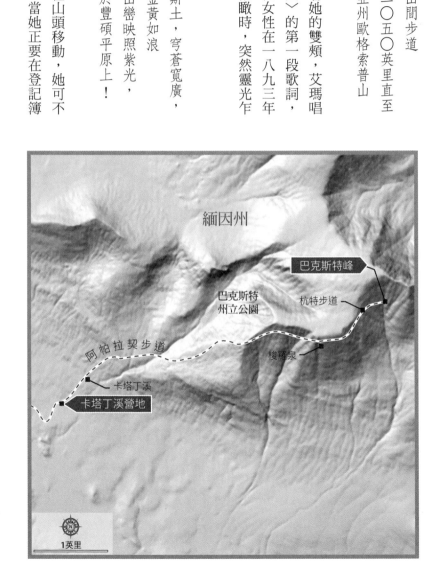

上簽名時，一陣強風吹來，差點把她吹倒在地。她重新找回平衡。接著陽光從雲朵的縫隙探出頭來，就只那麼短短的一瞬，像是對她眨眼一樣，彷彿上蒼也認可了她來到此地。

17 前所未有的全然孤寂

一九五五年，九月二十六日至十月九日

她簡直就是中規中矩的化身。一頭鐵灰色長髮梳整得乾乾淨淨，再綁在腦後。她穿著一件柔軟的白上衣，紅色嫘縈套裝，和一雙黑色中跟鞋。

「我決定回程的時候要看起來體面一點，」艾瑪對美聯社的記者蔡斯太太說：「你知道，換回文明世界的衣服感覺挺不錯的。」

她成了全國的話題人物。各地報紙的標題都跟她有關。

蓋特伍德太太完成縱走

祖母完成縱走，打算造訪紐約

阿嬤累壞了

謝佛的縱走曾引來幾篇報紙報導，以及一篇登在《國家地理雜誌》上、後來啟發了艾瑪的文章。艾斯比次年的成功縱走消息也獲得地方報紙刊登。然而艾瑪所受的矚目可說史無前例。《巴爾的摩太陽報》（*Baltimore Sun*）在報導中寫說：「一位開朗矮小的祖母在阿帕拉契步道縱走時一共瘦了三十磅，她今天表示，她終於『完成了一直想要去走的徒步之旅』。」「她說，新罕布夏州是整條路上最難走的一段。緬因州也有不少阻礙，因為步道一路上有很多『風倒樹』。蓋特伍德太太摔倒了好幾次，扭傷了一邊的腳踝或膝蓋，拖慢了她的速度。上週每天清晨都下霜，但蓋特伍德太太說她在漁獵營地有得住，而且至少每天都能好好吃上一頓飯。山頂現在還有些許積雪。」

她被形容為「生氣勃勃」、「結實」、「頑強不屈」、「果決」、「古板而老派」、「強壯」、「看似孱弱」，更意外的是還有人說她「很高」。根據這些記者的報導，她自稱感覺「狀況絕佳」，還準備「再走個一千英里」。她說她心情很好，因為這是她第一個「不用六點一起床就馬上啟程登山」的早晨。她估計在步道上大概花了兩百美元，差不多一英里十美分。

她把眼鏡拿給史諾送修，換上新鏡片。米利諾基特商會主席帶她參觀了附近的一座紙廠，還請她在大北方飯店（Great Northern Hotel）吃了中飯。下午他又開車載她回到商會，一群商界代表和顯要人士已經在那裡等著她。他們送給艾瑪一幅卡塔丁山的巨幅照片。

她在一處馬鈴薯田裡擺姿勢讓人拍照，從驗光師那裡拿回修好的眼鏡，接著在前往班戈的火車上與史諾一起享用了牛排大餐，這是由班戈暨阿魯斯圖克鐵路公司（Bangor and Aroostook Railroad）招待的餐點。她在車上寫了張明信片，地址是哈林區的一處天主教區，再把明信片投進郵袋裡，她此時還不知道，那晚她是跟兩個敵對幫派的老大們一起過夜。

「我辦到了！」她在明信片上寫道：「替我向那些年輕人問好，他們救了我一命。請告訴他們，我隨時歡迎他們來訪，你們也是。愛你們的，艾瑪。」

接下來幾天，史諾帶著艾瑪參觀紐約市。她們去了帝國大廈、中國城和碼頭區，成群的都市人吵吵嚷嚷地經過她們身邊。她以前只能從加利波利斯同鄉作家麥金泰爾的報紙專欄認識紐約。他把每天的專欄文章稱為「書信」，他講述的故事經常讓人感覺像是一張寫給遠方鄉親的明信片。他寫過手拿望遠鏡站在人行道旁的男人、包厘街（Bowery）上的廉價旅社、流浪漢、歌舞女郎、槍手、小巷裡的非法酒吧、假珠寶拍賣會、牛排餐館、古董店和自助餐廳。這時艾瑪親眼見到了這一切。

到了該離開的時候，史諾開車載她到拉瓜地亞機場（LaGuardia Airport），送她搭上回家的飛機。她跟平常一樣拿著手杖，當她登機時，其他乘客和機組員都跑來幫忙，彷彿她是殘障人士似的。

回到俄亥俄州南部的連綿丘陵地帶，就像是一場凱旋之旅。艾瑪忙著拜訪家人、接聽朋友的善意問候電話、第一次和她七個月大的曾孫見面，還要接受聽到她返鄉消息的記者訪問。她說她在步道一路上遇到的人都「非常和善」——除了那個拒絕她請求的傲慢女人，還有那個叫她流浪婦的男孩之外。

「我以為去走步道會很有意思，但我很快就發現事情根本不是那樣。」她對其中一名記者說。她解釋她是怎麼穿破七雙鞋的——四雙布面鞋，兩雙皮製鞋，最後一雙則是運動鞋，還有她總共用掉了五捲膠帶，主要是用來支撐腳踝。她還提到步道上的蟲子有多猖獗，她得把黃樟樹葉固定在遮陽帽的帽帶上，垂在雙耳前，把蚊蟲趕跑。

「我沒能早一點出發，」她說：「是因為假如你有十一個孩子得養，你不可能想去哪裡就去哪裡……我一直等到終於有時間，才下定決心，『那樣做一定很好玩。』」

一名巴爾的摩記者稱她為名人時，她回應說：「我真希望你們別再給我亂貼標籤了。」

她曾感到害怕嗎？

她說：「假如我會怕，我一開始就不會去了。」

彷彿她就是為了這一刻而生的。

「我睡在任何能夠躺下的地方，」她告訴當地一家報社：「當然啦，有時候那並不是世上最讓人滿意的地點，但我總是可以應付自如。用一堆樹葉就可以鋪成一張舒服的床，而且假如你夠累的話，山頂、廢棄小屋、別人的門廊上，甚至翻過來的小船也都能忍受。我甚至還有過床伴。有天晚上我睡在一間小木屋的地板上，一隻豪豬試著爬到我旁邊蜷起身子睡覺。不過我認為小木屋的空間不夠大到讓我們兩個一起睡。

「雖然我有很多次必須把食物分成小份，好撐過更長的時間，不過我從不需要做違法的事來取得食物。在食物真的不夠吃的時候，嗯，我也吃過不少野生莓果，嚼過許多黃樟葉、冬青樹葉、胡椒薄荷和香薄荷葉。

「上主未能滿足的需要，我就自己來。有天我在路上發現一個鐵罐。我用手杖撥了它幾下，最後發現那是一整罐未開封的燉牛肉。我用小刀打開罐頭，那天晚上吃得心滿意足。」她說這次旅程是她畢生最有意義的一個夏天。

「我花了很長的時間才走到山頂，」她說：「但當我終於登頂，在登記簿裡簽下我的名字時，卻感到自己從未如此孤單過。」

☼

老母親隻身一人在森林裡過了將近五個月，路上不但遇見了響尾蛇和幫派成員，還在海拔近一英里的高山上，拖著扭傷的腳踝、戴著破掉的眼鏡踽踽獨行，蓋特伍德家的成年子女對此卻彷彿無動於衷，實在令人咋舌。或許他們的血統就是如此。

露西對我說：「我們不會擔心她，因為她總是能照顧自己，而且她也教會我們要如何照顧自己。」

尼爾森說：「我不知道她在哪裡，或者在做什麼，不過那很正常。」

露西說：「有些人會說：『你們為什麼都不擔心？』我回說：『不，我們不會擔心。』她知道自己在做什麼。如果那是她想要做的事，那我們就更應該祝福她。」

「她只是個正常人，」尼爾森說：「沒什麼特別的。」

「我們那時並不知道她已經變成了某種名人，直到很後來才發現。」羅溫娜說。

「她走完步道後，先從西維吉尼亞州的杭廷頓打電話回來，」查爾斯・蓋特伍德（Charles Gatewood）是門羅的兒子、艾瑪的孫子，他說：「她說：『快來接我。』我爸說：『你都已經走了那麼遠，一定也可以繼續走回加利波利斯。』」

「她第一次走完阿帕拉契步道時，我覺得根本沒什麼好大驚小怪的。」他們的表親湯米・瓊斯說。瓊斯目前還住在俄亥俄河邊的家族舊農莊裡。「我想她那時是六十七歲，對嗎？嗯，我知道她身體有多強壯，又多熱愛戶外活動，所以我不覺得那對她來說有什麼特別的。」

或許她本人也是這樣想。

☼

隨著她的名氣愈來愈響亮，艾瑪又被請回紐約，去上NBC電視台《今日秀》（*Today*），主持人是戴夫・加羅威，艾瑪是節目的主要來賓。在電視攝影機前，她穿著牛仔褲、格子夾克和網球鞋從側門走出來，手裡還拿著她的舊背袋。她頭上戴的不是遮陽帽，而是一頂黑色的貝雷帽。她告訴加羅威和全國的電視觀眾，「必要的話」她還可以從卡塔丁山繼續再走個一千英里。加羅威問她為什麼要這樣長途健行。她說她原本就很喜歡在山裡散步，當她讀到雜誌上那篇文章把步道描寫得那麼美好時，就決定一定要去試試。

她後來又到帝國大飯店去參加《歡迎旅人》（*Welcome Travelers*）的試鏡，這是由「微笑」・傑克・史密斯（"Smilin'" Jack Smith）主持的益智遊戲節目。她得到了上場的機會，第二天早上他們先排演過幾次後才正式拍攝。艾瑪贏了兩百美元——剛好就是她在步道上花掉的錢。她搭上一輛繞行紐約市區的觀光巴士，在一間古董店停下來，替米利基諾特的蔡斯太太買了一個鞋形的銅製菸灰缸。

她的下一站是去匹茲堡看她的女兒羅溫娜和艾斯特。她才剛下飛機，就開始接到報社的電話。一名《匹茲堡新聞》（*Pittsburgh Press*）的記者問到她未來的計畫。

「那是祕密。」她說：「但假如我要再去健行，我會通知我的家人，就像上一次那樣——寫明信片給他們。」

她給所有人同樣的答覆。她說：「沒有人能從我這裡問到我對未來的計畫。」

雖然她還不肯說，不過她那時已經開始想著要重回步道。

☼

一九五六年六月二十五日，位於華府的美國眾議院召開院會處理連串重大議案，排程包括討論郵資調漲法案，以及對一九四九年通過的聯邦財產暨行政服務法案提出修正案等。來自俄亥俄州艾昂頓（Ironton）的共和黨籍眾議員湯瑪斯·簡金斯（Thomas A. Jenkins）對民主黨籍的議長約翰·麥柯馬克（John William McCormack）提出一項請求。

他說：「議長先生，我要求全院一致同意讓我延長發言並納入議事紀錄。」

「現場是否有人反對這位來自俄亥俄州的先生的請求？」麥柯馬克問。現場無異議。

「議長先生，」簡金斯開說：

艾瑪・蓋特伍德太太是我們國會選區、俄亥俄州加利波利斯的居民，幾個月前，她為自己贏得了全國性的知名度。儘管她已經六十七歲、還當了曾祖母，她仍獨自一人走完了長二〇五〇英里的崎嶇山路。她從喬治亞州的歐格索普山出發，走完了整條阿帕拉契步道，最後抵達位於緬因州東北部偏僻荒野中、海拔一英里高的卡塔丁山頂峰。

她在從事這項壯舉途中，一共穿破了七雙鞋子。她只帶著一條毛毯和少量的食物。她一共走了一百四十六天才來到這個位處荒山野嶺的險峻終點。她每天平均要走十七英里路，體重掉了二十四磅。她的成就也獲得許多山區居民的讚揚。一位很有經驗的緬因州林業老手說：「我們真是服了她。做這種事需要膽量，要有像拓荒者那樣的膽量才辦得到。」

蓋特伍德太太是在三年前讀到關於步道的報導——標示很清楚、一天行程結束後就有小屋可以過夜——但她卻發現大部分的小屋都已被風吹垮或遭到焚毀。很多時候她都得睡在長椅上、餐桌上和地上。在寒風刺骨的夜晚，她會把石頭烤熱了再睡在上面。

步道上有些地方就跟山間小徑差不多。也有些路段路基的泥沙和礫石被淘空，雜草和灌木長到她脖子那麼高。不過她不肯半途而廢。她一步一腳印地爬過被冰霰弄得濕滑不堪的岩壁，涉過三十英尺寬的山間溪澗，用手杖用力撥開濃密的矮樹叢。她也不怕森林裡的動物，雖然有一條響尾蛇曾試圖攻擊她，卻只咬到她的吊帶褲。

蓋特伍德太太是唯一一位完成這項成就的女性。她在卡塔丁山山頂的登記簿上簽名，並且高歌了一曲〈美哉美國〉。用她自己的話來說，她

行走步道純為樂趣
出於對戶外的愛戀，
造物主的美好傑作
盡於林中深處展現。

《波士頓郵報》（*Boston Post*）在一篇社論中指出，俄亥俄州的艾瑪·蓋特伍德太太證明了，拓荒女性的堅毅精神在今日依舊存在。

緬因州米利基諾特商會在她造訪時，送給她一張裱好框的卡塔丁山相片。她還獲頒了一座獎盃，以及全國健行者暨露營者協會的終生會員資格。

蓋特伍德太太也是知名紐約專欄作家麥金泰爾的親戚，麥金泰爾的專欄刊登在

全美各地的報紙上，讓俄亥俄州加利波利斯市變成了名城。

艾瑪·蓋特伍德太太的傑出表現，使她得以躋身國家英雄的行列。

18 再次上路

一九五七年

四月十二日，只有她一個人在家，艾瑪．蓋特伍德默默地用一碼丹寧布縫製了一個新的背袋——容量足以放進一些衣物、裝備、急救藥品和食物。

四月十六日，她幫忙照顧孫子女，而他們不太聽話。她在日記裡寫道：「如果能夠脫身的話，我一定很高興。」

四月二十二日，她花了十四美元買了一隻天美時手錶，在巴士站看著一名男子，用一枚硬幣卸下電話亭鉸鍊的螺絲釘後走開。

四月二十四日，她到丘奇太太（Mrs. Church）家，在門廊上陪蘭妮．湯普森（Lannie Thompson）的小女兒坐了一會兒，又搭賈奎太太（Ms. JaQuay）的車到諾斯洛普，再經過山丘上的老家農莊，沿著浣熊溪走到伊迪絲家。回程她去艾利森醫師那裡拿醫師替她準備好的假牙，再到湯瑪斯醫師那裡替眼鏡換一根螺絲。接著她收好行李箱，一手抓起外套，走路到門羅家過夜，這樣第二天就可以早早起床搭上開往查爾斯頓的巴士，再換搭飛機去亞特蘭大，接著轉巴士到賈斯伯，然後坐計程車去歐格索普山。

自從她站上卡塔丁山山頂的那一天，已經過了十九個月。她過了兩次生日，度過數以千計的小確幸時刻，這些文明、美好且正常的小確幸裡充滿了大黃餡餅、髒碗盤、燉牛肉和打嗝的小嬰兒。

此時，一九五七年母親節的兩個星期前，也是她七十歲生日的六個月前，阿帕拉契步道又召喚著她回去。

☼

一九五七年五月，一位名叫莫瑞・普林格（Murray T. Pringle）的記者替《美國水星》（*American*

Mercury）寫了一篇標題為「你最近試過走路嗎？」的文章，指出美國人依賴汽車的趨勢已變得無法逆轉。「沒有任何一代美國人比這一代人走的路更少，或者更不在乎傑佛遜的那句名言，『在所有運動當中，步行無與倫比』。」

☼

卡片寄到了露西位於俄亥俄州哥倫布市的家裡，郵戳來自緬因州的卡拉騰克。

五七年九月七日

親愛的露西、露易絲和大家：

昨天傍晚在河邊大約有二十個人迎接我。其中包括兩名記者，四名森林巡管員和其他人。我想我可以在十天內走完步道。我花了太多時間拜訪朋友，不然早就走完了。我一切平安，正在享受我的青春時光。希望你們也一切安好。我也很好，愛你們的，媽媽。

☼

（美聯社緬因州卡塔丁山九月十六日電）艾瑪．蓋特伍德太太，來自俄亥俄州加利波利斯的六十九歲祖母，在走完長二〇二六英里的阿帕拉契步道之後，今天將繼續攀登海拔五二六七英尺的卡塔丁山。

這是蓋特伍德太太第二次走這條步道。她是第一位在單季內完成全程縱走的女性。她四月二十七日從喬治亞州的歐格索普山開始走，於今日抵達本地。

☼

他們稱她為「森林之后」。

一九五五年時，她是第一位獨自完成全程縱走的女性。一九五七年，她則成為第一個——不分男女——兩度走完全球最長步道的人。她抵達卡塔丁山頂峰時幾乎看不見，因為她的眼鏡鏡片在登頂過程中一直起霧，所以她乾脆把眼鏡拿下來。「我看不見，」她在日記裡寫道：「所以我在爬過大石塊的時候非常緊張，不過我還是慢慢一步步地順利抵達。」

她下山時又帶來了許多全新的故事。「我太老了。」她在山腳下對一名記者說：「有些路段我得使盡全力才能把身體撐上岩壁，我擔心我快要來到再也沒辦法這麼做的年紀。」

五月時，她在喬治亞州的山麓小丘遇到一條響尾蛇，距離只有六英尺。她往後撤退，等了十分鐘，讓蛇先通過，然後從森林裡繞路，讓那個「大膽的傢伙」繼續搖著沙沙作響的尾巴。

至於她幾天後幾乎斷糧一事，她則寫道：「我精疲力盡，餓得雙膝發軟，走起路來搖搖晃晃的。」在她最虛弱的時候，她走到一間未上漆的簡陋木屋前，向屋主要一點食物。好幾隻狗衝出來對著她狂吠，一個一腳裝著木製義肢的男人走到門廊上。那地方看起來非常破舊，艾瑪對食物並未抱著太多期待，但那位裝著義腿的男人聽說過艾瑪縱走的消息，所以拿出水煮蛋、玉米糊、燉牛肉、一顆洋蔥和一罐煉乳給她帶在路上吃。

一隻雜種老狗跟著她從田納西州一路走到維吉尼亞州，還跟進了一家商店裡，她在店裡買了新鞋，留下了舊的高統靴，還有那隻狗。

六月十四日，她走下步道時見到生平的第一頭熊。她大喊一聲：「嘿！」把熊嚇跑了。

在羅阿諾克附近，她被某種東西——她不知道是什麼——叮了一口，結果那條腿一直腫到膝蓋。傷勢愈來愈嚴重，她只好託人開車載她去看醫生。她沒有告訴醫生她是誰，或者她到山裡做什麼，免得醫生會試圖阻止她。醫生開給她盤尼西林——這還是她第一次服用這種藥物——還有一些他沒有說明的粉紅色藥丸。那天她就躺在一位陌生人家裡的沙發上休息，對方把她當成不良於行的病人般來照顧。她的腳一連痛了好幾天，走起路來非常痛苦。

六月二十七日，她走過維吉尼亞州的仙納度國家公園。「沒有人認得我，」她在日記裡寫道：「他們還是把我當成流浪婦。」

七月的某一天，她在賓州的步道上，一整天都沒跟桃樂西．雷克（Dorothy Laker）說話。雷克後來成為第二位獨自完成阿帕拉契步道全程縱走的女性。「我五點之前就出發，但沒多久（雷克）就超過了我。我沒跟她說話。然後我又超過她，就這樣你超過我、我超過你地走了一整天，完全沒跟對方說半句話。」雷克後來在描述這一天的過程時，對艾瑪也是一字未提。外人很難知道她們兩人為什麼不說話。或許是因為她們在彼此較勁？

八月時，艾瑪走到一間由童子軍捷足先登的避難小屋，卻看見童軍服務員一絲不掛地坐在屋外。

運氣好的晚上，她接受兩年前結織的好友熱情招待，在有空調的房子裡睡在舒服的床墊上。運氣不好的晚上，她就只能睡在爬滿螞蟻的圓木旁、樹葉堆上或草地上，又或者，在某個下著雨的夜晚，她爬進一個大硬紙板箱裡睡覺，沒想到竟然沒被雨淋濕。她還曾睡在一輛十八輪大卡車的車底下，也住過時髦的熊山旅館（Bear Mountain Inn），以及月桂嶺旅客之家（Laurel Ridge Tourist Home）。她後來寫道：「在那裡我整晚都被咯咯笑的女孩和其他下流的聲響吵得無法入睡。我真的很想把一堆東西丟下樓去。」

她甚至還曾在一間廢棄鄉下教堂的布道台旁邊睡了一晚。

在紐約州，她目睹了一名逃兵向州警自首。在康乃狄克州，她搭上一輛消防車，跟義消們一起參加遊行。有好幾個事先得知她即將抵達的城鎮替她舉行了歡迎派對，讓艾瑪覺得自己與眾不同。一位婦人認出艾瑪時，甚至還給艾瑪一個超級響亮的親吻，響到整條街都聽得見。

在步道上，自然的美景讓她感到充實。她仔細端詳一朵長在山邊、尖端呈紫色的堇菜，它就像朵蘭花一樣。她看著一隻綠霸鶲在避難小屋一角的鳥巢裡哺育鶵鳥。一隻野生火雞走過她面前。一天下午，她躺在一根長滿厚厚青苔的圓木上休息沉思，一隻紅狐嘴裡叼著一隻小型獵物從步道的那一頭小跑步過來，完全沒有注意到圓木上的老女人。她等著狐狸走近，然後開口問牠：「你把我的晚餐帶來了嗎？」狐狸立刻像一道紅箭頭般閃進森林深處。

她也不再像上次那樣對行程保密。她從田納西州克林曼斯峰（Clingmans Dome）寄了明信片回家。

「她在不同時間從不同地方寄了明信片給我們所有人。」尼爾森告訴我：「她一天走十四英里，所以我們可以在半路攔截她。我們從哈里斯堡東邊上山，來到賓州的利哈伊峽，果然等到了她。我們帶她去吃晚餐，第二天再一起爬上那個名叫魔鬼布道台的懸崖。她走得很樂。她淘淘不絕地講著在步道上遇到的趣事。她還提到了那頭熊。」

不論她走到哪裡幾乎都會跟記者見面。跟上一次相比，艾瑪的第二次縱走在全美各大報章雜誌和電視上留下了更詳盡的紀錄。

「有些人覺得這麼做簡直是瘋了，」她對一名記者說：「但我卻從中找到了讓身心安住的感覺——有種東西能夠滿足我這種人的天性。森林讓我感到更加知足。」

一名記者問：「你到底為什麼要這麼做？」

「森林裡靜謐無聲，大自然美不勝收。我不想要只是舒舒服服坐著。我想要做點什麼。」

她告訴他們，那一年步道的狀況比先前好了很多。她先前的批評促使各地登山健行社團開始清除步道上的障礙，重畫部分路段標示。那也是她這次完成縱走的時間比上次快了幾天的原因之一。

在她離開米利諾基特前，商會又送給她一套藍灰相間的套裝。她到當地一所高中跟師生們交流。她還花了點時間烘焙特製餅乾，再送到米利諾基特社區醫院裡讓病人們享用。

回到家鄉高盧郡，她儼然成為全城話題人物。藍魔鬼鼓號樂隊在一場週五晚上的足球比賽中特地演奏主題音樂向她致敬。商會在中場休息時間頒給她一面獎牌，並宣布當晚為「蓋特伍德奶奶之夜」。

她在受邀到加利波利斯扶輪社演講時說：「我很想去南極，但沒有人肯帶我去。南極並不需要老太太。我猜他們大概已經不缺廚師了。」

這位森林之后會跟政治人物合照，在學校集會裡講述縱走的故事。她也在帕莫頓長青俱樂部和俄亥俄運動員聯盟發表演說，並歡迎更多記者坐下來聊天。

「蓋特伍德太太的幽默感絕佳，」其中一名記者寫道：「她說她剛出發沒多久就一個人好好大笑了一場。她躺在樹下休息時無意間揮動手臂，把一隻正要降落的禿鷲嚇跑了。她心想：『我可還沒打算讓人來挑我的骨頭。』」

完成第二次縱走後，她開始往別處發展。她在賓州的貝克步道（Baker Trail）上走了八天八夜，等她來到阿勒格尼河（Allegheny River）畔的阿斯平沃爾（Aspinwall）時，又在雷德溫女童軍營地（Redwing Girl Scout camp）待了三週，幫忙砍柴、搭帳篷，替營地做好過冬的準備。她還受邀前往俄亥俄州的坎特洞四健會營地（Canter's Cave 4-H camp）參加為期一週的僻靜活動，那裡距離她家有四十三英里。她就一路走了過去。

一九五八年，艾瑪七十歲，她登上阿第倫達克山脈的六座山頭，還表示有意加入阿第倫達克山的「四十六岳俱樂部」，那只有完登阿第倫達克山脈四十六座海拔逾四千英尺高山的人才有資格加入。她偶爾會找年輕的親戚或朋友陪她一起去，不過很小心避免逾越社會規範。當一名年長男性要求跟她一起去長途健行時，她客氣地婉拒了對方。她說：「別人會說閒話的。」她成為推廣步行和體驗大自然的福音傳播者，當時美國人步行的比例正在急速下降。她也經常用詞藻優美的詩歌來宣揚親近自然的益處。

〈自然的獎勵〉

若你願隨我入山，
安睡於林地葉毯，
享受自然天地廣，

一九五八年，六十九歲的艾瑪坐在紐澤西州太陽魚池（Sunfish Lake）旁，靠近德拉瓦水峽附近。
（照片由露西・蓋特伍特・席茲提供）

戶外美景盡飽覽，
煩惱憂愁全數消，
感受秀麗山與林，
絕非血肉軀所創，
唯有至高神能造。

當吾深信萬能主，
緊緊擁抱天與地，
吾將握有稀世寶，
照亮生命至最終。
愛上自然而療癒，
只要吾等親嘗試，
得見眼所不能見，
予吾獎勵即來到。

她並未透過下一次打算去哪裡長途健行，不過大家很快就會知道。

19 拓荒女先鋒

一九五九年

波特蘭的街道擠得水洩不通。所有方向的交通全都嚴重打結。各式汽車、馬匹、狗兒、自行車，還有大約五千人——包括多名銀髮長者——全都在八月的烈日下等候那位矮小的老婦人穿過橫跨八十二大道路口的金色絲帶，從桑迪大道（Sandy Boulevard）走來。

當艾瑪·蓋特伍德走近時，眾人立刻發出一陣歡呼。她由數百位年長市民陪同，有些人還穿著西部拓荒時代的服裝，他們一起陪著艾瑪走完了最後幾英里路。

這位七十一歲的老婦人看起來累壞了。精疲力盡。她的皮膚曬成深古銅色，看起來像皮革。她的鞋跟也磨損到只剩下薄薄一層。她似乎隨時都可能倒下。

媒體連日來一直猜測，她恐怕沒辦法走到終點。有謠言傳說她

曾同意搭便車，這又成為她可能在抵達終點前就放棄走完全程的徵兆。

《邁阿密新聞報》（*Miami News*）聲稱，祖母實在走累了。

《斯波坎每日紀事報》（*Spokane Daily Chronicle*）的頭版新聞說，半途搭便車、休息，暗示健行恐將中止。

《托利多劍峰報》（*Toledo Blade*）高喊，健行祖母可能放棄目標。

的確，這趟徒步之旅走起來格外艱難。這條路不像阿帕拉契步道那樣，有濃密的樹蔭、美麗的景觀和沁涼的泉水。從密蘇里州獨立城到奧勒岡州波特蘭之間的這條步道上，幾乎找不到這些東西。她在九十五天內，在滾燙的柏油路上每小時行走三英里，一路走過了密蘇里州、堪薩斯州、內布拉斯加州、懷俄明州、愛達荷州和奧勒岡州，只拿著一把她花一塊半美元買來的藍色雨傘來遮陽。雖然路過的卡車曾多次試著把傘從她的手裡扯掉，但這把傘還是撐過了整段旅程，成為膽量與毅力的象徵。

她盡力沿著奧勒岡步道舊路行走，這條路是一八〇〇年代早期由毛皮獵人、商人和拓荒者開拓出來的，也是將近五十萬移民前往西部尋找新生活時所經過的主要道路。在奧勒岡州的韋爾市（Vale），她還甚至特地造訪了約翰·韓德森（John D. Henderson）之墓。韓德森是一名前往西部的移民，一八五二年，在馬爾赫河（Malheur River）與蛇河（Snake River）之間的沙漠裡飢渴交迫而死，但也可能是死於出血性痲疹。根據傳說，他的馬車才剛從獨立城出發不久，拉車的馬就死了。韓德森決定徒步往前走，但終究未能抵達目的地。一名鐵匠把他的名字鑿在石頭上之後，繼續前進。

艾瑪因為讀了奧勒岡州百年博覽會的報導，想去走這條步道。一九五八年，她花了一大段時間在阿帕拉契步道的其他路段健行，打算分段完成第三次兩千英里縱走。她已經從賓州的鄧坎農走到了痲州的北亞當斯。朝西走確實可以換個環境。

「我讀到一篇（與博覽會有關的）新聞報導，裡面提到篷車隊一路向西前往奧勒岡州。我想起所有那些跟在篷車後面走、準備前往西部拓荒的女人。」她在堪薩斯州章克申城（Junction City）對一名記者說：「我正在尋找這個夏天的行動目標，而徒步走到奧勒岡州，似乎是最佳選擇。」

她五月四日自密蘇里州獨立城出發，踏著沉重的步伐走在大草原上。兩週前，前總統杜魯門才剛向前往奧勒岡州的七個篷車隊揮手道別。六月三日，她從科羅拉多州丹佛市寄了一張明信片回家，信裡提到這裡的山頂積雪很美，還有奧勒岡州州長已任命她為巡迴親善大使，以及她在半路被好幾個人攔下來，此時正在他們家過夜。她寫道：「我一切都很好。」一個月後，她在愛達荷州的波卡特洛（Pocatello）超越了篷車隊，不過這條路走起來非常辛苦。有十四個晚上，她就在懷俄明州的山艾樹叢旁席地而睡。

報紙稱她為「美國最有名的步行者」，還登出她一路上的最新消息，全美各地的民眾也再度替這位不願停下腳步的祖母加油打氣。

「我的雙腿變得像機器一樣，」她對一名記者說：「每一次被人攔下，我都得花更多力氣才能讓它們重新啟動。」

艾瑪七月二十七日抵達奧勒岡州米查姆（Meacham）時，又寄了一封信給住在哥倫布市的露西。她寫道：「我覺得愈來愈興奮了。」

> 我去看了一場牛仔競技表演……現場有一萬名粉絲，他們用擴音器介紹我，還打了泛光燈在我身上，我站起來向全場揮手。我走過一條長數百英尺、跨越蛇河的雙車道橋樑，公路巡警在我過橋時封閉了其中一向車道。我覺得自己像個王室成員。巡警一直在旁密切觀察，以免我受傷。百年博覽會的一名工作人員跟我在公路上碰頭，他給了我一張通行證，還說我可以使用一輛附司機的汽車，我所有需要的衣物和旅館住宿費用也都已經全付清，而且博覽會期間會選一天宣布為艾瑪或蓋特伍德奶奶日。根據我聽到的消息，他們可能還會給我更多優惠待遇。我有點興奮，不過倒不會為此失眠。我真希望你們能來這裡跟我一起享受。我還有兩百五十英里要走。這裡的人都盡其所能地幫助我。他們是來幫我完成一次開心的旅程的。這裡的風景也很漂亮。在走過一大片連樹都看不到的土地後，這裡看起來的確美極了。我明天會到潘德頓（Pendleton），很

快就會抵達哥倫比亞河，我聽說那裡的景色也十分宜人。我在貝克市收到了一件洋裝、一雙鞋和一個行李箱，商會已經把它們寄往波特蘭。我在波特蘭可以收信，假如你想寫信給我，可以寄到郵局的存局候領處。希望你那邊一切都好。我也很好，愛你的，媽媽。

在奧勒岡州，大批期待見到她的群眾開始在路邊集結，替她高聲歡呼。就連一列貨運火車剛好路過，車務員也從車尾的守車車廂裡向她揮手，還問她想不想搭便車。

不過當群眾纏著她要求拍照，或一直重複問同樣的問題時，在在都考驗著她的耐心。她開始對眾人的關注感到吃不消，最後終於情緒潰堤。她對一名記者說，她覺得自己就像「馬戲團裡的畸形秀」。她走近群眾時開始低著頭，還拿手帕遮住半邊臉。

在米查姆西方接近拉格蘭德（La Grande）處，一群汽車駕駛在路邊把她攔下，但當他們開始拍照，並像連珠砲般不停提問時，她乾脆掉頭走開。更往西行，在達爾斯（The Dalles）市區外，她朝一名煩人的記者丟石塊。在胡德河（Hood River）附近，就在她抵達波特蘭的幾天前，一名年輕攝影記者走近她，並且蹲下來拍照。她揮動雨傘，擊中他的額頭，留下一大塊紅色傷痕，傷口還流了血。在第二天的新聞報導中，艾瑪被稱為「脾氣暴躁」，挨打的攝影記者則在引述中說，她「像騾子踢人那樣出手」。

「她先朝我揮了一記，」這名攝影記者羅勃．霍爾（Robert Hall）向其他記者表示：「但當她看到我臉上流血時卻哭了起來，並且表示她很難過。我對她說不必介意。」

有人替她拿來一張戶外摺疊椅、一個漢堡和一杯冰水，她才冷靜下來。她甚至還擁抱了霍爾。所有恩怨一筆勾銷。

此時，八月七日這天，距離她的起點將近兩千英里之遙，她快步走過最後一小段路，進入波特蘭，參加百年博覽會的民眾、新聞記者和其他支持者都屏息以待。整個城市萬人空巷。波特蘭的政界人物已宣布當天為蓋特伍德奶奶日，來聲援的群眾在波特蘭市界處帶著鮮花迎接她。警方也封鎖了一整條車道，讓艾瑪和她身後數百位跟著她一起走的民眾得以安全通過。根據一名《奧勒岡人報》（*Oregonian*）的記者表示，市區交通堵塞的程度可說是絕無僅見。

當艾瑪抵達終點線的絲帶時，她忍不住激動落淚。她撥開絲帶，倒進一位陌生人的懷裡哭泣。她似乎被眼見的景象深深打動，尤其是前來歡迎她的群眾。她跟著約翰・皮丁格（John Pittenger）隊長一起搭上一輛警車，以暫時避開人潮。等她情緒恢復平靜後，她才又回到十字路口，坐上一輛紅色奧茲摩比敞篷車的後座，容光煥發地隨著車隊一起前往博覽會場地。

她問波特蘭市長：「他們以為我是誰啊？英國的伊莉莎白女王嗎？」

她洗了個澡，換掉褪色破舊的棉質襯衫和裙子，穿上一件二手洋裝，那是由艾芙琳・吉布森（Evelyn Gibson）設計的法國藍縐綢禮服，配上淡粉紅色的阿朗松（Alençon）蕾絲抵肩和同色外套。她戴了一頂藍帽子和白手套，還拿著一個新皮包。這整套行頭都是免費送給她的，另外還有一頓由沙拉、蟹肉雞尾酒盅和熟透的燉牛肉組成的午餐，她和市長、警局局長一起享用。

在眾人用餐時，艾瑪把一隻鞋子給脫了，不過似乎沒有人在意。她換下來的舊衣服和雨傘則被拿到當地的歷史博物館當成展覽品。

來自各方的禮物紛紛湧入。她獲頒波特蘭的市鑰。有人送給她一把新雨傘。還有人送她一隻錶。她接受了東百老匯促進會送給她的胸花和金牌。好萊塢區促進會則送了她一大籃水果。接著她搭乘一架鮮黃色的直升機飛越市區上空，當她走下直升機時，一名女性走上前來拍照，艾瑪把照相機打到地上，但又立刻感到良心不安。她一再道歉，解釋說因為有太多人搶著要拍她的照片，讓她覺得很不舒服。

波特蘭市政府安排她住進豪華的班森飯店（Hotel Benson），她在這裡好好享受了一番。雖然這些盛情款待弄得她有些不知所措，但她對於成為萬眾矚目的焦點似乎樂在其中。她受邀前往好萊塢，在阿特．林克萊特（Art Linkletter）主持的《家庭派對》（*House Party*）現場節目裡賣力表演。她又接連受邀前往奧勒岡百年博覽委員會、奧勒岡海岸協會作客，還有許多其他組織帶著她在奧勒岡州境內到處參觀。他們開車載她到海邊，那裡有一群人穿著五顏六色的衣服打扮成庫斯灣海盜（Coos Bay Pirates），給她來個驚喜，他們還送了她一條絲巾。然後她又被帶到梅德福（Medford），在海濱市（Seaside）踩了踩太平洋的海水，在紐波特（Newport）試開一艘長五十二英尺的海岸巡防隊搜救艇，又到黃金海灘（Gold Beach）釣鮭魚，再搭郵船前往艾格尼斯（Agness）。她幾乎每到一處都會獲頒當地的市鑰。一個月後，到了該離開的時候，巴士公司特地送給她一張開放式車票，讓她可以在西雅圖、斯波坎、冰河國家公園、溫尼伯、芝加哥、底特律、哥倫布到加利波利斯之間隨時下車。

這時她可是國民阿媽了。

那年年底，奧勒岡州的美聯社遴選一九五九年年度重大新聞時，收進了波特蘭報業罷工、胡德山上空噴射機相撞事故、連體嬰分割手術成功、哥倫比亞河發現兩具屍體，以及哈里斯堡警局局長遭綁架等新聞。年度頭條新聞是一個重大事故：一輛載有六美噸炸藥的卡車在羅斯堡（Roseburg）鬧區起火燃燒，導致十三人死亡，災損千萬美元。排名第二的大新聞，則是奧勒岡州百年博覽會，後面還接了一行字：「一位來自俄亥俄州的祖母——艾瑪．蓋特伍德太太——一路步行來到波特蘭。」

☼

一九五九年十一月，在她返家兩個月後，艾瑪又受邀回到好萊塢的ＮＢＣ電視台攝影棚，擔任格勞喬．馬克斯主持的電視益智節目《孤注一擲》（*You Bet Your Life*）的特別來賓，其他來賓還包括寫過多比．吉利斯（Dobie Gillis）系列故事的作家麥克斯．舒爾曼（Max Shulman）。舒爾曼當時才剛出版名為《少年侏儒》（*I Was a Teen-Age Dwarf*）的多比．吉利斯小說。這一集節目預定於第二年一月播出，艾瑪從一道牆後面現身，在觀眾禮貌的鼓掌聲中，害羞地走到台前。她戴著一條珍珠頸鍊，穿著黑色中跟鞋、一襲素色洋裝和一件短外套。厚厚的鏡片讓她的眼睛變得更大。她伸出手來跟馬克斯握手。

馬克斯說：「艾瑪，我很高興見到你，當然還有麥克斯，我們已經認識很久了。那麼，艾瑪，你是從哪裡來的？」

「俄亥俄州的加利波利斯。」

「俄亥俄州的加利波利斯？」

「沒錯。」

「是不是有一位有名的作家也出身此地？」

「是麥金泰爾。」她說。

「O·O·麥金泰爾，沒錯，」格勞喬說：「我是不是很擅長記住這些冷知識？」

「嗯哼。」

格勞喬說：「他當年可是非常優秀的專欄作家。他老是提到加利波利斯，不過我發現他其實住在紐約。」觀眾開始咯咯地笑起來：「他老是一直提到加利波利斯。艾瑪，你是在農場上出生的嗎？」

「沒錯，我是。」

「為什麼呢？」他說：「我的意思是，除了你之外，你的家人在農場上還養了些什麼？」

「菸草、玉米、小麥，還有一點該隱[14]（Cain）。」她說，微笑裡帶著一抹狡黠意味。

14 譯註：片語raise Cain典故出自舊約聖經中該隱殺害兄弟亞伯的故事，後來引申為指惹麻煩、胡鬧、大聲責罵之意。

「一點該隱？」格勞喬說。

艾瑪咯咯地傻笑。

「艾瑪，你爸家裡一共養了多少口人啊？」

「十五口人。」

「十五口人？那他一定每天都暴跳如雷嘍。」

她笑的時候抿緊雙唇，好像想把牙齒藏起來似的。

格勞喬說：「你覺得一個家裡有十五個小孩是件好事嗎？你會推薦給……」

「不會。」

「……其他家長嗎？」

「不會，」她說：「十五個小孩太多了。父母根本沒辦法好好照顧他們。」

「你自己有小孩嗎？」

「我有十一個小孩。」艾瑪說。

「也就是說，你自己是說一套做一套，對吧？」格勞喬問，一邊轉過頭去看觀眾。

格勞喬接著又轉向舒爾曼。

「麥克斯，我在你的書裡發現了一個非常有趣的地方。你說我們的社會已經發展為母系社會。你能不能為艾瑪仔細說明一下？」

「當然可以，」舒爾曼說：「我很樂意。無疑的，這是個由女人當家的國家。」

「這我沒有異議。」格勞喬說。

「我們小的時候，爸爸晚上回家，不論他白天工作有多辛苦，但媽媽保證比他更累，因為她一直在烤麵包、徒手洗衣服、自己做肥皂，還要煮晚飯。可是現在有了自動洗衣機和烘衣機，也可以從商店買到現成的麵包、加熱就可以吃的即食電視餐，還有動力方向盤，當他晚上回到家，拖著腳步走進家門，她看起來卻容光煥發，像剛從鄉下住了一個月回來。她滿腦子都是新計畫。她說：『親愛的，你覺得我們是不是該在書房裡灌滿水，把它變成水族箱？』又或者：『你覺得我們是不是該給彼得裝另一副牙套？』大概就是這一類的。然後這個累得要死的可憐男人躺在那裡說：『親愛的，你決定就好。』當然啦，你給了女人那麼大的權力，她就一定會膨風起來的嘛。」

格勞喬說：「這一點毫無疑問，女人現在都坐在駕駛的位置上。」

舒爾曼說：「但我得說，我不覺得女人喜歡那樣。」

格勞喬說：「我也不覺得。我覺得她們非常缺乏安全感。」

「她們寧可讓男人來掌管家庭和國家。」舒爾曼說。

「但男人已經讓位了。」

「說的沒錯。」

「他們已經投降了。」

「女人是因為男人棄權才獲勝的。」

「確實如此。」

「所以沒有人覺得滿意，」舒爾曼說：「男人不要權力。女人也不想要。孩子們也不知道他們的父親到底是誰。」

觀眾聽到這裡開始大笑。

「那麼，艾瑪，你覺得呢？」格勞喬說：「你一直在旁邊聽我們這段幼稚的對話。你認為讓太太來當一家之主是件好事嗎？」

艾瑪閉上眼睛，暫停了一、兩秒。

「不。」

「艾瑪，你的孩子們現在都長大了，你都做什麼消遣？」

「噢，我去健行。」她說。

「你去『健行』？」

「對。」

「你的意思是，你就是一直走路。你都到什麼地方去走？」

「我走完了奧勒岡步道。」

「『奧勒岡步道』？你一路把它走完？」他說。

「對，我把它走完了。」

「就像路易斯與克拉克[15]那樣？」

「對。」

「那是什麼時候的事？」

「今年。」

「你今年走完了奧勒岡步道，」格勞喬說：「你怎麼會想到去做這種休閒活動？」

「噢，我沒有其他事可做，」她說：「孩子們都結婚離家了，我只是想要做點什麼。」

「你今年多大歲數了？」

「七十二歲。」

「七十二歲？那你走的這條路有多……」

「兩千英里。」

全場觀眾倒吸了一口冷氣。觀眾席上有人開始拍手。接著更多人加入，掌聲愈來愈大聲。

艾瑪面無表情。她看著地面，身體稍微晃動了一下。

「你是為了什麼而走？」格勞喬問。

「呃，我喜歡走路……」

---

15 編註：指一八〇四至一八〇六年間的路易斯與克拉克遠征（Lewis and Clark Expedition）。這支美國軍事遠征隊由梅里威瑟．路易斯（Meriwether Lewis）上尉和威廉．克拉克（William Clark）中尉率領，前往探索路易斯安納購買地和太平洋西北地區。這次的遠征行動是是美國探險史上的重要篇章。

「當你抵達終點之後呢？你掉過頭再往回走嗎？」

「沒有。今年我一直走到百年博覽會，走到波特蘭。」

「從哪裡開始走？」

「從密蘇里州的獨立城。」

「我的天啊！」一名女性觀眾說。一名男子吹起口哨，另外一人開始鼓掌。全場開始低聲議論，你可以想像觀眾們在震驚之餘彼此交頭接耳，對這位此時嘴角泛起微笑的女人深深感到敬畏。

☼

回到高盧郡自家，艾瑪收集了幾顆泡泡果的種子和七葉樹果實，把它們放進一個小袋子裡，附上一張卡片，寄給波特蘭市長泰瑞・史朗克（Terry Schrunk）。她在卡片上寫著，上次的訪問她非常開心，可惜的是，跟過去許多拓荒者一樣，「我的家人都在這裡，所以我想我應該會留在這裡」。

嗯。或許吧。家反倒更像是她的總部。

20 耀眼的成就

一九六〇年至一九六八年

「她就坐在那邊，」巴士總站的經理朝著週四下午的人潮，指向站內的另一頭：「那位穿著藍色外套的女士。」

那名記者穿越了巴士站，走向那位七十二歲的婦人。她戴著白手套，穿著白上衣，戴著鏡片很厚的眼鏡，還有一頂能讓耳朵在二月寒風裡保持溫暖的冬帽。她看起來似乎很不耐煩。她已經坐在那裡好一會兒了。記者上前向她自我介紹。

「假如那輛巴士再不快點來，」她說：「我就要走路回代頓。」

艾瑪當時人在俄亥俄州的奇利柯西（Chillicothe），正打算搭巴士。她得在週六之前趕到辛那提，而且她還想先去看看兒子尼爾森。

記者問了一些制式的問題，都是她已經回答過數千遍的問題。「你為什麼要健行？你為什麼要一個人健行？你在野外是如何生存的？」她告訴他，她已被任命為美國露營者暨健行者協會的終生會員，她正努力嘗試在俄亥俄州的丘陵地帶也開闢幾條健行步道。就在幾個月前，由艾瑪共同參與創立的非營利組織「七葉樹步道公司」（Buckeye Trail, Inc）執行委員會獲得州政府許可，在從伊利湖南岸穿過札勒斯基州有林（Zaleski State Forest）通往辛辛那提的路上設置一條步道。開闢步道的工作預計要花上四、五年的時間。「全國最知名的步道健行者」——《哥倫布電訊報》在一篇關於開闢步道的報導中這麼稱呼艾瑪。

記者又問，她如何讓身體保持健康到可以去野外開路。

「運動是最重要的，」她說：「太多人跳上車，只為了到兩條街外買一塊肥皂。」

「你現在要去哪裡？」他問。

「我一直都很想去坐船。」她說。

一九六〇年二月二十四日，露西收到一封信。艾瑪搭上了「三角洲女王號」（Delta Queen），這是一艘行駛於密西西比河上的蒸汽船，她跟來自全美十五個州以及加拿大的一百三十位乘客一起搭船從辛辛那提前往紐奧良，準備參加狂歡節（Mardi Gras）。三角洲女王號於狂歡節前夕停靠在曼菲斯（Memphis），船上的汽笛風琴首次公開演奏，包括曼菲斯市長在內的五千人都站在河邊聆聽。「這趟旅程到目前為止都很棒，」她在信裡寫道：「今天晚上我們還有一場化裝舞會。」

兩個月後的四月二十八日，她從喬治亞州史普林爾山——阿帕拉契步道新的南方端點——出發，試圖完成第三次縱走。不過走了七十五英里後，在北卡羅萊納州的深峽，因為重大天災造成大片樹木倒塌，她不得不放棄縱走計畫。「這裡得找一百個人花三個月的時間才能夠清出路來。」她對一家當地報社說。

六月二日，她在賓州赫爾西（Hershey）附近長八十五英里的馬蹄鐵步道（Horseshoe Trail）上健行，有人拍了她的照片，當時她正在問一群男孩有沒有食物。

十三天後的六月十五日，一名記者在九十五英里之外的風峽鎮（Wind Gap）找到她。她對他說，她「大致上往北走」，有可能去加拿大。

記者說：「你看起來很強壯。」

她答道：「不然你覺得呢？」

他還問她是否會寄明信片給子女報平安。

「我會寫卡片給他們，」她說：「但我什麼都不會說。我不知道這有什麼好大驚小怪的。我只不過是去做我想做的事。」

一週後，她來到女兒露西位於紐約州白原市（White Plains）的家門前，她提到那隻試圖睡在她腳上的豪豬，還有她靠著石牆睡覺時用腳把一隻大老鼠踢開的故事。

又過了兩週，麻州切希爾鎮一個居民打電話到當地一家報社說，那位「身體像鐵打的一樣」的健行阿媽剛剛從她家出發，準備攀登附近的格雷洛克山，那是麻州的最高峰，知名小說家霍桑、梅爾維爾和梭羅都曾想要登頂。

數天後，《北亞當斯紀事報》（*North Adams Transcript*）報導說，這位「健行界的曾祖母」付錢搭飛機飛了十五分鐘，目的是想從空中看看阿帕拉契步道。

二十三天後的八月七日，也就是她走完奧勒岡步道整整一年後，艾瑪跨越了國界，來到加拿大，在她身後的是佛蒙特州的長徑步道。沒有歡呼的群眾等著迎接她。那裡只有森林。她還是一樣高興。她寫了一封信寄回給家鄉的親人。

這次旅行很累，儘管險阻重重，我還是撐到了最後。有些山頭對我這個年紀的人來說實在是很大的考驗，很多次我都懷疑自己能否走到終點，不過我還是一步接著一步往前走，直到抵達加拿大。路上有很多小木屋和避難小屋，這一次我不必再睡在戶外。我在營地裡只遇到其他人三次。有兩個從北方開始走的男孩，但我猜他們大概走不了太遠，因為他們太懶，起不來，沒辦法早上就出發。假如他們想走得遠，就得更努力點才行。整條路上我幾乎都是一人獨行，不過我是用安步當車的速度在走，這樣才不會受傷。我在麵包山（Breadloaf Mountain）遇見了一頭母熊和一頭小熊。小熊爬到樹上，母熊則在樹下半立起身子，發出「呼呼」的吼聲。我距離牠們只有約三十英尺，牠們離步道太近，我實在過不去，所以往回走，坐在一塊石頭上等了幾分鐘，牠們就走開了。我把一隻被我打死的豪豬烤來吃。我先把牠丟進火堆裡，把剛毛燒掉，再開始剝皮。牠看起來還不錯，而且聞起來沒有怪味。牠的肝臟看起來很好吃，所以我把它插在一根棒子上烤，抹上鹽之後切下一小塊放進嘴裡，嚼了幾下後又趕快吐掉。我嘴裡的怪味兩、三天之後才消失。我本來把豪豬放在火上烤，在嚐過牠的肝臟之後，我實在愈想愈恐怖，就把牠丟進火裡燒掉了。

今年我一共走了大約七百英里，穿破了兩雙網球鞋。我不覺得健行對我的身體有什麼害處。我現在七十二歲，還能走更多路。

☼

一九六〇年，艾瑪在全國走透透，有時搭船和飛機，不過多數時候還是靠著自己的雙腳。這段期間，發生了一件怪事。那年四月，兩名英國傘兵——三十四歲的派翠克．馬龍尼（Patrick Maloney）中士，以及三十二歲的墨爾文．艾文斯（Meryn Evans）中士——從舊金山出發，準備徒步前往紐約。他們的目標是在七十天內抵達終點，企圖突破自一九二六年以來就沒有人打破的七十九天紀錄。

在此之前不久，J．M．弗拉格勒（J. M. Flagler）才在《紐約客》上撰文哀悼倡議長途步行的威斯頓和他那一代的美國步行者已然消逝。弗拉格勒寫道：「在今日，長途健走、耐力健走和快走，在美國幾乎已成為消失的藝術。」

步行者又重新出現在新聞標題，但展開徒步之旅的人，不只那兩名英國傘兵。跟在他們身後的還有英國素食主義者芭芭拉．摩爾博士（Dr. Barbara Moore），她正進行一場長三二五〇英里的長途步行之旅，證明像她那樣只吃水果、蔬菜和青草汁的飲食，耐力比吃肉喝咖啡的美國人更好。摩爾博士指出，她靠著一種實驗性質的飲食治癒了自己的白血病。她說她打算在一百歲那年生孩子，並且活到一百五十歲。

大多數時候，這位素食主義者一路上都有一輛載滿補給品的汽車隨行，她走到半路時又突然鄭重宣告要比那兩名傘兵更早抵達紐約。在美國西部，她至少曾超前他們一次，當時兩名傘兵正在睡覺。這兩人雖然聲稱無意與人競爭，但很快又取得了領先。當摩爾在印第安納州巴西城被汽車撞倒住院治療後，他們更拉大了領先幅度。

等兩名傘兵走到賓州伯利恆（Bethlehem）時，素食主義者卻指控他們搭便車作弊。她向記者表示，她手上握有證人的宣誓書，聲稱他們有將近三分之一的路段是靠搭便車完成的。兩名男子在六十六天內抵達終點，打破了先前的紀錄。摩爾則在經過八十五天的艱困步行後，一跛一跛地走進時報廣場和圍觀群眾中，她抱怨兩名傘兵選了一條更輕鬆的路線。

艾瑪聽說了傘兵的徒步旅行，向一名記者表示她想見見他們。那摩爾呢？「有些人認為我應該特地去跟她會面，」艾瑪說：「但我想我們大概不會有任何交集。」

不過，某項新事物正在成形。《新聞週刊》在那一年也嗅出了這股新趨勢。一種風潮正在橫掃英國：長途健走。參與者不只是那位素食主義者和那兩名傘兵而已。一名男子在三十小時內，從諾里奇（Norwich）走了一百一十英里抵達倫敦。在那之後，又有代表英軍婦女輔助軍團的兩百五十名女性從伯明罕一路走到倫敦。聖奧本斯（Saint Albans）一位計時器工廠老板認為當時的年輕人太過軟弱，所以向他的四百名男性員工發出挑戰，在十五小時內走完五十英里，有三十二人願意嘗試，其中十六人走完全程。

美國的發展速度稍微慢了一點，但到了一九六三年，長途健走的熱潮也在美國引燃。「海軍陸戰隊在走。女孩們在走。幾乎所有人都在走。」美聯社在那年二月時報導。這股熱潮的起源，是海軍陸戰隊司令大衛・舒普（David M. Shoup）將軍找出老羅斯福總統的一項行政命令，其中明文規定了海軍陸戰隊員的體能標準——一九〇八年時，老羅斯福認為海軍陸戰隊員的體能應該要能夠在三日內行走五十英里，中間只休息二十小時。這件事被世人遺忘已久，舒普把這份文件當成歷史紀念物，寄給當時的總統甘迺迪。甘迺迪想知道現代的陸戰隊員能否通過考驗，因此在數小時內，海軍陸戰隊總部即下達命令，將對北卡羅萊納州勒瓊營（Camp Lejeune）的海軍陸戰隊第二師進行測試。甘迺迪在寫給舒普的信中還隨口提到，羅斯福「立下這些規定並不是只為了海軍陸戰隊，在情況許可時，他甚至會拿來要求自己的家人、幕僚和內閣官員，甚至是那些被迫跟他一起到華府岩溪公園健行的不幸外國使節」。此外，他還寫道，假如測試結果顯示「現代陸戰隊員的體力和精力至少跟前代的陸戰隊員相同，我會要求沙林傑先生[16]親自調查此事，並針對白宮工作人員的體能狀況向我提出報告」。

說也奇怪，這項挑戰消息一傳出去，全國各地民眾紛紛開始走路，而且目標都設定在五十英里。伊利諾州的童子軍開始健行。華府的祕書們在街上漫步。史丹福大學的學生出發遠行。

16 譯註：指當時的白宮發言人皮耶・沙林傑（Pierre Salinger）。

想爭取媒體關注的政治人物和跟在他們身後的記者一起走。加州馬里恩郡（Marion County）有四百名高中生嘗試五十英里健走的挑戰，最後共有九十七人完成，其中包括十九名女生。檢察總長羅伯．甘迺迪（Robert Kennedy）用十七小時又五十分鐘走完了五十英里的目標。

合眾國際社報導說：「腳跟的水泡變成了『新疆界』（New Frontier）的臂章。」

美聯社則報導說：「在這個全由發動機打造的國度裡，步行這項幾乎被人遺忘的藝術，突然變成像以前活吞金魚流行時那樣的重要活動。」

《新聞週刊》（*Newsweek*）在一篇報導中指出：「最令人驚奇的，是步行熱潮對美國人引發的神祕化學反應。他們不分男女老幼和身體狀況，儘管肌肉多半軟弱無力，卻全都搶著趕搭這股健走五十英里的流行。人類有史以來有過無數的徒勞之舉，這個熱潮應可躋身腦筋最不清楚的追尋目標之列。」

☼

一九六三年五月，一位名叫派瑞斯．懷海德（Paris Whitehead）的男子走在仙納度國家公園的步道時，一抬頭，正好看見一位老婦人迎面而來。她戴著帽子，腳上穿著網球鞋，身上穿著一件塑膠雨衣。她還帶著一個背袋。她的樣子看起來實在太狂野不羈，他立刻就認出她來——阿帕拉契步道之后，蓋特伍德奶奶。他聽過太多關於她的傳聞。他知道這條路她已經走過兩次，途中借宿過的人家比喬治．華盛頓還多。他後來把此事告訴一位朋友，雷諾．史崔克蘭

（Ronald Strickland）則把這段遭遇寫進他的書《探路者》（*Pathfinder*）裡：「我知道她已經走過步道全程，於是問她最喜歡那一段路。她回說：『下坡路，孩子。』」

☼

一九六四年夏末，俄亥俄州保育人士梅里爾．吉爾菲蘭（Merrill C. Gilfillan）正在替《哥倫布電訊雜誌》撰寫專題報導。他來到新罕布夏州戈勒姆南方的平克姆隘口山屋，也已安排好要在這裡和艾瑪碰面，艾瑪當時正試圖完成第三次阿帕拉契步道縱走。第一天她沒有露面，他還不太擔心。第二天，總統山脈谷地裡的氣溫驟降至華氏零下三十度以下，他開始覺得緊張。第三天，林線以上地帶開始降雪，風速也達到每小時五十至六十英里。到了第四天，他真的覺得大事不妙。他和阿帕拉契步道社團山屋系統（Appalachian Mountain Club）負責人通話，對方開始用無線電聯絡各個山屋，想找到艾瑪奶奶。他試了好幾次卻一無所獲。這名負責人認為應該要展開搜救行動。他正準備打電話給國家森林局時，就在克勞福德隘口上方幾英里處的密茲帕泉避難小屋（Mizpah Spring Shelter）找到了她。他們很快就會碰面。

吉爾菲蘭等她到來時，看著數百名山友來來去去。山屋管理人說，每天約有兩百人會通過這裡。多數登山客都是大學生的年紀，穿著最新式的登山服裝，帶著最好的背包和裝備。

當艾瑪從雲杉林裡現身走在雨中時，她和一般登山客的差異尤其顯著，她穿著羊皮背心，戴著她在半路撿到的耐磨手套，背包掛在一邊肩膀上。路過的年輕山友認出她來。他們圍著她問了一堆有關步道的問題，展現出對她真誠的敬意。

不過這次她倒是受了傷。她出發的第一天就跌倒，傷了膝蓋。傷勢大幅拖慢了她的速度，讓她來不及趕到避難小屋，當晚只能在野外過夜。幾天後，她又被一隻德國牧羊犬攻擊，小腿被狗咬了一口，她好不容易才用手杖把牠趕跑，腳上的傷口還沒有痊癒。

然而讓吉爾菲蘭印象最深刻的是她很開心。她似乎完全不受摔倒和被狗咬傷的影響。她臉上掛著微笑和一絲堅毅的神情。

「經歷過我這輩子的困苦生活之後，比起來這條步道還算不錯的。」

☼

一九六四年九月十七日，她再度走過阿帕拉契步道上最艱難其中一個路段，穿越了佛蒙特州、新罕布夏州和緬因州。最後一天，她全靠高湯塊和一小把花生充飢。在這一天，七十七歲的艾瑪·蓋特伍德終於抵達了彩虹湖，那是為她第三次縱走畫下句點的完美地點，因為她在十年前——一九五四年——就是從彩虹湖一路爬上卡塔丁山的。

她是第一個把整條步道從頭到尾走完三次的人。

媒體稱她為「全美國——甚至可能是全世界——的女性健行冠軍」、「來自俄亥俄州的知名健行者」、「全國最出名的女健行者」，以及「登山健行界的活傳奇」。依照往例，她也對步道提出了批評，表示某些路段的狀況很差——但有問題的路段已經比她上次走時少了一些。

在被問到她為什麼喜歡健行時，她對記者們說：「我一開始只是為了好玩而已。」

☼

她賣掉了房子，帶著那筆錢回到高盧郡，在切希爾買下一個小型活動房屋園區。那裡維護起來很辛苦。房客會把垃圾、雜物和瓶瓶罐罐放在屋外，她得趁房客不在時打掃，再用一把屠刀修整活動房屋的防護板。假如瓦斯割草機壞了，她就改用手推式割草機來除草。她會拼布和編織地毯、寫信、到學校集會裡演講，並替衛理公會教堂清洗窗戶。

她在日記裡記下了晚年生活的驚人細節。

一九六七年五月十九日

我拿了一把鶴嘴鋤和鏟子去修理園區附近的道路；先挖了一道排水溝，再把凹洞填平。把挖好的井四周的草皮掀起來，再用推車運了五車土來填平。接著把草皮放回原處，澆了水，再用鏟子把草皮拍實。然後把步道磚歸位。用鏟子整地，種下兩排小黃瓜，兩排南瓜和四排花生。在田的四周裝了柵欄以免兔子跑進來。燒了垃圾。在田裡摘了一些蘆筍，又摘了萵苣和一些草莓。還去了趟郵局。解決了地基的問題。我現在累壞了。

她還是繼續旅行，尤其會去參加全國露營者暨健行者協會年度大會（National Campers and Hikers Association）。有時候參加這場大會的戶外活動愛好者會有一萬名，而她總會被媒體挑出來特別報導。

「大家就是無法相信一個老女人會去健行，」她在一場在堪薩斯州舉行的會議中，對一名《薩萊納日報》（*Salina Journal*）的記者說：「他們以為，除非有人付她錢，否則沒人會這麼做。這真的很好笑。我在活動房屋園區裡每天辛苦工作，但當我說要去健行時，他們都說我不應該去，因為我

一九六五年，艾瑪參加全國露營者暨健行者協會大會。
（照片由露西・蓋特伍德・席茲提供）

年紀太大了。我前一陣子才爬上屋頂去鋸斷一根樹枝。那時候又沒有半個人有意見了。」

回到家鄉，她開始在高盧郡內標記和開闢健行步道，目的是希望有一天能把這條步道跟辛辛那提到伊利湖之間的七葉樹步道串連起來。她沿著俄亥俄河河邊探勘，清理出大約三十英里的路徑，在樹幹上漆上寬兩英寸、長六英寸的知更鳥蛋藍色標示。她跟當地的農家協商，讓他們同意健行者通過他們的土地，並用圓木和石頭搭建梯子，讓人爬過鐵絲網圍籬。

艾瑪八十二歲了，還是從

一九七一年，艾瑪在辛辛那提。
（照片由露西．蓋特伍德．席茲提供）

早上七點到傍晚六點都一個人在森林裡忙著步道的工作。她對一名當地記者說：「我去找工作時，他們都說我太老。那就怪了，打從我被人說『太老了』以來，我做的事反而比多數年輕女人還要多。」

俄亥俄州州長詹姆斯・羅茲（James Rhodes）在哥倫布露天遊樂場舉辦的俄亥俄成就日慶祝大會上，特別頒給艾瑪一座州保育獎，感謝她的貢獻。她接著又飛到北卡羅萊納州的方塔納大壩（Fontana Dam），擔任秋季紅葉健行週的特別來賓。

即使受到各界關注、獲

一九七〇年在方塔納大壩。
（照片由露西・蓋特伍德・席茲提供）

頒多項榮銜，她仍然繼續獨自在大自然中找到心靈的平靜。她會在鄉間搜尋罕見的花朵，或盛開中的大花山茱萸。「我今天到山裡去找野生的山楂樹，」她在寫給女兒的信裡提到：「這裡到處爬滿了五月花，還有一個長滿茂密樹林的幽深峽谷，我很想去探索一番。」

P．C．蓋特伍德在一九六八年一病不起。他在晚年變成一位寵溺孫兒的祖父，還在皇冠市這個小村子當了好幾任村長。很多人都記得他處事公平、工作勤奮，還是個慈祥的祖父和曾祖父。他自己的子女則盡量只跟他保持有限的接觸。有幾名子女曾分別質問他，他當年對他們的母親施加的暴行，以及他們自己親見或耳聞的往事，他卻聲稱他全都不記得了。沒有人記得P．C．是否曾提過艾瑪後來聲名大噪一事，但大家都同意，他一定早就知道了。

根據他的兒子尼爾森表示，P．C．臨終前曾提出一項要求。他想見艾瑪最後一面。他想要她站在他的門前，即使只有片刻都好。

那個自從離開他之後已經行遍萬里路的女人拒絕了。

☼

她的家人從來不會密切關注她的動態。她會從高盧郡消失，回來時又帶了一堆新的故事。

「我在某次健行途中遇見一個印第安人。」她在一九七二年咯咯地笑著告訴一名杭廷頓的記者。

去年夏天，在拉特蘭附近的山上。我剛剛爬上稜線，準備從另一邊下山。我正把一隻腳跨過圍籬，一抬頭就看到林子裡有一個人。他手裡拿著一把槍。我都活到了這把年紀，可不想被人在林子裡隨便開槍打死，所以我趕快說：「別開槍。我是蓋特伍德奶奶。我一天到晚都在這些森林裡走來走去。」我可以從他的五官特徵看出他是印第安人，或至少有部分印第安血統，而他臉上的表情則是一副他從來沒聽過什麼叫蓋特伍德的人。很快又有另一個人走過來。他說他們是從普茲茅斯（Portsmouth）來的，正在獵松雞，而且跟他一起來的那個人果然有印第安血統。後面那人說：「他對這片森林瞭若指掌。」第一個人笑了起來，對我說：「我在森林裡見過很多東西，但你是我所見過最特別的。」

她繼續不斷增加行走的里程數，直到她走了超過一萬四千英里，這比半個地球周長還要長，也使她成為極少數成就驚人的步行者之一。

21 紀念碑

一九七三年

如果要說艾瑪最喜歡哪個地方，那一定是位於俄亥俄州東南方丘陵的一個幽深、美得令人屏息的砂岩峽谷，那個地方叫老人洞（Old Man's Cave），由大小溪流與不斷滲出的地下水侵蝕而成。溪水穿出峽谷後，一路蜿蜒流經各種不同地形，包括多個瀑布和有漩渦的池塘，在半英里內下降了一百英尺。潮濕且涼爽的山谷裡保留了典型的北國樹木，例如加拿大鐵杉與美洲紫杉等，它們從數萬年前北美洲冰河後退起一直存活至今。

冬季時，大小瀑布完全凍結，形成美麗的冰雪世界。

這個峽谷被稱為「老人洞」，是因為這裡曾住著一個名叫理查・羅（Richard Rowe）的男人。羅曾在他父親位於俄亥俄河邊的交易站工作，一八〇〇年代初期，他來到森林裡獨居，然後有好幾年時間不見蹤影，人們都推斷他死了，但後來他又回來了。他告訴一位朋友，他一路走到歐札克山（Ozark Mountains）去找他的哥哥，卻得知哥哥已經死了。羅對嫂嫂說，他在霍金山（Hocking Hills）的一處峽谷裡藏了一些黃金，他會去取出黃金，以照顧她的生活。羅回到洞穴後，某天早上出去找水喝時，用毛瑟槍的槍托想敲破冰層，但槍枝卻突然擊發，打中他的下巴。幾天後獵人們發現他的屍體後用樹皮包裹好，安葬在老人洞附近的一塊砂岩平台上。

艾瑪曾說：「這些山壁實在美極了。其實我認為，這裡比我在阿帕拉契步道上所見過的所有景色都更有意思。」

自一九六七年起，每年一月，她都會戴上她的紅貝雷帽，率領眾人步行六英里，走過霍金山，再往下走到老人洞。人們會從全美各地來參加這場健行。她也結識了很多新朋友。一九七二年，艾瑪八十四歲那年，她按照往例走在健行隊伍前方，控制大家行走的速度，卻在下坡時感到行動困難。她的雙腳自膝蓋以下，尤其是後腿疼痛不已。她一直試著靠運動來消除疼痛，卻仍然無法克服。幾個月後，她告訴一名婦女：「我很想要再到森林裡

去，但我不知道自己還回不回得來。」老人洞步道有些路段非常陡峭，健行者必須爬上步道旁的糾結樹根。艾瑪終於不得不向年紀屈服。她試著走過這片冬季風景，但舉步維艱。

當她無法再安全地往前走時，隊伍裡幾名男性合力把她背過幾處艱難的路段。

☼

第二年，一九七三年，艾瑪知道這恐怕是她最後一次參與這項活動，主辦單位以向她致敬為名，舉辦了這次的冬季健行，並請她擔任主持人。她戴著招牌貝雷帽，站在步道起點，和老朋友們寒暄。總共有超過兩千五百位健行者參加。午餐休息時，她又因為「對俄亥俄州戶外活動的傑出貢獻」，獲頒了州長的社區行動獎。

那年春天，她帶著一張價值八十五美元的開放通行車票搭乘巴士去旅行，造訪了美國的四十八個州和加拿大的三個省。不論她走到哪裡，都能跟朋友或家人碰面。五月時，她寄了一張明信片回家。明信片正面是賓州收費公路，「全世界最美的公路」，她的字跡有些顫抖。她在明信片上寫道：「我正在享受快樂的旅程。」她在維吉尼亞州的瀑布教堂市（Falls Church）停下來拜訪了艾德．加維（Ed Garvey），加維曾寫過一本名為《阿帕拉契步道健行者：一生一次的探險》（*Appalachian Hiker: Adventure of a Lifetime*）的暢銷書，內容是關於他在一九七〇年的全程縱走經歷。她告訴他，某個晚上她曾在一座長滿苔蘚、但現在想不起名字的山頂過夜，星空就像在一片漆黑的毯子上，刺穿了百萬個透光的小孔那樣美麗。

「它看起來好清晰，好像我只要伸出手就能摸得到星星，把它們扯下來，」她說：「噢，我躺在那裡仰望著它們。那看起來真的，真的非常美，而且……噢，那天晚上我很開心。那裡的原始森林非常高大茂密。附近還有很多矮小的松樹，我躺了下來，躺下來才能避風，你知道嗎？我告訴你，那天晚上真是太棒了。我就躺在那裡看著星星，還有月亮。」

巴士之旅的最後一程來到佛羅里達州，她第一次吹到冷氣，冰涼的空氣吹在皮膚上，感覺非常不自然。五月底她回到家時，覺得好像有點生病，她把問題歸咎於巴士上的人造冷空氣。不過她並未因此放慢速度。她照樣忙著鋤草和耕耘，為菜園翻土預做準備。她種下菜豆、馬鈴薯、旱金蓮、玉米和豌豆。她寫了幾封信給遠親。她參加了主日學和做禮拜，又跟一位朋友玩拼字遊戲。她清理了花床，打掃了走道。星期六，她又在菜園裡幹活，但到了週日，她打電話給兒子尼爾森說，她不太舒服，好像有點不太對勁——這些話從一個一輩子只生過一次病的女人口中說出來，顯然非同小可。尼爾森立刻叫了救護車，再在一位好心的公路巡警陪同下飛車趕到醫院，卻發現他的母親已經陷入昏迷。

第二天早上，一九七三年六月四日，尼爾森的太太和姊妹坐在艾瑪的病床邊，艾瑪忽然睜開雙眼，隨即又閉上，然後低哼了幾句〈共和國戰歌〉（The Battle Hymn of the Republic）：「我的雙眼已見到上主降臨時的榮光……」

各報的訃聞中都提到，艾瑪是因為健行而「成為全國與全球的名人」。其中一篇還引述了她女兒羅溫娜的話，羅溫娜表示艾瑪是從一篇雜誌報導中得知阿帕拉契步道的存在。「她說：

『假如那些男人做得到，我就做得到。』」

俄亥俄州參議院通過了一項悼念她的決議，細數她的成就，並提及她是「七葉樹步道」的創始人，曾經「啟發了許多人——尤其是年輕人——對戶外活動以及人類與自然環境之間的關係感興趣，並產生欣賞之心」。

他們在高盧郡美麗山腳邊的俄亥俄山谷紀念花園裡，把艾瑪・羅溫娜・蓋特伍德放進土中。她的墓碑上只寫著：

艾瑪・R・蓋特伍德

奶奶

二〇一二年六月七日

露西・蓋特伍德・席茲獨自坐在賓州沸泉鎮（Boiling Springs）一個山間度假中心的山莊裡，等著家人換好衣服一起去吃晚餐。她透過大型玻璃窗，往外凝視著木屋周圍的高大樹木，聆聽鳥兒鳴唱。她辨識鳥鳴的能力已不如往昔，不過如果耐心仔細聽，總能想起鳥兒的名字。

高齡八十四歲的她保養得很好。她有一頭灰白色短髮，額頭上有捲曲的瀏海。她身上的印花襯衫，從第一顆扣子開始就扣得好好的。

她大多數家人都在這裡。包括兩個兒子和一個女兒，還有三個孫子女。她的姊姊露易絲也很快就會抵達。

露西看到一名男子從人行道朝山莊走來。他留著大鬍子，背著一個大背包，背包上罩著雨套。男子進屋時已全身濕透。他沒有卸下背包，只是站在門口，甩掉手上的雨水。

露西揮揮手，男子也回以微笑。

她問：「你是從步道那邊過來的嗎？」

「沒錯，女士，」那男人說：「我剛剛才從步道那邊走過來。」

「我叫露西．蓋特伍德．席茲，」露西在男人走近時說：「蓋特伍德奶奶是我的母親。」

「你在開玩笑吧！」那男人說，一邊伸出手來：「我讀過你媽媽的故事，實在是太令人難以置信了。我真的非常感動。」

露西也笑了。

男人問：「她一共走過三次，對吧？」

「兩次全程縱走，一次分段縱走，」露西回說：「而且她是從歐格索普山開始走的，不是從現在的起點史普林爾山。所以她走的距離比較長。」

「她是我來到這裡的主要原因之一，」他說：「我是統計人。」

「嗨，統計人，」她說：「我叫露西。」

她擁抱這名全身都在滴水的男子，彷彿一點也不在意被弄濕。

「蓋特伍德奶奶，」他說：「我絕對不會忘記那個名字。」

統計人的本名叫做克里斯・歐登（Chris Odom），他是物理學者，也曾是火箭科學家，目前在一所貴格會的寄宿學校教物理。這是他踏上步道的第八十七天，他決定在這間距離步道中間點很近的山莊過夜，因為他很快就會見到他的家人。他第一次聽說這條步道是二十二年前在唸大學的時候，他在女友父親家裡的牆上看到一張地圖。他問那是什麼地圖，結果女友的父親讓他把一套兩冊關於阿拉帕契步道的書帶回家。書裡其中一個故事就是在講蓋特伍德奶奶。

故事裡寫道：「艾瑪・蓋特伍德太太，在步道上大家多稱她為蓋特伍德奶奶，大概是在所有完成阿帕拉契步道兩千英里縱走的山友中最知名的一位。關於這位奶奶，幾乎每位全程縱走者都有一個自己最喜歡的故事，這些故事都是他們在步道上聽來的。她是那種會成為後世傳奇的人物。」

他想跟露西拍一張合照。他們一起站在壁爐前。

他問露西：「呃，你當時是怎麼想的？她出發的時候你已經成年了。你會擔心她嗎？」

「不，不，不會的，」露西說：「我母親實在太厲害了。」

「二十二年前，點燃我對步道興趣的就是她，」統計人說：「你媽媽的故事讓我為之深深著迷。」

這就是蓋特伍德奶奶身後留下的驚人遺產。不知為何，只要聽過她故事的人都會受到激勵，不分男女，也不分世代。她的徒步旅程更為步道引來前所未見的關注。肯・「七葉樹」・

波德威（Ken “Buckeye” Bordwell）正是如此。他留著長長的白鬍子，腳上穿著登山靴，走過去向露西自我介紹。他第一次聽說阿帕拉契步道，就是他父親在辛辛那提家中大聲朗讀艾瑪的故事。他父親密切關注著這位徒步的老婦人，閱遍各家報紙來追蹤艾瑪的縱走進展。肯在唸初中時開始幻想自己也要踏上這條步道。

「那是在我腦海裡種下縱走之旅的其中一顆種子，讓我對『阿帕拉契步道病』毫無招架的能力，」他說：「我們當中有些人打從聽說阿帕拉契步道的那一刻起，就已經無藥可救了。」

他從一九六五年起開始分段縱走，去年夏天走完了最後一段步道。「她讓很多人留意到這條步道，」波德威說：「她生前可能是這條步道最棒的宣傳者之一。一位老婦人，竟然獨自走完了步道？這可是花錢也買不到的廣告。」

第二位完成全程縱走的艾斯比也在這裡。這位高齡的童子軍直到一九七〇年代才聽說蓋特伍德奶奶的故事，不過他聽到之後也深感佩服。他當年出發時手裡拿著步道指南，更不用說還帶著小型帳篷和牢固的背包裝備。「我認為像她那樣把背包掛在肩膀上是一記妙招，」他說：「你需要雙手並用來攀爬之類的。我認為那是很巧妙的作法。」

她的故事廣為流傳，很難用任何科學方法來衡量其廣度。在網路把我們串連在一起的這二十年當中，許多山友習慣把他們寫的戶外活動紀錄放在網路上，在其中一個熱門網站「步道日誌」（TrialJournals.com）裡，可以搜尋到的「蓋特伍德奶奶」條目多到你根本讀不完。有些是為山友打氣繼續往前走的呼籲——「記得蓋特伍德奶奶！」之類的內容，其他條目則提到更為深刻的影響。

「我小的時候，我家人參加了一個叫做全國露營者暨健行者協會的組織，而且相當熱中參與活動。我跟父母和姊姊一起到密蘇里州立公園的歐札克湖參加協會第一屆大會時，遇見了擔任榮譽嘉賓的『蓋特伍德奶奶』。」一位名叫法蘭妮奶奶的山友寫道：「她帶著我們這群孩子一起在州立公園裡的幾條步道上健行，我真的很喜歡這位熱愛健行、精神奕奕的老太太。我對自己說：『等我長大以後，我也要去健行。』」

「這麼多年以來，蓋特伍德奶奶的故事一直留在我的心底，當我想著所有可能讓我無法完成此次健行的理由時，她的故事激勵了我。」一位名叫洛姬的女性寫道。

「走在通往居約山（Mount Guyot）山頂的上坡時，我遇見了蓋特伍德奶奶的鬼魂，」鱷魚阿甘寫道：「當我大口喘著氣，覺得快要昏厥時，她突然現身了。我立刻從以前看過的老照片裡認出她來。」

對那些仔細研究步道、熟知步道所有歷史掌故的人來說，她的影響力可說是無法磨滅的。「她讓阿帕拉契步道受到了許多矚目，」賴瑞．盧森堡說。他是《走在阿帕拉契步道上》一書的作者。「她的健行經驗鼓勵了很多人。不論你的健行過程有多不順利，路況有多困難，你總是可以指著蓋特伍德奶奶說：『但是，她走完了。』」

除了外界的關注，以及她提出各種旨在促進步道完善維護的批評之外，她的成功縱走也打破了阻隔在美國大眾與這條橫越荒野的長途步道之間的心理障礙。她讓一般人認識到阿帕拉契步道，同時也證明了全程縱走是做得到的目標。你不需要帶什麼高檔裝備、導覽書，也不需要什麼訓練，或青春活力，只要你能把一隻腳踏在另一隻腳的前面，並且重複五百萬次。

「她曾經誇口說，她是唯一真正在步道上餐風露宿的全程縱走者，她很可能是對的。」加維在過世前表示：「她身上沒有大多數山友認為絕不可或缺的裝備，但她卻擁有另一項要件，那就是對完成縱走的全心渴望，所以她其實根本不需要其他東西。」

包括盧森堡在內的許多阿帕拉契步道學者都認為，加維才是讓美國人對全程縱走感興趣的人。他在《阿帕拉契步道健行者》一書裡的確提供了許多實際的建議，而且那本書非常暢銷；當他在一九九九年過世時，書已經出到了第三版。那本書——以及加維的縱走經驗——也受到大眾媒體的廣泛矚目。會有那麼多人把加維一九七〇年的縱走以及他後來出版的著作視為阿帕拉契步道發展史上的轉捩點，原因是全程縱走者的人數大約就是從那個時候起開始顯著增加。自一九三六年至一九六九年間，只有五十九人留下完成全程縱走的紀錄。自一九七〇年至一九七九年間，則有七百六十人留下紀錄——人數明顯暴增。到了一九八〇年代，這個數字增加了一倍，接著在一九九〇年代又再增加了一倍。自二〇〇〇年至二〇〇九年間，將近六千人走完了阿帕拉契步道全程。而這似乎都是從加維的那本書開始的。

不過我們在這裡姑且稍微吹毛求疵一番。一九六四年，艾瑪第三次完成全程縱走的那年，還有四人也完成了全程縱走。接下來的三年則只有八人完成。到了一九六八年，有六人完成全程縱走。一九六九年是十人。一九七〇年，也就是加維完成縱走的那年，又有十人完成。令人意外的是一九七一年，完成全程縱走的人增加了一倍有餘，共有二十一人完成了兩千英里的全程縱走，創下人數最多的紀錄。重點來了：直到一九七一年十二月一日，也就是這二十一位山友都已經完成縱走之後，《阿帕拉契步道健行者》一書才出版。因此，雖然已故的加維先生值得後輩敬重，不過縱走步道的熱潮早在他的書問市之前就已興起。

「她為一般大眾打開了步道知識的大門。」阿帕拉契步道博物館會籍祕書羅勃・克羅伊爾（Robert Croyle）本身也是傑出戶外運動者，他說：「她的縱走讓這條步道得到了亟需的矚目。她讓更多人對步道產生興趣，從而促成了各界對步道維護的興趣，而且一直持續到今天。」

「對美國人而言，她已成為民間經典人物，也是美國人人都能去走阿帕拉契步道的象徵。她自成一格。」阿帕拉契步道保護協會的資訊服務經理羅芮・波泰格（Laurie Potteiger）說：「謝佛對後世的影響力也相當深遠，不過就民間英雄的角度來說，她在阿帕拉契步道上確實保有一席特殊的地位。她的故事極為引人入勝。」

露西・蓋特伍德・席茲和家人一起來到沸泉鎮，是因為蓋特伍德奶奶即將登錄在阿帕拉契步道名人堂，從某個角度來說，露西正是延續這支聖火的人。艾瑪的子女都度過美好而長壽的一生，而露西則是艾瑪仍在世四名子女中最年幼的一位。她負責保管母親的書信、日記與照片。她會複印報紙的報導和日記內容再收進剪貼簿裡，和對蓋特伍德奶奶事蹟有興趣的人分享。她也把從母親那裡繼承下來的紀念物品，如舊鞋子、ＯＫ繃鐵罐、牛仔布背袋等借給博物館去展覽。此外，她也大力捍衛母親的遺緒。當露西得知，旅遊作家比爾・布萊森（Bill

Bryson）在他那本關於阿帕拉契步道的暢銷書裡曾經提到她母親時，她特地把那個段落找出來看，卻發現布萊森對艾瑪的評語相當不客氣。

「在所有全程縱走者當中，名氣最大、保證是最多人寫過的一位，或許就是蓋特伍德奶奶了。」布萊森寫道：「她在快七十歲時兩度成功完成全程縱走，儘管她性格古怪，裝備不全，而且可能危及自己的性命。（因為她老是迷路。）」

露西立刻寫信給這位幽默作家。整條阿帕拉契步道，布萊森自己才走了三九·五%的距離而已。

「性格古怪，或許吧，但她為人和善。迷路，她可是從來沒有過，她只是弄錯了方向，」她寫道：「我希望有一天你也能嘗到完成全程縱走的滿足滋味。」

這正是屬於露西發光發熱的時刻。當她聽到母親未被列入名人堂的首批名單時，她感到非常失望。這份名單上的名人包括艾弗利、艾斯比、加維、麥凱、亞瑟·伯金斯（Arthur Perkins）和謝佛。露西公開表達了她的不滿。當第二批名人名單宣布時，她開心極了。

艾瑪有次曾告訴露西和露易絲，而且語氣非常篤定，不帶絲毫驕氣：「等我死了以後，他們會替我立紀念碑。」

艾瑪說的一點也沒錯。在「步道名人堂」裡，她的木雕胸像就放在壁爐架上，還有一整個展示櫃專門陳列她的事蹟。她成為阿帕拉契步道上三種不同健行族群的開路先鋒：老人、女人，以及「超輕量」健行者，超輕量健行是指最近開始風行的一種極簡健行方式，攜帶的裝備愈少愈好。她甚至還成為一種輕量雨衣「蓋特伍德雨衣」的靈感來源，這種雨衣甚至可以兼作簡易帳篷使用。

艾瑪至今仍躋身登山健行界的菁英行列。根據阿帕拉契步道保護協會的紀錄顯示，在艾瑪完成第三次阿拉帕契步道縱走的近四十年後，只有八名女性和五十五名男性能夠三度完成兩千英里長征的壯舉。

「她對自己的成就非常自豪，而且她獲到了大量的關注，」露易絲說：「她認為自己的作為值得受到矚目，大家日後一定會記得她。」

入堂典禮即將開始，露西早已準備好了。她過去也曾發表過內容大同小異的同一篇演說，不過今天晚上特別不同。艾倫貝里度假旅館（Allenberry Resort Inn）的大廳裡擠滿了健行者、政治人物和慈善家，那些有意為下一世代保存阿帕拉契步道的人。他們提及這條步道的重要性和未來的不確定性、土地開發的威脅，以及保護這片荒野對所有人都有利。當他們開始說起步道的開路先鋒時，盧森堡提到了艾瑪。

「多數女性應該會滿足於過著安逸的生活。」

「很多人稱她為第一位全程縱走名人。」

露西被召喚到講台上。全場鴉雀無聲。

「大家都稱她為蓋特伍德奶奶，」露西說：「但我叫她媽媽。」

☼

他們到現在還是會問。

不論露西去到哪裡，只要對話裡提到蓋特伍德奶奶，大家總想知道她到底為什麼這麼做。這沒有什麼好意外的。這個問題曾於二〇〇七年催生了至少一篇名為〈為何去阿帕拉契步道健行：一項對其益處的質性研究〉的學術論文。研究者發現，人們去健行的共通理由都差不多：想到戶外活動、喜歡健行、享受生命的樂趣、建立溫暖的人際關係、對體能的挑戰、找到志同道合感、想要一人獨處與設法求生。

按照字面上的意義來解讀艾瑪對這個問題所給出的各種不同答案，應該很容易。或許她從來沒有認真思考過，自己到底為什麼想去挑戰大自然。或許第一次縱走真的如她所說的那樣是出於好玩，又或者她有強烈的需求，想看看下一個山頭的另一邊有什麼，然後是再下一個山頭的另一邊。那或許可以解釋她第一次縱走的理由，但走過之後她已知道全程縱走有多困難、多痛苦、《國家地理雜誌》那篇過度樂觀的報導跟步道上的實況差距又有多遠。

然而她竟然又去走了一次。然後又再走了一次。我就是在這裡開始感到不解。我們當然可以認定這是因為她的性格古怪，如同布萊森所寫的那樣，不過那樣的解釋未免太過輕率。畢竟她在步道上跟其他人都相處和睦，也結交了許多真心樂見她回到步道的朋友，他們並不會把她當成某種餘興節目。她讀過很多書，談吐有禮，舉止合宜。她確實有辦法把她原本的斯文作風稍微調整一下，讓你明白你做了或說了什麼她不認同的事，但如果說她性格古怪，就等於是說她走路這件事很古怪。我們知道她不會開車，而且她平日就經常徒步走五英里或十英里的距離去拜訪朋友。長途健行只不過是她日常訪友活動的延伸，是從A點抵達B點的一種方式而已。性格古怪？才不是呢。

露西認為，她母親想成為第一個完成阿帕拉契步道全程縱走的女性，這個理由的確值得考慮。不過這個理論有個小問題，艾瑪頭一次聽說這條步道的報導是寫於一九四九年，也就是在一九五四年她首度嘗試縱走的五年前。在這段時間，沒有任何跡象顯示艾瑪曾看過或讀過任何關於步道的消息，她又怎麼可能知道是否有另一位女性走完了全程？或許露西的看法大體上是對的——但如果希望成為女性第一人是促使艾瑪行動的主要原因，她不是更應該先去確認是否已經有女性達成了這個目標才對？

我相信艾瑪．蓋特伍德很誠實。我也相信她的答案很可能只是藉口。那些答案很誠實，同時又不夠完整，那是當她面對一個自己無法說清楚講明白的問題時的反應，當她還是個「寡婦」時是如此。當她心中仍隱藏著一個祕密時亦然。在她嘗到自己的鮮血、感覺到自己的肋骨斷裂、見識到牢房的真面目時，她都說不出口。若說她是為了想成為第一位女性全程縱走者而走，就表示相信她是朝著某個目標而前進。我不確定那是全部的事實。我不知道與其說她是朝著某件事而走，是否更該說她想從某件事當中離開。

在她曾說過的幾十種答案裡，我認為其中有一個最為適切，那是一個留在公開紀錄裡的句子，一半是事實，一半帶著挑戰意味。那是一項公開聲明，卻同時洩露了她的祕密。那句答覆裡有某種既大膽又未能明說的部分。某種既美麗又獨立、既神祕又勇敢的事物。在這些字裡行間藏著脫逃處。從暴力與壓迫中脫逃。從年紀與義務中脫逃。句子雖然是以句點結尾，但更可能是個問號，這幾個字促成了千舟競發，也是個讓人同時感到挫折和滿意的答案。

「因為，」她對一名記者說：「我想要這麼做。」

後記

二〇一三年一月第三個星期六天亮前，我開車載著露易絲．蓋特伍德．拉莫特（Louise Gatewood LaMott），從她位於哥倫布市北區的公寓前往霍金山州立公園。公園位於公寓東南方數小時車程外。我們抵達時，公園周邊的車位已快要停滿，許多家庭紛紛下車，開始在三、四輛校車前排隊，這些校車會再把他們接駁到下坡的步道口。

那天早上天氣嚴寒，氣溫接近冰點，山友們全都有備而來。他們從頭到腳都包著名牌裝備——巴塔哥尼亞、哥倫比亞、北臉、鷹溪、駱駝背——登山扣掛著鑰匙，手腕掛著滑雪杖。他們把靠化學原理發熱的暖暖包塞進口袋裡。我看著一對中年男女坐下來把冰爪套上鞋底，就像是給登山鞋掛雪鏈一樣。

露易絲——願上帝保祐她——她穿著一件灰色外套，休閒褲和一雙低筒的耐吉球鞋。當我們從租來的汽車裡爬出來時，她說：「我想我大概不需要戴手套。」她再兩個月就滿八十七歲了，儘管我實在很想質疑她的意見，但我可不打算這麼做。（「我的女兒們都把我當成小孩一樣。」她以前跟我說過好幾次，聽起來比較像是陳述句而非抱怨。）

當我搭機飛到哥倫布市時，我真的完全沒想到她會陪我一起來霍金山。我只不過是撥了通電話跟她打招呼，看看能否在南下參加第四十八屆冬季健行之前順路去拜訪她。她卻堅持要跟來，於是此時她就站在冰天雪地裡，手裡緊抓著她母親那枝細瘦的手杖。在蓋特伍德奶奶最後一次出席冬季健行的四十年後，她的女兒絕對不願錯過這次機會。

另一樁出乎我意料的則是人潮。我是各地州立公園的忠實粉絲，經常走訪這些公園。我曾在德州西南部美麗的大彎（Big Bend）國家公園見過客滿的營地，也曾於佛羅里達州的炎熱午後在淡水湧泉邊看過人擠人的盛況，但我這輩子還從來沒見過這麼多人同時湧進一個公園裡。這個景象——如果拿掉迷彩連身工作服及方格紋狩獵帽的話——看起來其實更像是一場搖滾音樂會。現場來了數千人，有老有少，有胖子也有瘦子。草地上放眼望去都停滿了車。我沿著一排汽車往前走，看到分別來自西維吉尼亞、伊利諾、密西根和肯塔基等州的車牌，甚至還有人是大老遠從新墨西哥州來的。我甚至開始期待前面會出現賣油炸漏斗糕（funnel cake）的遊樂園小吃攤位了。

我們在冷風裡站了三十分鐘才搭上其中一輛巴士。等我們來到步道口時，那裡已經排成一條人龍。我要特別強調這一點。要去老人洞附近的步道，你得先排隊，就像你在遊樂園裡最熱門的雲霄飛車前所看到的那樣。群眾先是排隊等巴士，再來還得在步道口排隊，隊伍足足有一百個人那麼長……就只為了「去走一走」。去看看大自然。從地平面往下走到老人洞裡，進到一個神祕的地下世界，裡面長滿了《侏羅紀公園》裡的那種參天巨木，還有美得令人讚歎的瀑布，以及數千年來一點一滴緩慢形成的黑手砂岩凹壁。

那天早上，我猜現場大概有三千人跟我們一起走，但事後才知道，現場其實來了四千三百零五人準備健行六英里。請稍微想一下那個數字。

健行者當中有許多人還佩戴著「蓋特伍德奶奶健行」的臂章。步道口放了一塊巨大的圓石，塞車的人龍就在這裡等待路徑暢通。石頭上釘著一大塊金屬紀念牌，上面寫著：

蓋特伍德奶奶紀念步道

這條長六英里的步道是為了向蓋特伍德奶奶致敬。她是活力十足的女性和經驗豐富的健行者，多年來一直熱愛霍金山地區。步道由此開始，沿途可參觀雪松瀑布，終點在灰燼洞窟。

一九八一年一月十七日

我想起露易絲曾向我說過關於她母親的事。「我死了以後，」艾瑪說：「他們會替我立紀念碑。」她早就知道了。如今，長一千兩百英里的七葉樹跨州步道，以及屬於聯邦政府管轄、自紐約通往北達科塔州、長四千六百英里的北國步道（North Country Trail），還有自德拉瓦州通往加州、長六千八百英里的美國探索步道（American Discovery Trail），都已跟這條蓋特伍德奶奶步道串接在一起。

我們緩慢、謹慎地沿著曲折小徑進入峽谷，走下一連串陡坡和已隨著歲月而磨損的石階，步道志工在我們腳邊灑鹽塊幫助融雪。即使身在人群當中，這裡仍然感覺像個聖地。艾瑪熱愛這裡的原因無庸置疑，她認為這裡的地貌是她所見過最有趣的。老人洞是個位在峭壁上的大凹洞，在一條急流上方約七十五英尺處，而且這個洞穴非常巨大——足足有兩百五十英尺長，高約五十英尺。

「你可能得背著我走一段。」露易絲說。

我正準備要背她，不過她卻像個更年輕的女人那樣，勇敢地踏下石階和結冰的步橋。我想像她的母親在最後一次健行時也是如此，男人們伸出手來扶她，帶著她通過較困難的路段。

想像那一幕使我熱淚盈眶。我們先前曾跟隊伍裡的一名男子聊天，他參加這場健行活動已有三十多年。他無法解釋自己為什麼一再回來參加，但我想我知道原因。我想我也知道露易絲為何堅持要來，我也知道我為什麼會在活動開始的二十四小時前才臨時訂了機票。我想我知道，為什麼這麼多人每年都在大石頭上的那塊紀念牌前排隊，再集中排成一列，一小步一小步地踏上蓋特伍德奶奶步道。

來到這裡是參與一種經驗，「她的」經驗。走在這條她熱愛的步道上，就是去擁抱她的回憶，去盡可能地靠近她。看看她曾親眼見過的景色，踩在她曾踩過的石階上，感受到自己與那位在農場上生活一輩子的女人之間的某種微弱連結。這名老婦人某天突然決定要出門散步，而且持續不停地走下去，愈走愈快，直到最後。

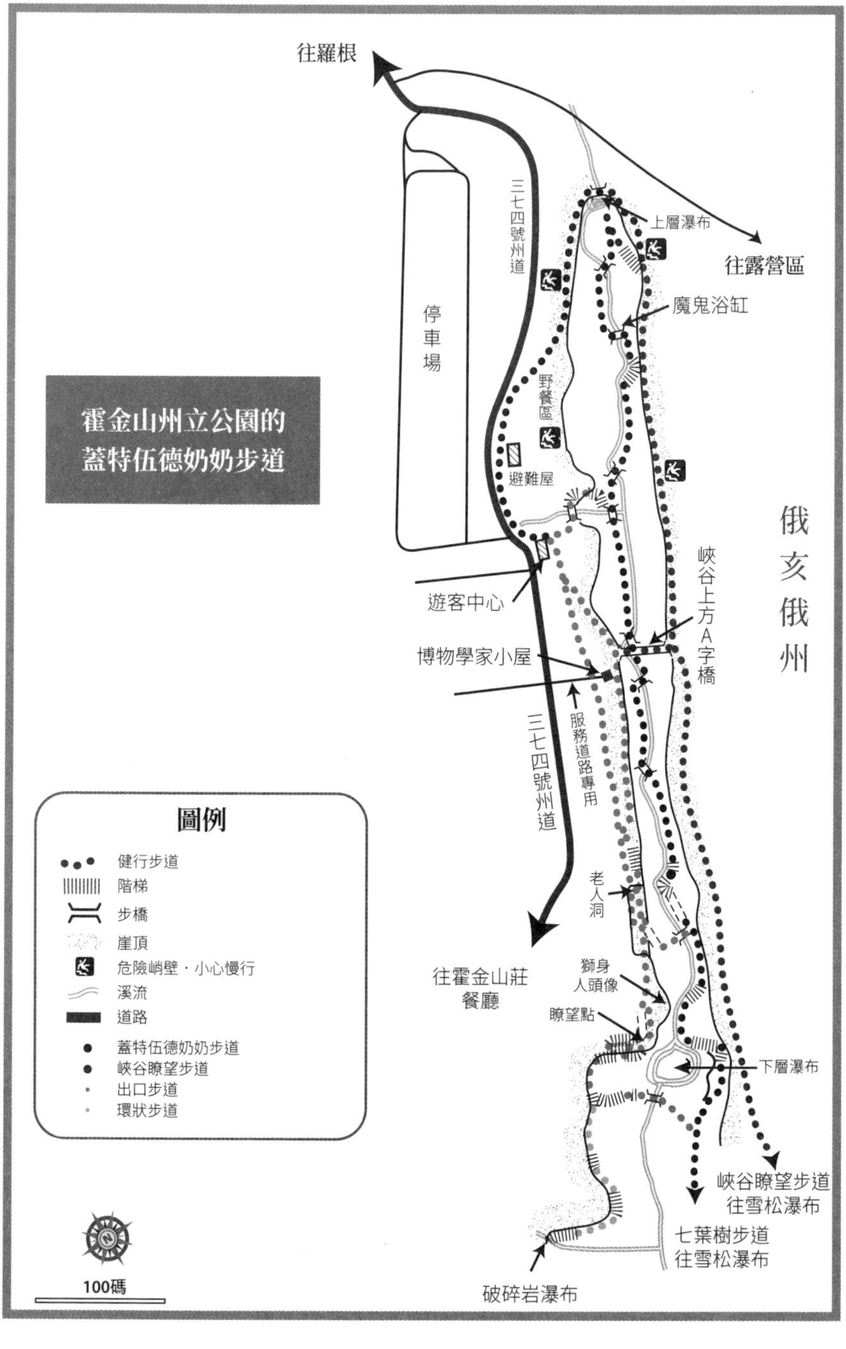

霍金山州立公園的
蓋特伍德奶奶步道
往羅根
往露營區
三七四號州道
停車場
上層瀑布
魔鬼浴缸
野餐區
避難屋
俄亥俄州
峽谷上方A字橋
遊客中心
博物學家小屋
服務道路專用
三七四號州道
老人洞
往霍金山莊餐廳
獅身人頭像
瞭望點
下層瀑布
峽谷瞭望步道往雪松瀑布
七葉樹步道往雪松瀑布
破碎岩瀑布
圖例
健行步道
階梯
步橋
崖頂
危險峭壁．小心慢行
溪流
道路
蓋特伍德奶奶步道
峽谷瞭望步道
出口步道
環狀步道
100碼

這些很可能純屬我自己的想像，但我有些忘我了。踩在她的足跡上，我忘卻了自己的煩惱。也許那個所謂的青春之泉根本就不是什麼泉水。

露易絲順利走完了她母親的步道。我扶著她的手臂走過結冰的路段，但她其實並不需要我幫忙。我開車把她載回哥倫布，我們說好了明年要再走一次。

致謝

如果不是我母親唐娜・伯勒斯（Donna Burruss）告訴我她所傳承的故事，我可能永遠也不會認識蓋特伍德奶奶。我對那些故事，那些充滿冒險與謎團、引人入勝的傳說，至今記憶猶新。我和母親手足之間的對話，尤其是路・泰瑞（Lou Terry），對我助益尤其良多。

我要感謝艾瑪仍在世的子女——露易絲、羅溫娜、尼爾森，特別是露西——他們對我敞開自家大門，犧牲了許多自己的時間來幫助我理解他們眼中的母親。他們也好意地准許我取得艾瑪的書信、照片和日記，而且不求任何回報。對此我感激不盡。

我還要感謝比爾・杜利亞（Bill Duryea）和凱莉・班納姆（Kelley Benham）所提供的建議與回饋，以及總是願意聆聽的麥可・克盧斯（Michael Kruse）。我在《坦帕灣時報》（*Tampa Bay Times*）的其他同事們，在我錯過截稿期限，或因為忙著寫書而從工作中消失時總是體貼大度，並且主動提供大量的鼓勵和建言。他們是尼爾・布朗（Neil Brown）、麥克・威爾森（Mike Wilson）、李奧諾拉・安東（Leonora LaPeter Anton）、蓮恩・狄葛雷格利（Lane DeGregory）、傑夫・柯林肯伯格（Jeff Klinkenberg）、蘿拉・萊利（Laura Reiley）、珍娜・基勒（Janet Keeler）、艾瑞克・迪根斯（Eric Deggans）、克雷格・皮特曼（Craig Pittman），以及瑪麗・珍・帕克（Mary Jane Park）。還有約翰・卡普亞（John Capouya）、湯姆・法蘭奇（Tom French）、尼爾・史威狄（Neil Swidey）、麥可・布里克（Michael Brick）、漢克・史都佛（Hank Stuever）、克里斯・瓊斯（Chris Jones），和厄爾・史威弗特（Earl Swift）。此外，馬修・艾爾吉歐（Matthew Algeo）更讓我了解到撰寫一本好書的要素，以及如何銷售。提到賣書，更不能忘記我的經紀人珍・迪斯特（Jane Dystel），她帶著我一步步走過這整個令人卻步的過程。

在美國，沒有比那些熟知、熱愛和保護阿帕拉契步道的人更棒的登山社群了。我實在無法一一向曾為我打開大門、讓我搭便車，或替我在步道上指點方向的好心人致謝，不過我要特別感謝波泰格、盧森堡、桑尼坎卓、克羅伊爾、貝西・班布里奇（Betsy Bainbridge）、保羅・雷諾（Paul Renaud）、艾斯比、彼得・湯姆森，以及比昂・克魯斯（Bjorn Kruse）。另外還要感謝步道沿線許多小城鎮的圖書館館員，他們幫我追查出許多有關艾瑪旅程的往事。

最後，如果不是我的妻子珍妮佛確保我的工作能夠井井有條地進行，並在我追著艾瑪的鬼魂全國走透透時替我照顧家人，這本書也不可能有完成的一天。她甚至帶著受傷的腳踝和我一起爬上卡塔丁山，見證這趟旅程的完結。我的孩子們，亞設、莫瑞西和貝依，也應該為了他們曾問過一千次的問題在此記上一筆。他們總是問我：「爹地，你的書寫完了嗎？」

對，我寫完了。

參考書目

- Agee, James, and Walker Evans. *Let Us Now Praise Famous Men*.《現在讓我們讚美名人》 Boston: Houghton Mifflin Co., 1939.
- Amato, Joseph A. *On Foot: A History of Walking*.《徒步：行走的歷史》 New York: New York University Press, 2004.
- Bryson, Bill. *A Walk in the Woods*.《別跟山過不去》 New York: Broadway Books, 1998.
- Espy, Gene. *The Trail of My Life*.《我的生命步道》 Macon. GA: Indigo Publishing, 2008.
- George, Jean Craighead. *The American Walk Book*.《美國步行書》 New York: E.P. Dutton, 1978.
- Hare, James. *Hiking the Appalachian Trail, Volume One*.《阿帕拉契步道健行：卷一》 Emmaus, PA: Rodale Press, Inc., 1975.
- Hare, James. *Hiking the Appalachian Trail, Volume Two*.《阿帕拉契步道健行：卷二》 Emmaus, PA: Rodale Press, Inc., 1975.
- Luxenberg, Larry. *Walking the Appalachian Trail*.《走在阿帕拉契步道上》 Mechanicsburg, PA: Stackpole Books, 1994.
- Marshall, Ian. *Storyline: Exploring the Literature of the Appalachian Trail*.《故事線：探索阿帕拉契步道文學》 Charlottesville, VA: University of Virginia Press, 1998.
- Matthews, Estivaun, Charles A. Murray, and Pauline Rife. *Gallia County One-Room Schools: The Cradle Years*.《高盧郡單室學校：草創年代》 Ann Arbor, MI: Braun-Brumfield, Inc., 1993.

- Morse, Joseph Laffan. *The Unicorn Book of 1953.*《獨角獸圖書公司1953年度年鑑》 New York: Uni- corn Books, Inc. 1954.
- Morse, Joseph Laffan. *The Unicorn Book of 1954.*《獨角獸圖書公司1954年度年鑑》 New York: Uni- corn Books, Inc. 1955.
- Morse, Joseph Laffan. *The Unicorn Book of 1955.*《獨角獸圖書公司1955年度年鑑》 New York: Uni- corn Books, Inc. 1956.
- Nicholson, Geoff. *The Lost Art of Walking: The History, Science, Philosophy and Literature of Pedestrianism.*《消失的行走藝術：步行的歷史、科學、哲學與文學》 New York: Riverhead Books, 2008.
- Seagrave, Kerry. *America on Foot: Walking and Pedestrianism in the 20th Century.*《徒步美國：二十世紀的步行與競走》 Jefferson, NC: McFarland and Company, Inc.
- Shaffer, Earl V. *Walking with Spring: The First Solo Thru-Hike of the Legendary Appalachian Trail.*《與春天同行：第一次單人全程縱走阿帕拉契步道》 Harpers Ferry, WV: Appalachian Trail Conference, 1996.
- Solnit, Rebecca. *Wanderlust: A History of Walking.*《浪遊之歌：走路的歷史》 New York: Penguin Books, 2000.
- Swift, Earl. T*he Big Roads: The Untold Story of the Engineers, Visionaries, and Trailblazers Who Created the American Superhighways.*《大公路：打造美國超級公路的工程師、夢想家與開路先鋒》 Boston: Houghton Mifflin Harcourt, 2011.

【索引】中英譯名對照（依中文筆畫排序）

【一～五畫】

丘奇太太　Mrs. Church
仙納度國家公園　Shenandoah National Park
代頓　Dayton
以撒・哈里斯　Harris, Isaac
加利波利斯　Gallipolis
加里多尼亞州立公園　Caledonia State Park
加特林堡　Gatlinburg
加農山　Cannon Mountain
北安普頓　Northampton
北亞當斯　North Adams
北國步道　North Country Trail
北灘　North Beach
卡佛峽　Carver's Gap
卡拉騰克（緬因州）　Caratunk, Maine
卡特圓峰　Carter Dome
卡特隘口　Carter Notch
卡茨基爾山　Catskill Mountains
卡塔丁山　Katahdin, Mount
卡塔丁斑駁酒眼蝶　Katahdin Arctic butterfly
卡塔丁溪　Katahdin Stream
卡塔丁溪營地　Katahdin Stream Campground
卡羅山　Carlo, Mount
古堰溪　Guyan Creek
史丹利・史威恩　Swayn, Stanley
史威伯格太太　Swayberger, Mrs.
史特靈旅館　Sterling Hotel
史班斯營地　Spence Camp
史密森尼學會　Smithsonian Institution
史普林爾山　Springer Mountain
史蒂夫・薩金　Sargent, Steve
史蒂文森　Stevenson, Robert Louis
失落村　Lost Village
尼克森總統　Nixon, Richard
尼亞加拉運動　Niagara Movement
尼爾森・蓋特伍德（艾瑪兒子）　Gatewood, Nelson (son)
布里斯學院　Bliss College
布洛克島　Block Island
布恩斯伯勒　Boonsboro
布萊辛　Blessing
布萊峽　Bly Gap
布雷克太太　Blake, Mrs. Clarence
布雷德福・皮斯　Pease, Bradford
布魯克哈芬市　Brookhaven
布藍茲維爾　Brantsville
布羅姆利山　Bromley Mountain
布羅德黑德河　Brodhead Creek
布蘭查德村（緬因州）　Blanchard, Maine
平民保育團　Civilian Conservation Corps
平克姆隘口　Pinkham Notch
平克姆隘口山屋　Pinkham Notch Hut
弗朗科尼亞隘口　Franconia Notch
弗萊伊河　Frye Brook
札勒斯基州有林　Zaleski State Forest
瓦亞峰　Wayah Bald
瓦亞營地　Wayah Camp
瓦格納　Wagner
甘迺迪總統　Kennedy, John F.
白山　White Mountains
白原市　White Plains
白硫磺泉　White Sulphur Springs
白帽山　White Cap Mountain
白楊嶺　Poplar Ridge
白橡林營地　White Oak Forest Camp
皮克特太太　Mrs. Pickett
皮茲菲德　Pittsfield
皮爾斯湖　Pierce Pond

【六～十畫】

伊利市　Erie

拉法葉山　Lafayette, Mount
拉法葉營地　Lafayette Campground
拉格蘭德　La Grande
拉特蘭　Rutland
拉馬・史密斯　Smith, Lamar
拉馬波河　Ramapo River
杭廷頓市　Huntington
杭特山脊　Hunt Spur (Katahdin)
杭特步道　Hunt Trail (Katahdin)
東河　East River
東開利湖　East Carry Pond
東開利湖營地　East Carry Pond sporting camps
松林冶煉爐　Pine Grove Furnace
松嶺市　Pine Ridge
林肯總統　Lincoln, Abraham
林恩・華爾道夫　Waldorf, Lynn "Pappy,"
河狸溪　Beaver Brook
沸泉鎮　Boiling Springs
沼澤河　Swamp River
法明頓　Farmington
法國寬河　French Broad River
法蘭克・卡拉罕　Callahan, Frank E.
法蘭克林・蓋斯凱爾　Gaskell, Franklin
波卡特洛　Pocatello
波多馬克河　Potomac River
波奈爾號　Bonaire
波科諾山區　Pocono Mountains
牧師峰　Priest, The
肯・「七葉樹」・波德威　Bordwell, Ken "Buckeye"
肯尼貝克河　Kennebec River
舍爾伯恩隘口　Sherburne Pass
芭芭拉・摩爾博士　Moore, Barbara
邱吉爾　Churchill, Winston
金斯曼山　Kinsman, Mount
長徑山莊　Long Trail Lodge
長徑步道　Long Trail
長湖營地　Long Pond Camps
阿什比峽　Ashby Gap
阿弗雷德・福勒　Fowler, Alfred M.
阿克倫　Akron
阿姆斯特・金格利　Armster Kingery
阿帕拉契　Appalachee
阿帕拉契山莊（位於紐澤西弗農）　Appalachian Lodge (Vernon, New Jersey)
阿帕拉契步道名人堂　Appalachian Trail Hall of Fame
阿帕拉契步道社團山屋系統　Appalachian Mountain Club
阿帕拉契步道保護協會　Appalachian Trail Conservancy
阿帕拉契步道博物館　Appalachian Trail Museum
阿帕拉契長途健行者協會　Appalachian Long Distance Hikers Association
阿特・林克萊特　Linkletter, Art
阿勒格尼山脈　Alleghenies
阿勒格尼河　Allegheny River
阿第倫達克山　Adirondack Range
阿斯平沃爾　Aspinwall
阿斯伯里衛理公會　Asbury Methodist Church
阿德蕾・史朵莉　Storey, Adelaide
阿薩・卓布里吉　Trowbridge, Asa
非洲太陽號　African Sun
俄亥俄貝爾電話公司　Ohio Bell Telephone Company
保羅・桑尼坎卓　Sannicandro, Paul
南山　South Mountain
南塔哈拉山　Nantahalas
南塔哈拉河　Nantahala River
哈立法克斯中尉　Halifax, Lieutenant
哈伯斯費里（西維吉尼亞州）　Harpers Ferry, West Virginia

哈利・西蒙斯醫師夫婦　Semones, Harry, Dr. and Mrs.
哈里斯堡　Harrisburg
哈金森太太　Hutchinson, Mrs Fred
哈洛・貝爾　Bell, Harold
哈洛・艾倫　Allen, Harold
哈特拉斯角　Cape Hatteras
哈特福　Hartford
哈特蘭　Hartland
哈德遜高地　Hudson Highlands
契斯特・金格列夫斯基　Dziengielewski, Chester
威伯斯特山　Webster, Mount
威利宅車站　Wiley House Station
威奇塔市　Wichita
威明頓　Wilmington
威廉・巴川姆　Bartram, William
威廉・安德森・蓋特伍德（艾瑪兒子）　Gatewood, William Anderson (son)
威廉・克拉克　Clark, Thomas
指板山　Fingerboard Mountain
春田市　Springfield
柏西瓦爾・巴克斯特　Baxter, Percival
柏克斯郡　Berks County
柏奇先生　Burch, Mr.
查特胡奇國家森林　Chattahoochee National Forest
查圖格湖　Chatuge Lake
查爾斯・蓋特伍德（艾瑪孫子）　Gatewood, Charles (grandson)
查爾斯頓　Charleston
柯弗小學　Cofer School
柯林頓港　Port Clinton
派克峰　Pikes Peak
派屈克・海爾　Hare, Patrick
派瑞斯・懷海德　Whitehead, Paris
派翠西亞・安・貝夏　Bechard, Patricia Ann
派翠克・馬龍尼　Maloney, Patrick
珍・李斯　Lees, Jean
皇冠市　Crwon
秋季紅葉健行週　Fall Colors Hiking Week
科文頓　Covington
科雷希多島　Corregidor Island
約克漁獵營地　York's sporting camps
約克營地　York Camp
約翰・布朗　Brown, John
約翰・皮丁格　Pittenger, John
約翰・麥柯馬克　McCormack, John William
約翰・韓德森　Henderson, John D.
美國探索步道　American Discovery Trail
背風群島　Leeward Islands
胡佛總統　Hoover, Herbert
胡德河　Hood River
苔蘚池　Moss Pond
苦石磨　Agony Grind
迪克西蘭　Dixieland
韋弗頓　Weverton
韋恩斯伯勒　Waynesboro
韋斯特菲爾德河　Westfield River
韋瑟峰　Wesser Bald
韋爾市　Vale
風峽鎮　Wind Gap
哥倫布市　Columbus
庫布山　Cube, Mount
恩尼斯特・門羅・蓋特伍德（艾瑪兒子）　Gatewood, Ernest "Monroe" (son)
恩羅先生　Enloe, Mr.
核子湖　Nuclear Lake
格里菲斯湖　Griffith Lake
格林伍德湖　Greenwood Lake
格勞喬・馬克斯　Marx, Groucho

【十一～十五畫】

梭羅　Thoreau, Henry David
梭羅泉　Thoreau Spring
深峽　Deep Gap
理查・羅　Rowe, Richard
甜水峽　Sweetwater Gap
章克申城　Junction City
荷姆斯（紐約州）　Holmes, New York
莎蒂・德魯　Drew, Sadie
莫萊亞山　Moriah, Mount
莫黑德市　Morehead
莫瑞・普林格　Pringle, Murray T.
莫爾太太　Moore, Mrs. Charles
莫瑪克里德號　Mormacreed
蛇河　Snake River
通道池　Passage Pond
野貓山　Wildcat Mountains
鹿頭湖　Moosehead Lake
麥卡利斯特　McAllisters
麥卡錫　McCarthy, Joseph
麥克斯・舒爾曼　Shulman, Max
麥克斯・戈登　Gordon, Max
麥坎尼維爾　Mechanicsville
麥迪遜泉山屋　Madison Spring Hut
麥倫・艾弗利　Avery, Myron
麥森浩特太太　Mrs. Meisenhalter
傑佛遜　Jefferson, Thomas
傑佛遜國家森林　Jefferson National Forest
傑克森山　Jackson, Mount
傑洛姆河　Jerome Brook
傑維斯港　Port Jervis
博特托爾特郡　Botetourt County
博德菲什農場　Bodfish Farm
喀斯開山　Cascade Mountain
喬・塞佛　Seifert, Joe
喬治・米勒　Miller, George
喬治・希慈　Sheets, George
喬治・波克　Bock, Geroge
富蘭克林（地名）　Franklin
彭馬爾公園　Pen Mar Park
復興金融公司　Reconstruction Finance Corporation
斑駁酒眼蝶　Polixenes Arctic
斑點湖　Speck Pond
斯古吉爾河　Schuylkill River
斯托姆維爾　Stormville
斯伯丁山　Spaulding Mountain
斯帕坦堡　Spartanburg
斯特拉頓山　Stratton Mountain
斯特科阿峽　Stecoah Gap
斯特勞茲堡　Stroudsburg
斯維姆峰　Swim Bald
普伊夫婦　Pugh, Ed, Mr. and Mrs.
普列斯敦・李奇　Leech, Preston
普拉特弗姆　Platform
普茲茅斯　Portsmouth
湯米・瓊斯　Jones, Tommy
湯姆・湯姆森　Thomson, Tom
湯瑪斯・簡金斯　Jenkins, Thomas A.
涅索瓦尼杭克河　Nesowadnehunk Stream
琳達・巴羅洛米奧　Barolomeo, Linda
華倫・拉吉　Large, Warren
華納丘　Warner Hill
華盛頓山　Washington, Mount
華盛頓紀念碑州立公園　Washington Monument State Park
華滋華斯　Wordsworth, William
華德・戴維斯　Davis, Walter
菲什基爾山　Fishkill Mountains
萊姆　Lyme
萊諾・艾德那　Edna, Lionel
象山　Elephant Mountain
費茲西蒙斯軍醫院　Fitzsimmons Army Hospital

【十六畫以上】

她將山徑走成傳奇
67 歲獨自徒步 146 天，首位完成阿帕拉契步道縱走的蓋特伍德奶奶
Grandma Gatewood's Walk: The Inspiring Story of the Woman Who Saved the Appalachian Trail

作　　者　班・蒙哥馬利（Ben Montgomery）
審　　譯　俞智敏
選　　書　陳慶祐

編輯團隊
封面設計　兒　日
內頁排版　高巧怡
責任編輯　劉淑蘭
總 編 輯　陳慶祐

行銷團隊
行銷企劃　蕭浩仰、江紫涓
行銷統籌　駱漢琦
業務發行　邱紹溢
營運顧問　郭其彬

出　　版　一葦文思／漫遊者文化事業股份有限公司
地　　址　台北市103大同區重慶北路二段88號2樓之6
電　　話　(02) 2715-2022
傳　　真　(02) 2715-2021
服務信箱　service@azothbooks.com
網路書店　www.azothbooks.com
漫遊者臉書　www.facebook.com/azothbooks.read
一葦臉書　www.facebook.com/GateBooks.TW
發　　行　大雁出版基地
地　　址　新北市231新店區北新路三段207-3號5樓
電　　話　(02) 8913-1005
訂單傳真　(02) 8913-1056

初版一刷　2024年12月
定　　價　台幣480元
I S B N　978-626-98922-6-6

圖片版權來源：
封面人物：Getty 授權提供
封面背景及封底：Shutterstock

國家圖書館出版品預行編目 (CIP) 資料

她將山徑走成傳奇：67 歲獨自徒步146 天，首位完成阿帕拉契步道縱走的蓋特伍德奶奶/ 班・蒙哥馬利（Ben Montgomery）著. 俞智敏 譯.-- 初版. -- 臺北市：一葦文思, 漫遊者文化事業股份有限公司出版；新北市：大雁出版基地發行, 2024.12
面；14.8X21 公分
譯自：Grandma Gatewood's Walk: The Inspiring Story of the Woman Who Saved the Appalachian Trail
ISBN 978-626-98922-6-6(平裝)
1.CST: 蓋特伍德(Gatewood, Emma Rowena Caldwell, -1973) 2.CST: 傳記 3.CST: 美國
785.28　　113018133